郑州师范学院省级重点学科（教育学原理）经费资助

中小学教师评价研究

毛利丹 著

中国社会科学出版社

图书在版编目(CIP)数据

中小学教师评价研究 / 毛利丹著. —北京：中国社会科学出版社，2017.12
ISBN 978 - 7 - 5203 - 1597 - 5

Ⅰ.①中… Ⅱ.①毛… Ⅲ.①中小学—教师评价—研究
Ⅳ.①G635.111

中国版本图书馆 CIP 数据核字(2017)第 288493 号

出 版 人	赵剑英
责任编辑	周晓慧
责任校对	无　介
责任印制	戴　宽

出　　版	中国社会科学出版社
社　　址	北京鼓楼西大街甲 158 号
邮　　编	100720
网　　址	http://www.csspw.cn
发 行 部	010 - 84083685
门 市 部	010 - 84029450
经　　销	新华书店及其他书店
印　　刷	北京明恒达印务有限公司
装　　订	廊坊市广阳区广增装订厂
版　　次	2017 年 12 月第 1 版
印　　次	2017 年 12 月第 1 次印刷
开　　本	710×1000　1/16
印　　张	19.75
插　　页	2
字　　数	296 千字
定　　价	86.00 元

凡购买中国社会科学出版社图书，如有质量问题请与本社营销中心联系调换
电话：010 - 84083683
版权所有　侵权必究

目　　录

第一章　导论 ……………………………………………………（1）
　　第一节　研究缘起与研究问题 ……………………………（1）
　　第二节　选题意义 …………………………………………（4）
　　第三节　研究综述 …………………………………………（7）
　　第四节　研究设计 …………………………………………（31）

第二章　教师评价的历史回顾与理论梳理 ……………………（44）
　　第一节　教师评价实践发展的回顾 ………………………（44）
　　第二节　教师评价的主要理论与模式 ……………………（59）

第三章　教师视角下的教师评价现状调查 ……………………（79）
　　第一节　调查的设计与实施 ………………………………（79）
　　第二节　调查的主要结果 …………………………………（92）
　　第三节　调查的基本结论 …………………………………（129）

第四章　教师视角下教师评价问题的探究 ……………………（159）
　　第一节　问题产生的直接原因 ……………………………（159）
　　第二节　问题形成的深层根源 ……………………………（168）

第五章　改进中小学教师评价的理论思考 ……………………（181）
　　第一节　教师评价的追求：教师发展 ……………………（181）
　　第二节　评价参与者：平等与赋权 ………………………（194）
　　第三节　评价导向：关爱与欣赏 …………………………（199）

第四节　评价方式：协商与合作 …………………………（205）
第五节　评价过程：回应与反馈 …………………………（217）

第六章　改进中小学教师评价的实践策略 ……………………（222）
第一节　增强教师评价体系的合理性 ……………………（222）
第二节　完善教师评价体系的政策保障 …………………（227）
第三节　营造学校实施教师评价的良好环境 ……………（237）
第四节　激励教师在评价活动中的自觉参与 ……………（260）

结语 …………………………………………………………………（270）

附录一　访谈提纲 …………………………………………………（274）
附录二　"教师眼中的教师评价"调查问卷 ……………………（276）
附录三　SPSS统计输出表汇总 …………………………………（280）

参考文献 ……………………………………………………………（285）

后记 …………………………………………………………………（308）

第一章 导论

第一节 研究缘起与研究问题

一 研究缘起

笔者将"中小学教师评价研究"作为本书探讨的问题,主要有以下几个方面的原因。

(一)亲身经历的教师评价:"教师"的缺场

将"教师评价"作为本书的选题,主要出于笔者曾作为受评对象的切身经历,以及对评价中潜在问题的思考。笔者曾在一所高校任教,该校所有教师在每一学期都会接受一次评价。评价主体主要是学校督导组的行政人员、院系领导以及所教班级全体学生的评教,其中学生评教的比例占到60%。

评价方式主要是督导组行政人员的一次听课评价、院系领导对教师所作的整体评价,以及学生填写的评教表。最后依据考核得分对全校所有教师进行排名,对其进行绩效考核。学校依据教师的名次,分别对位于前、后1/3的教师给予奖励和惩罚。而且,位于后1/3的教师将成为下一学期被督导组重点关注的对象。在整个评价过程中,教师对评价的标准、内容等方面并不了解,且并未获得一定的反馈信息,只是在主动询问的前提下,才能获知自己在整个教师队伍中的排名。总而言之,学校对教师的评价最终只是反映到一个不公开的数字上,再无其他内容。

显然,这是一种典型的管理型教师评价模式,主要侧重于对教师的绩效考核,以对教师的奖惩为主要评价目的。评价方式主要是"自上而下"型的,缺乏与受评教师的沟通与协商。评价内容只是依据一次听课和相关书面材料，缺乏对教师表现的追踪和全面了解。教师并不能获得关于提升教学质量的反馈信息。可见，受评教师缺乏应有的参与权、知情权和话语权。而且，这一评价模式适用于所有教师，缺乏一定的区分性，忽视教师的差异性。

长此以往，这种教师评价模式的弊端逐渐显露，一方面，教师在评价中难以获得应有的尊重和支持，致使教师的职业幸福感大打折扣；另一方面，教师不能得到有效的专业引领和指导，以致教师的自我反思能力难以提高，这极大地阻碍了教师的专业发展。此外，学生评价的比重较大，且评教过于随意，导致教师不得不有意迎合学生偏好这一怪象的出现，最终致使教学质量下降。

由此，我们不禁要追问，处于其他教育阶段的学校，尤其是处于义务教育阶段的中小学，其教师评价现状是怎样的？作为教师评价的直接受益人，受评教师对教师评价的态度与看法是什么？教师的认知是否得到了应有的重视与认可？

（二）对教师评价政策的思考："教师发展"的忽视

目前，教师教育逐渐成为我国教育改革关注的重点。而且，教师评价被当作提升教师质量的主要方法。教师评价政策主要依据评价目的而制定，教师评价具有教师问责和教师发展的双重目的。然而，当下我国教师评价主要倾向于对教师的奖惩考核与人事管理，显然重点是对教师的"问责"，而不是教师的发展。我国教师评价对"教师发展"这一目的的忽视，致使在政策的制定与实施中出现了多种问题，以下对此进行具体说明。

首先，我国尚未制定专门性的教师评价政策。通常，我国《教师法》《教育法》《基础教育课程改革纲要（试行）》（2001）等政策法规只是将教师评价作为其中的一部分。而且，我国教育政策的制定，更多的是基于宏观层面的说明，缺乏详细、具体、有区分的政策规划。

其次，将教师评价政策的制定与实施相对照，发现政策规定内容并未在实践中得到落实。例如，我国《教师法》规定："学校或者其他教育机构应当对教师的政治思想、业务水平、工作态度和工作成绩进行考核。考核应当客观、公正、准确，充分听取教师本人、其他教师以及学生的意见。"然而，在实际的评价中，教师本人的意见通常遭到忽视。可见，教师评价政策的制定与实施之间存在脱节的问题。

最后，我国教师绩效评价政策实施之后出现了新问题。自 2009 年我国义务教育学校实施教师绩效工资制度以来，教师绩效评价在对教师的奖惩与考核方面取得一定的进展。然而，新问题层出不穷，以致教师对绩效考核与评价制度表示不满。一个主要原因就是教师绩效考核主要根据学校发展的目标而设定，却忽视了对教师需求和教师发展的关注和重视。

（三）对学校教师评价实践的审视：评价内容与评价方法

自 20 世纪 80 年代以来，我国教师评价内容的选择发生了较大变化。最初侧重于对教师政治思想素质的考核，之后又强调学生的学习成绩与效果，如今开始关注教师的教学行为。目前我国中小学教师评价存在的一个问题是，教师绩效工资政策主要采用量化考核的方法，这使得评价内容更偏向于教师的工作量、学生成绩等易于量化考核的方面。然而，教师工作具有一定的复杂性，并非所有的工作都适于进行量化考核，尤其是师德与教师的课堂教学表现。我国教师评价实践中的一个突出问题就是，缺乏对师德和教师课堂教学表现的过程性评价。

实践证明，以考察知识掌握为主的纸笔测验、讲课，以学生成果为依据等多种评价方法并不能对教师实际工作做出有效、全面的评估。因此，我国中小学教师评价在技术操作上面临着一个难题，即如何有效地评价教师的课堂教学表现。那么，究竟哪种评价方式才能更准确地评估教师的教育教学水平？

二 研究问题

"教师评价"不仅仅是教育领域的一个研究问题，更是一个牵涉多方利益相关者的社会问题。本书选题是在我国现实的社会背景中应运而生的。2009 年，我国义务教育学校开始实施教师绩效工资政策，这在一定程度上促进了教育资源的合理配置；但它同样遭到大多数一线教师的质疑、抱怨甚至抵触。

当前我国义务教育学校教师绩效工资制度采用事业单位绩效考核

模式，忽略了"学校"场域和"教师"角色的特殊性与重要性。作为评价的直接利益相关者，教师对教师评价制度及其潜在问题的态度与看法是不容忽视的要素。这是因为教师是一个具有主体人格的个体，任何遵循"以教师为本"而展开的评价，最终能否达到促进教师发展的目的，主要取决于受评教师对评价的认知。①

基于此，本书将核心问题界定为：教师眼中的教师评价是什么？本书将围绕这一核心问题，对以下几个具体问题作进一步探讨：

1. 教师对学校教师评价现状的认识是什么？
2. 教师在评价中的自我认识是什么？
3. 教师对教师评价的认识是否受到"他者"的重视？为什么？
4. 在教师评价中，教师是否重视自我认识？为什么？
5. 如何从教师自身的视角改进我国中小学教师评价？（理论和实践层面）

总体上，本书正是在上述问题的指引下探究"基于教师视角的中小学教师评价"。

第二节　选题意义

本书的社会意义在于体现"教师"的重要性，理论意义在于关注"教师眼中的教师评价"这一被忽略的研究领域，实践意义在于有利于完善教师评价政策。

一　体现"教师"的重要性

在我国，由于中小学教师绩效考核与职称评定制度关涉教师的基本利益与个人需求，它们对管理型的教师评价制度具有一定的制约作用。自2009年以来，我国绩效工资政策的实施使一些突出问题得以缓解，例如教育资源分配，但也催生了更多新的社会性难题。例如，在这个经济快速发展的社会中，中小学教师群体仍在"温饱线"上

---

① 毛利丹：《教师眼中的教师评价：一个被忽略的研究领域》，《全球教育展望》2015年第7期。

挣扎，面临基本的生存问题。教师的付出远远超出绩效工资能够核算的范围，并与所得报酬极不匹配。这一问题在我国中小学教师群体中普遍存在着。

在当下追求经济效益的社会背景下，教师作为"自然人"的基本需求却被悬置起来。同时，受西方工业化时代科学管理理论的影响，我国中小学校沿用奖惩型的教师评价制度，更加侧重对教师教学效能的评定与考核，将教师视为"工具人"，忽视对教师个体的生命关怀。我国实施的中小学"一岗双责"制给教师工作带来极大的压力，还造成教师工作与生活边际不分等问题。然而，教师评价制度又过于强调教师的教学成绩。大部分教师在双重压力的夹击中疲于奔命，毫无职业幸福感可言。同时，个别教师出现的师德问题又使整个教师队伍面临道德信任的危机。然而，教师不只是被评判的对象，作为一个具有独立人格的个体，教师同样有自己的态度、尊严、情感与认知。

目前，我国中小学教师评价制度主要侧重于对教师的管理与考核，忽视了教师及其感知的重要性。基于此，本书以"教师眼中的教师评价"为切入口，倾听一线教师的真实声音，获知一线教师的真实想法，从而窥探我国中小学教师评价的现状，了解当下教师群体的生存状态。与我国已有教师评价研究相比，本书倡导的评价理念更着眼于"教师"这一生命个体，更加关注教师的生命成长和职业幸福，以期为教师作为"人"的未来发展起到正面的激励和导向作用。因此，对关注教师群体的生存状态而言，本书的研究内容具有较强的现实意义。

二 关注被忽视的研究领域

在我国基础教育课程改革和义务教育阶段教师绩效工资制度实施的背景下，教师评价被视为提升教师质量的重要途径。在理论研究领域，近年来，我国学者更多的是基于教师效能和教师专业发展等理论来探究教师评价问题的，相对而言，忽略了一个重要的研究领域，即"教师眼中的教师评价"。因此，本书主要借鉴的是以沟通与协商为主的"第四代评估"、积极心理学和关怀伦理等基于人本主义的相关理论，以期补充我国教师评价已有的研究理论。

从研究路径和研究方法上讲，目前，教师评价主要是从外部视角探究教师评价如何提升教师质量与学生成绩的功能的，更多地聚焦于评价方法的选择、评价标准的制定等具体内容。相比之下，从利益相关者视角探究教师评价如何促进教师发展的研究较少，尤其是一线教师对教师评价的认知尚未引起足够的重视，有关这一方面的研究较为匮乏。因此，本书主要遵循"自下而上"的研究路径，探究一线教师对教师评价的认知，倾听一线教师的真实声音，了解一线教师群体的生存状况以及教师个人的感知与诉求。

因此，"教师眼中的教师评价"不仅属于理论层面的研究，而且是对社会现实的观照；不仅涉及教育领域的问题，而且掺杂社会、政治、经济、文化等多个复杂因素。由此，本书基于教师的视角探知中小学教师评价的现状，不仅能够拓展研究的广度，还能增加研究的深度，具有较强的理论意义。

三　完善中小学教师评价政策①

与英国等西方国家相比，我国对教师评价的研究开展得比较晚。到 20 世纪 80 年代，我国政府及相关教育部门才开始关注并重视教师评价问题。显然，我国教师评价属于"后发外启"型的模式，表现出"迟发展"的效应，主要是借鉴国外教师评价的理念和相关政策。然而，教师评价毕竟是面向实践的，需要得到实践的检验。由于我国教师评价受教育制度及实施环境等复杂因素的影响，即使借鉴国外的教师评价制度，在实践中也遭遇了难题，主要表现为评价理念与实践之间的脱节。

通过对我国现行教师评价制度缺陷的反思，本书发现其中存在的一个突出问题，即教师评价体系与教师的关系是单向的。具体而言，实践中的教师评价往往只是依据评价结果要求教师自身做出相应改变，却未对现有评价体系进行调整与改善，忽略了教师评价自身固有

---

① 本节以"教师眼中的教师评价：一个被忽略的研究领域"为题刊登在《全球教育展望》2015 年第 7 期。

的问题。换言之，在实践中，教师评价只是用一种不变的评价标准衡量处于不断变化中的教师，却完全忽略教师自身的感受与认知。事实是，作为评价的直接受益人，教师的态度与观点对于教师评价体系的建构和评价政策的实施具有很大的影响作用。

因此，本书基于教师的视角调查我国义务教育学校教师评价实施的具体情况，这对我国教师评价政策的制定与完善具有一定的指导作用和现实意义。而且，本书通过对教师表现性评价模式的尝试性探究，能为我国教师评价在实践层面的操作起到一定的借鉴作用。

第三节 研究综述

本节主要从多个视角对教师评价已有的研究文献进行概括性介绍，并对已有研究所表现出的特点和存在的不足加以评述。

一 关于教师评价的主要研究

依据教师评价已有研究的理论基础，分别从人本主义视角、专业发展视角、文化视角、法学和政策视角以及方法论视角对国内外与教师评价相关的研究文献进行综述。

(一) 人本主义视角的教师评价研究

近几年来，在教师评价研究领域，国内外学者开始从人本主义视角探究教师评价问题。相比较而言，国外学者在这方面的研究成果更多，他们主要关注的是从教师的视角审视当前的教师评价，以及教师的情感、信念等因素对教师评价的影响。

1. 关于"教师眼中的教师评价"研究

在理论层面，国外一些学者将目光聚焦到各个阶段教师对教师评价不同层面、不同因素的看法，包括教师评价目的、评价标准等方面。例如，克利帕（Otilia Clipa）从教师的角度（from the perspective of the teachers）审视教师评价的目的以及评价过程中评价者的理想形象等问题。研究发现，教师认为的评价目的依赖于诸如评价者的教育水平、受教育程度和教龄等因素，而且，评价者的年龄、工龄等因素与他们的形象密切相关。通过量化和质性分析最终得到的数据，有助于为参与在职教师培训的教师建立一个更好的评价体制，进而完善其教学质量和评价过程。① 哈拉兰博斯（Charalambos）等学者从教师的视角探究基因教学实践和具体内容教学实践在教师评价中的运用。哈拉兰博斯指出，以往研究似乎遗漏了一点，即让教师发声，了解教师们对这些评价的看法。从教师的视角探究实施这两种教学实践的重要性和可行性对于教师培训和教师评价而言意义重大。② 哈拉兰博斯希望能够赋予教师更重要的角色，即参与到同教师评价和课堂观察相关的谈论中，而且这方面的研究今后会越来越多。

泰腾斯（Melissa Tuytens）等学者认为，从教师的视角审视教育政策对于理解政策实施的成败尤为关键。从教师的角度检测新教师评价政策表明教师的观点符合政策的需要。泰腾斯指出了教师评价政策中所存在的问题，包括自上而下的评价模式，评价目的的异化，轻视教师对政策评价的看法，因此，应该对现有政策的不合理加以改善，包括增加教师的自我评价和同行评价，增加教师参与政策制定的自主权，增强其责任心，更多地关注教师的情感和参与。③ 奥普瑞（S. Casey O'Pry）等人主要从新教师的视角探讨了如何看待学校实施的基于标准的表现性评价。有着充分准备并得到同伴和领导大力支持的教师能够乐观地看待这一经历，当教师感觉他们收到了有意义的、及时的反馈信息，或得到自我反思的机会时，他们较为重视评价过程。④ 丹尼尔森（Charlotte Danielson）指出，学校和地区通常并不顾及教师个人的喜好，忽视教师对支持学校获得具体内容和改善教学技巧的看法。⑤

---

① Otilia Clipa (2011), "Teacher Perceptions on Teacher Evaluation: The Purpose and the Assessors within the Assessment Process," *Procedia-Social and Behavioral Science*, 29, 158.

② Charalambos Y. Charalambous, et. al. (2014), "Using Generic and Content-specific Teaching Practices in Teacher evaluation: An Exploratory Study of Teachers' Perceptions," *Teaching and Teacher Education*, 41, 22–23.

③ Melissa Tuytens, Geert Devos (2009), "Teachers' Perception of the New Teacher Evaluation Policy: A Validity Study of the Policy Characteristics Scale," *Teaching and Teacher Education*, 25, 924–925.

④ S. Casey O'Pry, Gary Schumacher (2012), "New Teachers' Perceptions of a Standards-based Performance Appraisal System," *Educ. Asse. Eval. Acc.*, 24, 325.

⑤ Charlotte Danielson (2001), "New Trend in Teacher Evaluation," *Educational Leadership*, 58, 12.

在实践层面，国外学者主要采用的是案例和定量分析研究方法。例如，弗洛雷斯（Maria Flores）研究的问题是，在葡萄牙关于教师评价的一项新政策的实施中，学校教师是如何实践的。弗洛雷斯认为，今后的研究关注的重点问题包括交际本质（有效、成功的教师评价的关键因素），反馈信息的质量，评价者和被评价者的关系，国家标准的实施，尤为重要的是，为教师专业的持续发展提供支持和后续机会。① 特内罗（Bernardita Tornero）探究的是智利公立小学教师为何公开拒绝参与国家强制性、基于标准的教师评价项目。② 塞达（Seda Saracaloglu）以代尼兹利一所小学的教师为研究对象，探究教师关于参与2007—2008年实施的课程评价调查、课程评估、课程开发、教师自身角色与情感等方面的观点。③ 我国也有学者从教师的视角对教师评价进行实证调查研究。④

有研究者关注并探究影响教师认知的因素，包括教师个人因素和一些外部因素。首先，在教师个人因素方面，教师的年龄、教龄对教师认识具有一定的影响。奥普瑞等对新教师（不满3年）的调查显示，83.2%的教师和9.2%的教师分别表示支持和非常支持教师评价体系的实施；同时，约有60%的教师（48.3%的教师表示赞同，10.8%的教师表示非常赞同）感到教师评价体系充满压力。⑤ 由此可知，大部分新教师认为，教师评价体系是公平的，通过评价，教师的

---

① Maria Asuncal Flores (2012), "The Implementation of a New Policy on Teacher Appraisal in Portugal: How Do Teachers Experience It at School?" *Educ. Asse. Eval. Acc.*, 24, 365 - 366.

② Bernardita Tornero, Sandy Taut (2010), "A Mandatory, High-stakes National Teacher Evaluation System: Perceptions and Attributions of Teachers Who Actively Refuse to Participate, 36, 132 - 133.

③ Seda Saracaloglu, et al. (2010), "Elementary Teachers' Views about Their Roles in Curriculum Development and Evaluation Process: The Case of Denizli," *Procedia Social and Behavioral Sciences*, 2, 2427 - 2434.

④ 例如，吴振立《中小学教师评价权的个案调查与探讨》，《内蒙古师范大学学报》（教育科学版）2001年第5期；张成武《我国新时期教师评价的制度化历程、现存问题与对策研究》，西南师范大学硕士学位论文，2004年；赵丽敏《教师眼中的教师评价——基于上海市首批实验性示范性高中的实证研究》，华东师范大学硕士学位论文，2007年，等等。

⑤ S. Casey O'Pry, Gary Schumacher (2012), "New Teachers' Perceptions of a Standards-based Performance Appraisal System," *Educ. Asse. Eval. Acc.*, 24, 333.

教学实践能力得到提高。不过，奥普瑞等人还发现，参与调查的另一部分新教师认为，教师评价仅仅是为了帮助教师提高学生成绩，并未真正促进教师的发展。①

我国有学者认为，教师情绪同样是影响教师认知的主要因素之一。情绪的作用在于它能提供一种定势去感知受评对象积极的或消极的不同方面。② 教师的情绪极有可能造成教师在教师评价上的认知偏差。在一定程度上，这会制约教师在评价过程中的参与程度和合作状态，还可能影响到教师评价的客观性和全面性。所以，应充分估计教师情绪等主观因素对教师认知的影响。

其次，影响教师认知的外部因素。例如，奥万多（M. N. Ovando）指出，以学习者为中心的教师评价模式会影响教师关于专业发展和成长的认识。研究中所涉及的所有权、对话和关注学生成绩等主张会影响教师对评价过程的看法。对于教师而言，用专业的态度讨论自己的专业，证实了自己的投入，其依据是教学成就的"产出"。将对话提升到以学习者为中心的评价上，教育者与评价者以合作的形式决定教师的目标和专业发展的机会。③

米朗奥斯基与赫尼曼（Milanowski & Heneman）指出，时间、培训和精确度是影响教师关于标准本位评价模式有效性看法的几个因素。尽管标准本位的教师评价有提供专业对话与教师成长框架的潜力，但同等重要的是对评价者进行合理的培训。此外，反馈的特殊性是影响评价模式成败的另一个因素。当教师被给予具体的提升或反思领域，而不仅仅是受到表扬时，他们对评价模式有效性的看法则会更好。④ 戴维斯（Ellett Davis）等人发现，学校领导同样是影响教师认知的一个因素。它使得评价模式从年度活动变成教师成长与提高学生

---

① S. Casey O'Pry, Gary Schumacher (2012), "New Teachers' Perceptions of a Standards-based Performance Appraisal System," *Educ. Asse. Eval. Acc.*, 24, 334.

② 陈玉琨：《教育评价学》，人民教育出版社1999年版，第149页。

③ Ovando, M. N. (2001), "Teachers' Perceptions of a Learner-Centered Teacher Evaluation System," *Journal of Personnel Evaluation in Education*, 15 (3), 213–231.

④ Milanowski, A. T. & Heneman, H. G., III. (2001), "Assessment of Teacher Reactions to a Standards-Based Teacher Evaluation System: A Pilot Study," *Journal of Personnel Evaluation in Education*, 15 (3), 193–212.

成绩的真实过程。①

2. 关于"教师参与评价"的研究

早在20世纪70年代,美国就有学者探究教师参与评价的重要性。例如,1975年,杨等人(Young & Heichberger)指出,佐治亚州一些学区强调合作政策,允许教师参与到教学目标设定和教学改进过程中。② 之后,教师参与评价一直成为学者们关注的话题。

例如,乔伊斯等人(B. Joyce & B. Showers)指出,教师应该有机会参与评价过程,这样教师会变得更加合作、更加友好,教学改进更加有效。③ 鲁尼(J. Rooney)接触到的所有受评教师都认为不能从评价体系中获益。于是,允许教师与督导者一同重建评价过程,经调整的评价体系经过两年的实施,使得教师感到"他们为自己的专业成长负责,无论是从个人角度还是作为集体成员"④。布莱克(Black, S.)也发现,当教师参与到评价计划的设计时,教师的需求会进一步得到满足。⑤

沙利文等(S. Sullivan and J. Glanz)认为,教师与行政人员之间的合作有利于收集关于教师进步的目标证据,分析教师定期的表现。⑥ 彼得森(Kenneth D. Peterson)提供了一个全新的、开创性的视角来审视教师评价方法,主要关注的核心领域就是"增加教师的参与"。彼得森从社会学视角阐述教师参与评价的重要性。他指出,教师参与的增加可以是他们自己的教育案例,也可以是其他教师的教师评价体

---

① Davis, D., Ellett, C. & Annunziata, J. (2002), "Teacher Evaluation, Leadership and Learning Organizations," *Journal of Personnel Evaluation in Education*, 16 (4), 287–301.

② Young, J. M. & Heichberger, R. L. (1975), "Teachers' Perceptions of an Effective School Supervision and Evaluation Program," *Education*, 96, 10–19.

③ Joyce, B. & Showers, B. (1988), *Student Achievement through Staff Development*, White Plains, NY: Longman.

④ Rooney, J. (1993), "Teacher Evaluation: No More 'Super' Vision," *Educational Leadership*, 51 (2), 44.

⑤ Black, S. (1993), "How Teachers Are Reshaping Evaluation Procedures," *Educational Leadership*, 50 (6), 38–42.

⑥ Sullivan, S., & Glanz, J. (2000), "Alternative Approaches to Supervision: Cases from the Field," *Journal of Curriculum and Supervision*, 15 (3), 212–235.

系。教师可以改善他们自己的评价。①

我国也有学者极力提倡受评教师主动参与教师评价，并从不同利益相关者的立场出发阐述教师参与评价的重要性。例如，教师不只是参与到评价过程中，还应在评价项目或指标方面拥有发言权，能够正确理解评价的意义等。从教师角度来分析，教师参与评价是教师专业发展的需要，而且与教师自身的利益也有较大的关系。②

3. 关于"教师情感等因素对教师评价的影响"研究

一个合理的教师评价体系应考虑到教师的期望、需要、自尊等内在因素。③ 国外有不少学者关注教师的情感等非认知因素对教师评价的影响。贝克（Eva Susann Becker）等学者关注的是课堂上教师情感及其教学行为与学生情感之间的关系。对于学生情感而言，教师情感及其教学行为同等重要。④

瓦尔克和埃尔特曼（Martin Valcke，Antonia Aelterman）与我国学者何巧燕（Qiaoyan He）一同研究关于"教师评价信念与教师评价"这一课题。他们分别从中国的中、东、西部选取31位在职教师作为受访者，调查他们在教学过程中的评价信念。在职教师是真正能够将教育理念转化为教育实践的一个群体。他们个人的教育理念起始于教室里的童年时期。因此，教育工作者应该理解并尊重在职教师的个人教育理念，并引导他们获得有价值的资源，参与到课程决策过程中，展示他们的教学能力，实现他们的自我效能。⑤

总之，教师对评价的看法、教师的角色参与逐渐成为国外众多教育研究人员关注的焦点。他们越来越多地意识到，不能轻视最具有发

---

① Kenneth D. Peterson, Catherine A. Peterson (2006), *Effective Teacher Evaluation: A Guide for Principals*, Thousand Oaks: Corwin Press, pp. 67-69.

② 傅道春：《教师的成长与发展》，教育科学出版社2001年版，第204—205页。

③ Philips, S. P. (2005), An Analysis of Perceptions and Implementation of California's Teacher Evaluation Process in a K-5 public School and Its Impact on Teacher Practice, Doctor Dissertation, University of Southern California.

④ Eva Susann Becker et al. (2014), "The Importance of Teachers' Emotions and Instructional Behavior for Their Students' Emotions—An Experience Sampling Analysis," *Teaching and Teacher Education*, 43, 15.

⑤ Qiaoyan He, Martin Valcke, Antonia Aelterman (2012), "A Qualitative Study of In-service Teachers' Evaluation Beliefs," *Procedia-Social and Behavioral Sciences*, 69, 1085.

言权的教师对整个评价的认知，不能忽视教师的情感、信念等因素对评价、教学以及学生成长的影响，应该重视教师在评价过程中所发挥的重要作用。针对此，国外多位学者通过实证研究获得了一致性的结论。

我国也有研究者开始关注教师评价中"教师"的重要性，并从不同的理论视角对此展开论述。例如，吴琼和姚伟从哲学解释学"理解"的视角对教师评价的现状进行探究，这为反思当前我国教师评价问题提供了有益的启示。从"理解"视角分析当前我国教师评价中所存在的问题，例如，评价的管理和控制倾向严重，评价标准忽视个体差异，等等。针对这些问题，教师评价应彰显"理解"的意蕴，评价目标应定位于在"理解"中促进教师发展，评价标准应是评价双方所达成的"理解"共识，评价过程应是主体间的对话，评价结果应是一种"理解"性阐释。①

此外，还有的研究涉及国外教师评价改革中对教师差异性的关注，包括教师职业发展不同阶段所使用的评价标准、评价方法等方面，例如梁红京将"区分性教师评价"视为一种"制度"，从理论视角阐述这一评价制度的特点、理论基础等具体方面。② 又如，杨宁燕将主题聚焦到美国区分性教师评价上，以期从中获得操作性强的实践经验，进而用于我国教师评价改革。③ 喻冰洁从教师评价的伦理层面

---

① 吴琼、姚伟：《"理解"的失落与彰显：哲学解释学视角下教师评价的反思》，《教育科学》2010年第6期。相关文献还包括陈振华《教师评价若干变革评析》，《教师教育研究》2012年第9期；曹如军《大学教师与大学教师评价：人性理论的视角》，《江苏高教》2010年第6期；鲁武霞等《基于现代教育评价理念的教师评价体系构建》，《高校教育管理》2009年第2期；许爱红《促进教师发展的评价体系的构建——以年终考核为例》，《教育科学研究》2009年第3期；王斌华《发展性教师评价制度》，华东师范大学出版社1998年版；吴振利《中小学教师评价权的个案调查与探讨》，《内蒙古师范大学学报》（教育科学版）2001年第5期；戚先锋《教师对教师评价态度的调查分析及应对》，《江苏教育学院学报》（社会科学版）2004年第2期；田爱丽、张晓峰《对现行中小学教师评价制度的调查与分析》，《教育理论与实践》2004年第3期；张忠山《上海市部分中学教师评价现状的调查》，《上海教育科研》2006年第10期，等等。

② 梁红京：《区分性教师评价制度研究》，华东师范大学博士学位论文，2004年。

③ 杨宁燕：《美国区分性教师评价体系的经验与启示》，首都师范大学硕士学位论文，2007年。

入手，探究我国教师评价指标体系对教师的非人化处理、教师评价实践中凸显的公平问题诸多伦理困境。[①] 与国外学者的研究外延与内涵相比，我国学者在这一方面的探究仍存在较大的差距。例如，评价内容缺乏全面性，仅仅涉及教师评价的基本要素，学校类型缺乏一定的针对性，等等。

（二）专业发展视角的教师评价研究

教师专业发展评价是近几年来各国学者、管理人员和众多教师关注的领域，主要将其作为教师评价的目的进行研究。国内外学者选取相同的研究主题，即教师评价与教师专业发展的关系，但他们研究的视角却不相同。

国外学者的研究思维比较具体，更倾向于建立理想的专业发展模型与体系。例如，古斯基（Thomas Guskey）着重阐述专业发展评价的12条原则，并建构了包含五个层次的专业发展评价模型。每个层次的评价都涉及如何评价受评者对专业发展活动的反映、教师所在组织的支持和变化、被评价者对新知识和技能的应用，以及教师所教学生的学习结果。[②] 丹尼尔森与麦格里（C. Danielson & T. L. McGreal）根据教师专业发展不同阶段所具有的特点，提出系统的"区分性教师评价体系"。这一评价体系的核心观念是：只有用不同的评价标准和方法去评价处于不同发展水平的教师，教师评价才有助于教师的专业发展。[③]

古斯基和丹尼尔森等学者立足于深入分析教学要素的基础上，对教师评价中常见的问题进行解答，诸如怎样对教师进行科学的评价？评价新教师与老教师的标准是否应该一样？如果教师在评价中表现糟糕，应该解雇他们还是帮助他们尽快提高教学水平？等等。他们提出，教师评价应该分为三个层次，针对教师的不同专业水平，制定个性化方案，分别是专为新教师设计、为获得任职资格的教师设计、为具有教师资格但需要专业援助的教师设计。以上研究的共同点是强调

[①] 喻冰洁：《中小学教师评价的伦理问题研究》，东北师范大学博士学位论文，2014年。

[②] ［美］古斯基：《教师专业发展评价》，方乐等译，中国轻工业出版社2005年版。

[③] ［美］丹尼尔森、麦格里等：《教师评价：提高教师专业实践能力》，陆如萍等译，中国轻工业出版社2005年版。

教师专业发展的阶段性和促进发展的评价应具有的层次性，并向一线教师提供这类评价的具体操作方法和策略。

教师评价系统在教师专业发展中发挥着重要的作用。在以往的研究中，学校领导力的影响、评价目的和评价体系特征等因素是相对孤立的，德尔沃（Eva Delvaux）等学者试图从教师的视角监测评价体系中哪些因素与教师专业发展评价体系的效果相关。他们通过多角度分析得出的结论是，有限的经验（低于5年）和有效反馈与教师专业发展评价体系的结果紧密相关。[1] 德尔沃的研究打破了传统教师评价中各元素之间孤立的现象，对教师评价的研究具有一定的促进作用。

相比较而言，我国学者更多的是对理论层面的阐述，研究思维比较抽象。有的是引进国外先进的教育评价理念及其对改进我国教育评价具有的启示作用。例如，王斌华重点介绍英国教师评价的发展性教师评价制度[2]，在此基础之上，又分别从绩效管理与专业发展两个维度对国内外教师评价进行比较研究。[3]

此外，近几年来，从理论层面介绍国外教师评价制度的研究逐渐增多。王小飞指出，我国传统的教师评价多着眼于个人的工作表现，而且评价的结果与提职、晋级、加薪、奖金等联系在一起，是一种奖惩性教师评价。在一定程度上，它对学校管理和教师职业发展起到了积极的促进作用，但这种影响是自上而下的，它对教师整体素质提高的影响是有限的，在某些时候还可能是消极的。在此基础之上，王小飞介绍了英国的教师评价制度。近些年来，英国又开始推行一种带有奖惩性的"表现管理"教师评价制度，试图以折中的做法实现教师评价的"双重"功能：一是按照量化指标决定教师的薪金，二是促进教师的个人专业发展。[4]

王维臣以美国联邦政府推动中小学采取绩效制为背景，探讨美国中小学在教师评价问题上所进行的改革及其引发的争议，由此评析美

---

[1] Eva Delvaux, et al. (2013), "How May Teacher Evaluation Have an Impact on Professional Development? A Multilevel Analysis," *Teaching and Teacher Education*, 36, 1–3.
[2] 王斌华：《发展性教师评价制度》，华东师范大学出版社1998年版。
[3] 王斌华：《教师评价：绩效管理与专业发展》，上海教育出版社2005年版。
[4] 王小飞：《英国教师评价制度的新进展》，《比较教育研究》2002年第3期。

国教师评价改革对我国教师评价的启示。① 孙翠香和范国睿分析了美国中西部教师评价政策。在政策的价值取向上，教师评价的"管理"功能凸显、对人的"发展"功能尚显不足；在政策内容上，教师评价的"标准和准则""评价过程"和"评价结果"是构成教师评价政策内容的主体。基于此，他们指出，我国当前不仅亟须加强教师评价政策研究，而且在制定和实施教师评价政策时，还需在政策取向上以"促进教师专业发展"为基本价值取向，并以达成"促进学生发展"为最终鹄的；在教师评价政策内容体系的构建上，至少应包含评价标准、评价实施过程及评价结果的反馈等内容。②

还有学者在研究国外教师评价中，对某一主题进行连续地追踪研究。蔡敏及其团队对国外，尤其是美国的"中小学教师评价"进行了专题研究。为了提高教师的素质，促进学生的学业成就，美国各州和学区把教师评价作为切入点，注重加强教师评价的改革工作。同时，作者还介绍了美国教师评价主要采用的典型方法，并在此基础上概括出美国中小学教师评价的整体特点。③ 教师评价作为提升教师素质的一种有效手段，引起美国基础教育界前所未有的重视。各州纷纷从评价的目的与功能、多元主体参与、信息收集范围、个性化标准制订和专业人员培训等方面，进行了全面、系统的改革。④

另有研究倾向于分析我国教师评价中所存在的现实问题，并针对

---

① 王维臣：《绩效制背景下美国教师评价的改革及其启示》，《外国中小学教育》2011年第10期。

② 孙翠香、范国睿：《教师评价政策：美国的经验和启示——以美国中西部地区教师评价政策为例》，《全球教育展望》2013年第3期。其他相关文献还有：谢倩、王斌华《教师评价实践：美国的经验和启示》，《黑龙江高教研究》2009年第8期；赵德成《美国加州教师表现性评价方案及其启示》，《外国教育研究》2010年第5期；高鹏《美、加等国表现性评价制度对我国中小学教师评价的启示》，《上海教育评估研究》2012年第9期；王文丽《日本的教师评价及不称职教师处理——以东京都为例》，《外国中小学教育》2011年第11期。

③ 蔡敏、李艳：《美国中小学教师评价的主要模式及特点》，《外国中小学教育》2006年第4期。

④ 蔡敏：《美国中小学教师评价改革的有益经验分析》，《中国教育学刊》2007年第7期。其他相关文献还有：蔡敏《美国"基于表现的教师评价"探析——以密苏里州为例》，《教育科学》2008年第2期；李双飞、蔡敏《美国熟练教师表现性评价及其启示——以加利福尼亚州为例》，《外国教育研究》2008年第11期；胡林林、蔡敏《加拿大安大略省新入职教师的表现性评价及启示》，《世界教育信息》2010年第7期。

此提出相应的改进措施、设计理论模型。例如，张晓峰（Xiao Feng Zhang）和霍明宁（Ho Ming Ng）采用案例分析法研究上海的教师评价与教师专业发展的关系。① 侯定凯和万金雷从促进教师专业发展的视角出发，采用个案调查法分析我国当下中小学教师评价所存在的突出问题，并就如何在学校层面建立完善的促进教师专业发展的教师评价制度提出若干建议。②

也有研究者从理论层面对教师评价体系中的不同方面进行了研究，研究的共同目的是通过改善教师评价以促进教师的专业发展。例如，蔡永红指出，教师评价的内容与方式一直受到人们对教学看法的影响，随着教学研究的深入，新的教学观越来越重视教学的专业性特点及创造性本质，教师评价也越来越强调教师专长发展、教学反思及创新。③ 申继亮和孙炳海认为，教师评价内容体系的重建是教师评价研究的一项重要任务，以教师基本素质、职责与表现为主要成分，整合教师胜任力评价、教师绩效评价和教师效能评价的契合之处。在理论上提出了教师评价内容体系的金字塔模型，主要由成分、维度与指标三级体系构成，它对量化教师绩效评价、促进教师专业发展、加强教师培训与提升教师整体素质都具有重要价值。④

(三) 文化视角的教师评价研究

文化因素是教师评价的一个重要影响因素。国内外学者从不同的文化视角对教师评价进行探究，包括跨文化领域，各国不同的社会文化、学校文化、教师文化、班级文化等。

1. 从社会文化视角对教师评价的研究

自我国改革开放起，西方的文化逐渐影响着我国各个领域。西方

---

① Xiao Feng Zhang, Ho Ming Ng (2011), "A Case Study of Teacher Appraisal in Shanghai, China, in Relation to Teacher Professional Development," *Asia Pacific Educ.*, 12, 569 – 577.

② 侯定凯、万金雷:《中小学教师评价现状的个案调查——从促进教师专业发展的角度》,《教师教育研究》2005 年第 9 期。

③ 蔡永红:《新教学观与教师评价》,《北京师范大学学报》(社会科学版) 2007 年第 1 期。

④ 申继亮、孙炳海:《教师评价内容体系之重建》,《华东师范大学学报》(教育科学版) 2008 年第 2 期。

的教育理念和模式也被移入我国的教育领域。不可否认，它对我国教育观念的更新、教育方法的完善等方面起到了一定的促进作用。然而，也出现了与我国本土文化相冲突的问题。例如，沃尔克和迪默克（Allan Walker & Clive Dimmock）认为，简单复制不同文化与背景中的评价实践是极不理智的，这与它最初发起的文化背景极不相同。今后中国香港所有的学校必须实施同一个评估方案，这一事实引起极大的恐慌。中国香港要求实施的最普通的评价模式基于传统的英裔美国人的理解与实践，就此引出的争论是，在中国香港社会中教师评价文化可能会产生怎样的影响。中国香港文化的显著特征是集体主义和高权力距离（high power distance），这完全不同于英裔美国人的文化，这些国家的教师评价形式在中国香港并不适合。因此，学校制定、实施教师评价方案时，要慎重考虑中西两种文化所存在的冲突这一问题。①

以上这个发生在中国香港的普通案例引起对中西方两种不同文化的深入思考。在中国的集体主义文化中，良好的人际关系与组织和谐是优先考虑的因素。与社会集体保持和谐的关系是交往的基础，为了和谐，人们必须牺牲个人愿望与爱好。跨文化心理学指出，许多西方文化中的个人主义、利己主义和中国社会中的集体导向背道而驰。在教师评价方面，个人主义文化强调进步，努力成为一名好的老师（a good teacher），相反，集体主义至上的文化强调归属，做一名好的、平等的小组成员（a good member）。显然，由于中国文化的有序和互惠原则，西方文化中所提倡的基于个人主义的评价方法在中国社会并不适用。

有多位学者指出，中国内地教师评价指标的制定缺乏科学性，这成为一个严重的问题。因此，紧密关注内地之外的教师评价指标很有必要。他们对香港和内地在教师评价指标制定方面所折射出的社会文化进行比较。香港特区政府为教师提供了充足的培训和帮助，而且，还为教师评价和教师资格建立了专业标准，例如香港特区的普通教师能力框架（The Generic Teacher Competencies Framework of HK Region）

---

① Allan Walker, Clive Dimmock (2000), "One Size Fits All? Teacher Appraisal in a Chinese Culture," *Journal of Personnel Evaluation in Education*, 14 (2), 155–175.

就是其中一种。香港的重点指标是教师服务社会的意识和作为民族与国家主人翁的意识。而在内地,教师只是被当作一个"个体",因此,他们大多是通过自我发展、自我反思和自我完善等方式接受评价的。①

2. 从学校文化的视角对教师评价的研究

20 世纪 90 年代中期,我国地方政府开始通过教育政策行使其权力及其影响,目的是改善教师的实践能力。他们关注更多的是教师专业发展及其奖励和晋升政策。然而,所有这些重组方案及其体制改革在促进学校发生显著变化的层面上收效甚微。有学者指出,在追求教师专业成长以及教学改进的过程中缺少教师同行的支持,"教师孤立"现象是抑制学校发展的一个主要因素,教师个人的态度和表现行为的改变是学校文化中的一种根本变化。在这样的社会背景下,该学者在山西省开展"2+2 多项教师表现性评价"项目,用来帮助改善当前教师文化中"教师孤立"的现象,并帮助教师建立积极、富有成效的同伴互助关系。②

还有研究指出,由于教师认为教师自身受制于极其严密的控制和学校的重新集权,导致当代的教师评价政策普遍出现冲突化现象。因此,为面对新的形势发展,主要关注源于评价实施过程的诸多不确定性因素和学校适应策略。③ 该研究强调学校背景(school vision)及其组织学习的重要性,并指出将来的研究可以从更深层次上关注其他不同学校情境(school context)中的诸多问题。

(四)法学和政策视角的教师评价研究

在文献搜集和整理过程中,笔者发现,国内外从法学和政策视角研究教师评价的文献并不多。以往,许多关于教师评价的理论研究和

---

① Hechuan Sun, et al. (2013), "A Research on the Indicators for Evaluating Teachers in Hong Kong," *Procedia-Social and Behavioral Sciences*, 116, 1459–1463.

② Weiping Wang (2007), "Evaluation of 2+2 Alternative Teacher Performance Appraisal Program in Shanxi, People's Republic of China," *Teaching and Teacher Education*, 23, 1013.

③ Maria de Fátima Chorão Sanches, et al. (2014), "Teacher Evaluation Policies: Logics of Action and Complex Adaptation to School Contexts," *Procedia-Social and Behavioral Sciences*, 116, 1201.

实际操作主要立足于学校层面,尚未纳入国家教育体系和得到法律的认可。陶特(Sandy Taut)等介绍的关于智利的国家级教师评价项目(NTES)却是一个例外。陶特指出,能够引起众多学者注意的是,NTES 的理论基础能够在官方文件中得到详细阐述,并得到法律的认可。[①] 这一点值得其他国家学习和借鉴。将教师评价的相关内容收入官方文件,使其得到国家法律的认可与保障,那么学校、教师和学生三方的权利和义务也能得到保障。

(五)方法论视角的教师评价研究

国内外许多学者针对教师评价的方法进行了探究,其中,以对形成性评价与终结性评价的研究为主,其他还有同行评价、自我评价、教师表现性评价等方法。

1. 关于形成性评价和终结性评价方法的研究

许多研究详细阐释了形成性评价和终结性评价的内涵以及二者的区别。[②] 形成性评价通常在某项目的早期阶段进行,回答关于实施和进行中计划的相关问题。这种评价方式通常检查的是过程而非结果。终结性评价的对象是项目的成果和影响。与形成性评价不同的是,在项目结束后搜集到的部分信息得到全部应用,并且有充足的时间期待结果。[③]

在形成性评价和终结性评价的使用方面,有的学者赞成形成性评价和终结性评价这两种方法的融合。由于实际中的教师评价更侧重于终结性评价方法,形成性评价方法被当成一种摆设,因此,他们支持将两种评价方法综合使用,会产生比较理想的效果。例如,古斯基指出,形成性评价是用来指导进步的,终结性评价关注的是底线。糟糕的是,教育中大多数评价仅仅是终结性评价。事实上,许多教育者只是把评价与终结性目的联系起来。虽然在项目或活动的过程中规划性、形成性和终结性评价的相对重点有所变化,但对于有意义的评价

[①] Sandy Taut et al. (2013), "Theory Underlying a National Teacher Evaluation Program," *Evaluation and Program Planning*, 33, 477.

[②] Sherri Quinones, Rita Kirshstein (1998), An Educator's Guide to Evaluating the Use of Technology in Schools and Classrooms, 7–8.

[③] Ibid.

来说，这三者都必不可少。① 我国有学者认为，形成性评价和终结性评价的综合使用，既可以呈现教师工作的真实情况，能够反映教师行为的价值；又能为教师的工作绩效提供判断。形成性评价的基础是人本主义的评价模式，评价的目的是促进全体教师的发展；终结性评价是一种目标管理模式，强调甄别与评价，用以判断教师的优劣，实际上除了少数优秀的教师和不称职的教师外，大部分教师不会从评价结果中直接获得改进工作的信息②，等等。

也有的学者质疑这两种方法综合使用的效果。霍华德（Barbara B. Howard）和麦克尔斯基（Wendy H. McColskey）提出，根据我们的经验，要将终结性评价和形成性评价分离开来，这样，管理者就不用担任教练和裁判的双重角色。③ 霍华德和麦克尔斯基对此提出的质疑有一定的根据。他们认为，传统的教师评价方法的一个问题是教师角色的被动性。通常，教师鲜有机会阐述其表现。因此教师很感激能有机会向校长展示他们一年的表现，而不仅仅是课堂上的观察。相对于教师角色参与的被动性，在形成性评价和终结性评价的过程中，校长担任了多重角色。如果教师和校长的角色没有发生变化，那么这两种评价方式的结合只会给教师带来更大的压力。

还有学者认为，评价者在这两种评价方式中会出现角色冲突的问题。例如，彼得森（Kenneth D. Peterson）等学者从社会学的视角谈及校长角色冲突的问题。校长角色的一个主要冲突是指，校长作为教师的鼓励者、培养者和作为终结性评价的裁判者；另一个角色冲突发生在校长作为小组领导和评价者之间。作为评价者，校长发现教师表现力的不同，包括教师的排名和出色的表现行为。校长可以根据教师的教学质量对其进行排名，但从不与外界分享这些信息。④ 对此产生

---

① ［美］古斯基：《教师专业发展评价》，方乐等译，中国轻工业出版社2005年版，第46页。

② 胡中锋：《教育评价学》，中国人民大学出版社2008年版，第225—226页。

③ Barbara B. Howard, Wendy H. McColskey (2001), "Evaluating Experienced Teachers," *Educational Leadership*, 58, 48.

④ Kenneth D. Peterson, Catherine A. Peterson (2006), *Effective Teacher Evaluation: A Guide for Principals*, Thousand Oaks: Corwin Press, pp. 67–68.

质疑的主要原因是,评价者在这两种评价方式的使用中会出现角色冲突问题,尤其是校长这一角色所产生的冲突①,会给教师增加更多的负担。

2. 关于教师评价在其他方法和路径上的研究

学者们关注较多的教师评价方法还包括同行评价、360度反馈评价、自我评价、档案袋评价以及教师表现性评价,等等。第一,同行评价是专业发展的自然产物,指教师对其同事进行正式的终结性评价,在该计划中,他们对个体工作情况的建议通常会为学区所接受。同事评审尽管不是专门的,但是它通常被用于评审尚未取得终身任职资格的教师。②

埃斯卡米拉（Phillip Escamilla）详细阐述了同行评价的缘起及其发展。通常,由于时间的限制和粗略的标准,校长对教师一年进行一到两次的评价仅仅根据课堂观察,但他们并不能了解真实的课堂。由此,教师同行评价便应运而生。同行评价源于同行互助（peer assistance）。同行互助指的是资深教师,通常也称咨询教师,指导新教师和老教师以帮助其提高自身的学科知识和教学技能。同行评价提高了风险,允许资深教师和当地教师协会联盟,对教师进行正式评估,并对教师的去留提出建议。但是,资深教师无权做最后的任用决定,而是由学区管理员裁决。③

柯什南（Charles Kerchner）等人重点介绍了同行评价的优势,即同行评价主要聚焦教师的学习和成长,因而有助于教师提高教学质量。与传统的行政评价相比,同行评价能够让指导教师提出更有用的评价,让教师在建立和强化评价标准过程中发挥作用。同行评审促使教师反思自己的教学以及良好教学的含义。相比而言,行政评审则关注教师绩效——教师做得够好吗？而同行评审聚焦于学习和成长——

---

① Kenneth D. Peterson, Catherine A. Peterson (2006), *Effective Teacher Evaluation: A Guide for Principals*, Thousand Oaks: Corwin Press, pp. 67–68.

② [美]丹尼尔森、麦格里:《教师评价——提高教师专业实践能力》,陆如萍、唐悦译,中国轻工业出版社2005年版,第58页。

③ Phillip Escamilla (2000), *Exploring Teacher Peer Review*, pp. 1–2.

教师应如何提高自己的教学质量?①

我国也有研究对美国教师评价中同行评价所发挥的作用进行详细介绍。例如，同行评价能真实地反映教师的情况，它建立在经常性的听课、课堂观察和分析反馈的基础上，对教师是长期的关注和监督，对教师的评价是动态的、客观的，增强了评价的有效性和权威性，因而受到了教师和学校的普遍欢迎。关于同行评价最著名的例子是美国俄亥俄州哥伦布同行评价和援助委员会（the Columbus Peer Assistance and Review，FAR）为4800名教师提供服务。②

第二，卢萨卡瓦和胡达卡瓦（Maria Luskova & Maria Hudakova）在分析以往评价方法不足的基础上，提出360度反馈体系（the 360 Degree Feedback System）这种更具体、有效的评价方法。③ 这种评价方法旨在通过过程性评价提高教师的表现力，而不是对教师进行优劣分等，能够增强教师评价的公平性，这对明确教师的教学动机和提升教学质量有较大的影响。

第三，有研究者较为关注自我评价的使用。例如，拉玛里哥拉（Sylvia Ramaligela）选择以在南非茨瓦内科技大学攻读四年制教育学士学位的实习教师为研究对象，主要研究实习教师对自我评价报告写作影响的理解。拉玛里哥拉认为，自我评价在理解学习目标等级和期望值、促使教师教学和专业获得发展提升等方面发挥着重要的作用，它包括自我诊断、自我监督以及自我反思等。④ 苏克奈西斯（Anchalee Suknaisith）则认为，采用教师自我监控的方法可以培养教师在教育测量与评价中的表现力。通过自我监控过程，教师收获了更多关于

---

① Charles Taylor Kerchner, et al. (1998), *Taking Charge of Quality: How Teachers and Unions Can Revitalize Schools: An Introduction and Companion to United Mind Workers*, San Francisco: Jossey-Bass Inc., pp. 32 – 34.

② 蔡敏、李艳:《美国中小学教师评价的主要模式及特点》,《外国中小学教育》2006年第4期。

③ Maria Luskova, Maria Hudakova (2013), "Approaches to Teachers' Performance Assessment for Enhancing Quality of Education at Universities," *Procedia-Social and Behavioral Sciences*, 106, 480 – 481.

④ Sylvia M. Ramaligela (2014), "Assessing Fourth Year Student-Teachers'Understanding of Self-Evaluation Report Writing," *Procedia-Social and Behavioral Sciences*, 116, 3838.

学习测量与评价的知识。教师每天努力进行自我监控，这可以帮助他们增加更多的思考技能。①

第四，档案袋评价也是最常见的教师评价方法。经合组织在《教师为21世纪而教：用评价方法提高教学》中详细介绍了这一评价方式。教师档案袋评价的内容可以根据评价目的进行挑选和组合。用于教师发展的档案袋可以强化教师的专业成绩。档案袋和教师准备的其他评价工具与材料可能会被一起用于终结性评价。然而，教师有时认为建立档案袋会成为一个负担，它比较耗时，会影响主要的教学任务。支持建立档案袋评价的体制应该鼓励教师设计自己的档案袋，这样可以反映教师工作的自然收获。②

第五，元评价同样是一种可行的研究方法，即对整个教师评价工作的质量进行评定。从理论与实践上看，一方面关于教师评价的理论趋向于综合采用教育学、哲学等学科的理论成果，为教师评价提供有效的理论指导。从教师评价的元评价上来看，多种元评价方式的结合将成为对教师评价进行再评价的一种趋势。③

第六，关于教师表现性评价方法的研究。国外对教师表现性评价的研究相对丰富，美国、加拿大等国关于教师表现性评价的研究相对较早，相关文献较多。美国的教师表现性评价发展迅速，并取得了一定的成果。美国主要将表现性评价用于教师入职考试以及不同类型教师（专业教师、初任教师、熟练教师等）的资格认定。加拿大开发教师表现性评价的时间晚于美国，更重视表现性评价形式在新教师专业发展中的应用。显然，美国、加拿大两国的教师表现性评价都是与本国实情相结合的，且各具特色。

近些年来，我国许多学者也对这一概念及评价模式进行了介绍。

---

① Anchalee Suknaisith, et al. (2014), "Development of Teacher Performance in Educational Measurements and Evaluation through Self-monitoring Strategies," *Procedia-Social and Behavioral Sciences*, 116, 1683, 1687.

② OECD (2013), *Teachers for the 21st Century: Using Evaluation to Improve Teaching*, OECD Publishing, p. 34.

③ 张娜、申继亮：《教师评价发展趋势新探》，《河北师范大学学报》（教育科学版）2012年第8期。

较之国外，我国在这一方面的研究比较滞后。以下主要对我国教师表现性评价的研究进行综述。

关于教师表现性评价的概述性研究。例如，李文静指出，表现性评价着重考察教师的实践环节和问题解决能力，对其未来表现有较好的预测作用。近些年来，国外围绕师范生培养、教师资格认证以及教师职后发展等方面的表现性评价逐渐展开，有较高的可靠性和有效性，可为我国教育领域的评价方式改革提供借鉴。① 这一研究指出，我国教师评价存在的问题，通常只是通过一次说课和讲课进行评分，并据此对教师进行评价。这并不能有效地反映教师的真实教学效果和质量。同时，该研究还详细介绍了国外教师表现性评价的研究现状及其开发的诸多评价系统，对我国教师表现性评价研究具有一定的启示意义。

关于教师研修中表现性评价的应用探究。例如，周文叶指出，教师研修的目标是一种实践、能力的提升，它属于表现性目标，需要使用表现性评价的方法。然而，当前教师研修中存在许多问题，是由于对教师研修表现的评价缺失所造成的，这主要表现在以下几方面：只有笼统的目的，没有表现性目标；只要求在听中学，没有实践任务；只有凭借行政手段的管理，没有能够引领教师专业学习的评价。② 此外，吕萍介绍了如何利用计算机和网络技术所特有的客观统计分析功能进行教师网上专业发展的表现性评价，并详细阐述了网络环境下教师专业发展的表现性评价设计和开发的总体思路、指标设计和表现性评价系统的开发过程以及研究成效，产生了一定的理论和实践影响。③

有关教师入职资格认定的表现性评价研究。例如，陈凡和罗其娟指出，表现性评价是针对国外教师入职评价的重要方式，它与我国现行教师教育教学能力考试的关注点、测试方法和测试结果呈现方式三方面都存在着不同。同时，作者详细介绍了表现性评价的特征和优势。表现性评价要求被测者积极主动地展示自己的知识和能力，这种

---

① 李文静、王鹏：《教师表现性评价与教师职业发展》，《当地教育科学》2010年第10期。
② 周文叶：《开展基于表现性评价的教师研修》，《全球教育展望》2014年第1期。
③ 吕萍：《教师网上研修表现性评价的开发与应用》，《中小学教师培训》2010年第9期。

测评方式被证明能更有效地考察高级的思维技能,如评价、分析和综合能力。表现性评价只关注问题的解决过程,使得评价结果对于被测者的自我改进具有更强的诊断意义。这些优势增强了表现性评价和在教师资格认证过程中教师教学能力考核的契合度。[①]

有关具体学科中教师表现性评价的研究。例如,韩红梅和王京华从分析网络教学环境下教师评价的现状入手,探讨了在网络教学中实施教师表现性评价的可行性与操作模式。[②] 表现性评价对我国从事教师评价改革的管理者和研究者具有一定的启示作用。然而,与学生表现性评价研究相比,关于教师表现性评价在具体学科中的应用研究比较欠缺。

有关不同教育阶段中教师表现性评价的应用研究。例如,黄晓婷和宋映泉运用威尔逊四步法构建了《幼儿园教学观察表》,对幼儿园教师课堂互动中的态度和行为进行表现性评价。作者采用的主要是实证研究方法,运用威尔逊四步法构建了《幼儿园教学观察表》,对幼儿园教师课堂互动中的态度和行为进行表现性评价。作者详细介绍了研究方法的设计,观察员对来自某省120所幼儿园的近千名幼儿教师进行了观察评分。最后得出的结论是,该观察表具有一定的信度和效度,可以此为基础进一步发展幼儿园过程性质量的表现性评价工具。[③]

关于高校教师表现性评价的研究有:韩红梅和王京华的《论网络教学环境下外语教师表现性评价》,于海臣的《协商:高校教学质量评价理念的现实选择——基于评价共同体的视角》。[④] 相比较而言,我国关于中小学教师表现性评价的研究相对匮乏。

对国外教师表现性评价研究的引用与借鉴。国外关于教师表现性评价的研究比我国要早、要成熟。因此,将国外教师表现性评价理论引入国内的不乏其人。具体而言,有从宏观层面介绍国外教师表现性

---

① 陈凡、罗其娟:《教师入职表现性评价体系的特点》,《大学研究与评价》2008年第11期。

② 韩红梅、王京华:《论网络教学环境下外语教师表现性评价》,《成人教育》2010年第11期。

③ 黄晓婷、宋映泉:《学前教育的质量与表现性评价——以幼儿园过程性质量评价为例》,《北京大学教育评论》2013年第1期。

④ 于海臣:《协商:高校教学质量评价理念的现实选择——基于评价共同体的视角》,《内蒙古师范大学学报》(教育科学版)2012年第7期。

评价研究的。例如，穆丽媛和赵娜对美国教师表现性评价的实施背景、评价系统的整体框架、评价系统的操作状况等进行了详细介绍，对美国斯坦福大学的教师表现性评价系统进行了细致的解析，这对我国的教师资格认定工作和教师专业发展具有一定的借鉴意义。①

高鹏比较深入、全面、详细地阐述美国、加拿大中小学教师表现性评价及其制度的建立，尤其对我国中小学教师表现性评价制度研究现状进行了详尽分析，并指出其中存在的不足。② 罗瑾以美国弗吉尼亚州的费尔法克斯郡公立学校（Fairfax County Public Schools，FCPS 学区）出台的最新《教师表现性评价手册》（Teacher Performance Evaluation Handbook）为基础，从微观层面着手透视美国教师评价的发展趋势。作者认为，强调评价标准的多样化，为教师专业发展提供持续性帮助，并建构独特的教师表现性评价程序，有助于了解美国教师评价发展的新动态，也可以为完善我国教师评价模式提供有益借鉴。③

对国外职前教师资格认定的表现性评价进行介绍的研究。例如，赵德成和夏靖介绍了自20世纪80年代起，美国佛罗里达州、佐治亚州、得克萨斯州等开始在专业教师资格认定中使用表现性评价。因为这一评价方式能够增进教师资格认定的真实性和预测效度，所以，美国又有几个州将表现性评价应用于初级教师资格认定上。④ 2010 年，赵德成又具体地介绍了美国加州教师表现性评价（PACT）方案的开发与应用情况。⑤

此外，对美国 PACT 方案进行研究的还有卓锋，除对 PACT 的背景、组成和特征等方面进行介绍之外，还对 PACT 教学事件评价的基

---

① 穆丽媛、赵娜：《美国教师表现性评价的最新进展及其启示》，《世界教育信息》2013 年第 3 期。
② 高鹏：《美、加等国表现性评价制度对我国中小学教师评价的启示》，《上海教育评估研究》2012 年第 3 期。
③ 罗瑾：《美国教师评价改革的新动态——基于 FCPS 学区教师表现性评价手册的分析》，《商丘师范学院学报》2014 年第 7 期。
④ 赵德成、夏靖：《表现性评价在美国教师资格认定实践中的应用及其启示》，《外国教育研究》2008 年第 2 期。
⑤ 赵德成：《美国加州教师表现性评价方案及其启示》，《外国教育研究》2010 年第 5 期。

本架构、教学事件评价的评分机制进行了详细的阐述。① 赵德成和卓锋都对PACT方案实施的背景、组成和特征等进行了详细介绍，相比之下，前者在美国PACT方案对我国教师表现性评价的启示方面论述得更为详细，后者则对这一方案的内部机制进行了深入的剖析。另外，高娟等学者对美国加州教师表现性评价的基本框架、具体内容和准备过程进行了介绍，并对我国在教师资格认定实践中应用教学表现性评价提供了一定的理论指导和实践参考。②

还有学者对国外职后教师发展的表现性评价研究进行了介绍。例如，辽宁师范大学蔡敏的学术团队关注的是国外在职教师包括对新教师和熟练型教师的表现性评价问题。李双飞详细介绍了加拿大安大略省新教师表现性评价的标准和实施的具体程序，对其提出的新教师表现性评价的目标、标准和实施过程，以及为新教师提供充足的专业支持等方面进行了详细阐述。③ 相比之下，胡林林和蔡敏的阐述更为详细和具体，启示部分的内容也更具有针对性，主要针对我国新入职教师的评价提出具体的借鉴，即制定科学而详细的评价标准，充分发挥学校在新教师评价中的积极作用，坚持发展性教师评价的理念，鼓励新教师主动参与全程评价。④

有关注国外熟练型教师表现性评价研究的。例如，李双飞和蔡敏介绍了美国加州针对熟练型教师所实施的表现性评价方案，包括评价标准、实施程序等方面。评价标准包括责任心和贡献、知识和技能、专业实践、团队合作以及专业发展五个方面的内容；其实施程序包括观察前会议、课堂观察、观察后会议、终结性评价和附加评价。⑤ 他们总结了这一评价的优点，即目标较为明确、标准更为详细、过程比

---

① 卓锋：《美国加州教师表现性评价系统（PACT）探析》，《教育测量与评价》2013年第12期。

② 高娟、蔡敏、宋立渠：《入职教师资格认定的教学表现性评价及其启示——以美国加利福尼亚州为例》，《世界教育信息》2009年第10期。

③ 李双飞：《加拿大安大略省实施新教师表现性评价》，《上海教育》2009年第4期。

④ 胡林林、蔡敏：《加拿大安大略省新入职教师的表现性评价及启示》，《世界教育信息》2010年第7期。

⑤ 李双飞、蔡敏：《美国熟练教师表现性评价及其启示——以加利福尼亚州为例》，《外国教育研究》2008年第11期。

较完整,且允许教师全程参与。

还有关于国外教师职后发展的表现性评价的研究。例如,郭满库以美国印第安纳州佩里乡学区(Perry Township)的教师评价为案例,探究美国中小教师评价实施办法。结果发现,美国教师评价更加注重以教师发展为目的、以教师表现为内容、以过程性评价为方式,同时兼顾教师的表现性评价和学生的进步与成就。美国的教师评价方法为我国教师评价提供了重要启示,即重发展,轻管理;重过程,轻结果;重教师表现,轻学生成绩。[①] 该作者在文中详细介绍了学区的教师评价,主要包括两个部分,即教师表现评价和学生进步与成就。

二 已有研究的基本特点

通过对国内外教师评价文献的梳理发现,研究者分别从人本主义、文化、立法和政策等多个视角对教师评价进行探究。总体而言,以往的教师评价研究呈现出明显的发展趋势,但也暴露出诸多问题。以下对教师评价已有研究所表现出的特点及其潜在的问题加以阐述。

(一)主要特点

已有研究存在的特点主要表现在评价理念、研究领域、研究方法等方面。第一,"奖惩性评价与发展性评价相结合"的评价理念得到众多国内、外学者的认可。而且,国内、外学者共同关注的是"教师专业发展与教师评价""教师评价的策略"等研究领域,关注更多的是"形成性评价与终结性评价"等评价方法以及对教师评价体系中相关要素的研究。

第二,在以下研究领域,国外的研究领先于我国:从人本主义视角研究教师评价,包括"教师对教师评价的看法""教师情感等因素对教师评价的影响"以及"教师在教师评价中的角色参与"等;从法学和政策的视角、从文化的视角对教师评价的研究;对教师表现性评价的研究,等等。相对而言,我国学者更多的是从宏观视角对国外教师评价进行介绍,并对国内外教师评价进行比较分析。而且,在对

---

① 郭满库:《美国中小学教师考核评价办法——以印第安纳州 Perry 镇 Township 学区为例》,《现代中小学教育》2013 年第 8 期。

国外教师评价的介绍以及对中外教师评价的比较研究中，学者们关注的主题各有侧重。

第三，在教师表现性评价研究方面，我国学者对美国、加拿大等国的教师表现性评价较为关注，包括其发展态势、评价理论、具体的评价方案等方面。而且，我国关于教师表现性评价的研究所涉及的范围较广，包括教师表现性评价的概述、在不同教育阶段、具体学科和教师研修中的应用探究，以及对国外教师表现性评价研究的引用与借鉴等方面。

第四，在研究方法上，国外学者注重理论研究与实证研究的结合使用，以保证研究结论的科学性和可信度。国外学者在理论研究的基础之上，更倾向于将定性研究与定量研究相结合，主要采用的是案例分析、访谈和问卷调查等研究方法。相比之下，我国多数学者更注重理论研究方法的使用。

（二）存在的问题

通过对教师评价以往研究特点的分析，发现其具有多元化的特征，同时也暴露出一定的问题，主要表现在研究主题、教师评价的实践运行以及研究方法等方面。

第一，在研究主题上，得到更多研究者关注的是"如何让教师评价促进教师专业发展"，但从教师自身认知的视角对教师评价所作的研究尚属空白。虽然我国学者开始关注"教师对评价的认知"问题，但在该领域的研究缺乏实质性进展。相比之下，国外学者关于"教师对评价的认知"的研究具有一定的创新之处，但仍处于初级阶段。此外，从法学和政策的视角对教师评价的研究较为稀缺。

第二，在教师评价的实践运行方面，国外关于教师表现性评价的研究较为丰富，相比较而言，我国学者主要是对国外教师表现性评价的直接介绍与引用，并未将其进行合理的转化。而且，虽然我国对国外教师表现性评价的研究范围较广，但更多的是基于宏观层面的探究，且缺少一定的深度和针对性。

我国内地学者对本土化的教师表现性评价研究较为欠缺。目前只有香港特区较早开发使用教师表现性评价方法，并将这一评价方法成功地运用到教师公开考试中。总体上，我国内地只是停留在对教师表现性评价的理论研究层面，在教师评价的实践层面，很少甚至仍未使用表现性评价这一形式。因此，与美国、加拿大等国相比，我国在教师表现性评价的研发与使用上仍有很长的路要走。

第三，在研究方法上，国内大多数学者更注重理论层面的探究，更倾向于运用文献分析、比较分析和历史分析等研究方法。然而，我国学者存在的一个问题就是，对教师评价的理论研究仍缺乏一定的深度。相比之下，目前我国教师评价研究中，将国外研究成果与我国现实相结合的本土化、实证性研究比较欠缺，基于教师自身视角的研究相对匮乏。而且，已有的实证研究对调查结果及其问题的分析缺乏深层的学理分析。

以上对教师评价研究现状的总体描述，尤其是对我国教师评价研究潜在问题的透视，使得我国教师评价研究的发展方向得到进一步明确。基于此，本书主要采用理论分析与实证调查相结合的方法，进一步探究"我国中小学教师眼中的教师评价"问题。

第四节 研究设计

一 概念界定

"评价"是本书的基本概念，"教师评价"和"认知"是本书的重要概念。以下对已有的"评价""教师评价"和"认知"概念作进一步梳理，并分别对"教师评价"和"认知"这两个概念在本书中的含义加以界定。

（一）评价

经济学、哲学、心理学和教育学等不同学科的学者们对"评价"这一概念加以界定，以下列出"评价"在不同领域的定义（表 1-1）。

表 1-1　　　　　　　　"评价"界定一览表

领域	学者	年份	定义	出处
经济学		1989 1990 2006	确定价值的过程及其结果和方法	《辞海》 《汉语大词典》 《教育大百科全书》

续表

领域	学者	年份	定义	出处
哲学（价值论与认识论的视角）	李连科	1985	客体与主体需要的关系在意识中的反映	李连科《世界的意义——价值论》，人民出版社1985年版，第106页
	李德顺	1989	人对主客体之间价值关系的反映、认识	李德顺《论评价认识的对象——价值事实》，陈玉琨、赵永年选编，瞿葆奎主编：《教育评价》，人民教育出版社1989年版，第236—237页
	袁贵仁	1991	主体关于客体有无价值以及价值大小所作的判断	袁贵仁《价值学引论》，北京师范大学出版社1991年版，第207页
	马俊峰	1994	是人观念地把握事物的意义的活动	马俊峰《评价活动论》，中国人民大学出版社1994年版，第88页
	陈新汉	1995	主体以自身的需要来看待客体属性对于满足主体需要所具有的意义	陈新汉《评价论导论——认识论的一个新领域》，上海社会科学院出版社1995年版，第225页
	何萍	1998	本质上是与认识的主体性相关的认识形式	何萍《生存与评价》，东方出版社1998年版，导言
心理学	冯平	1995	在一定的心理情感氛围中，运用价值尺度对客体意义进行衡量的过程	冯平《评价论》，东方出版社1995年版，第70页
教育学	泰勒（R. W. Tyler）	1934	确定实际发生的行为变化程度的过程	泰勒《课程与教学的基本原理》，施良方译，人民教育出版社1994年版，第85页
	布卢姆（Broome）	1956	评价是基于某种目的，而对理念、作品、对策、方法和材料等方面价值所作的判断	Anthony J. Shinkfield, Daniel L. Stufflebeam (1995), *Teacher Evaluation: Guide to Effective Practice*. Boston: Kluwer Academic Publishers, 263
	豪斯（E. R. House）	1973	评价是政治的，用于配置资源，掩盖错误，树立威望和营利，同样用于改正错误，完善方案，奖励优秀，告之家长自己孩子在校的经历	E. R. House (ed.) (1973), *School Evaluation: The Politics and Process*, Berkeley, CA: McCutchan, cover overleaf

续表

领域	学者	年份	定义	出处
教育学	古巴和林肯 （Egon G. Guba & Yvonna. S. Lincoln）	1989	以利益相关者的"主张""焦虑"和"争议"作为共同焦点，以其所需信息作为判断基础的一种评价形式	Egon G. Guba & Yvonna S. Lincoln（1989），*Fourth Generation Evaluation*，Sage Publication，51
	麦奎莉和伍德 （F. Mc Quarrie & F. Wood）	1991	一种行政责任，用于考核教师的业绩是否合理，以决定是否留任该教师	F. McQuarrie & F. Wood,（1991），"Supervision, Staff Development, and Evaluation Connections," *Theory Into Practice*, 30（2），91–96

由表1-1可知，尽管"评价"出现在多个领域，但它的基本含义并未发生改变，即评价主体对评价客体的价值判断（在这里，价值判断包括价值认知活动与评价活动[①]）。其中，评价客体包括价值主体、价值客体以及二者之间的关系状态。人往往是主客体的统一，在他（她）作为价值主体的同时，他（她）还是价值客体。评价人的价值不同于评价物的价值，因为人的价值包括多个方面，例如人的身体、道德品质、学识、胆略和才能等方面的价值。[②]

在本质上，评价把握的是价值主体的需要与价值客体的属性与功能之间的价值关系。因此，在本书中，"评价"是指以主体认识为焦点，以满足价值主体的客观需要和利益为判断基础的一种评估形式。

另外，在其他著述中也能发现"评价"的近义词，例如"评价"所对应的英语单词包括appraisal, assessment, evaluation，在《英汉辞海》中，appraisal是指（对质量、事态或特性的）估价、评价，尤指专家的评价；assessment是指评定，还指"估价的行为或结果"，包括判断（management）、鉴定（appraisal）、评价（rating）、看法（interpretation）等。[③]

[①] 陈新汉：《评价论导论——认识论的一个新领域》，上海社会科学院出版社1995年版，第100页。

[②] 杨明、桑信祥：《价值与选择：区域教育综合评价研究》，山东教育出版社2010年版，第304页。

[③] 王同亿主编译：《英汉辞海》，国防工业出版社1990年版，第245、302、1812、3162、4488页。

我国学者陈玉琨也指出，evaluation 的近义词有 assessment 和 appraisal，并将其分别译成"评定""考评"。根据中文的特点，在词义的翻译上，"评定"用于对学生个体的评价；"考评"用于对教师和教育管理人员等个体的评价。①

由此可知，与"评价"词意相近的概念有评定、测量、测验等，这里对"评价"及其近义词的概念与用途加以辨析（详见表1-2）。

表1-2　　　　　　　　　相关概念对比表

评价与评定	测量与测验
1a. 评价把重点放在资料的解释及其含义上。（［日］桥本重治：《教育评价的意义与特点》，钟启泉译，陈玉琨、赵永年选编，瞿葆奎主编：《教育评价》，第147—149页。）	1b. 测量和测验主要着眼于提供客观的资料本身。（［日］桥本重治：《教育评价的意义与特点》，钟启泉译，陈玉琨、赵永年选编，瞿葆奎主编：《教育评价》，第147—149页。）
2a. 评价是评定数据对个体或学生群体的行为表现的优劣或价值做出绝对判断（比如评定等级、录取和证书发放）时的最高点。（［瑞典］胡森等：《教育大百科全书》第1卷，张彬贤等译，西南大学出版社2006年版，第598页。）	2b. 测量是一个过程，会对人或物的某些特征或性质做实证观察，并会使用明确的程序把观察信息转化为量化的或类别化的形式。（［瑞典］胡森等：《教育大百科全书》第1卷，张彬贤等译，第598页。）
3a. 评价是我们把价值与某些东西联系起来的过程。人的判断、考虑和解释要把数字转化为评价。（［美］盖奇、伯利纳：《测量和评价的基本概念》，丁证霖译，陈玉琨、赵永年选编，瞿葆奎主编：《教育评价》，第118、120页。）	3b. 测量给予我们的是数字。（［美］盖奇、伯利纳：《测量和评价的基本概念》，丁证霖译，陈玉琨、赵永年选编，瞿葆奎主编：《教育评价》，第118、120页。）
4a. 评价基本上是研究人员和编制人员所从事的活动。（胡森主编：《教育大百科全书》，陈玉琨、赵永年选编，瞿葆奎主编：《教育评价》，第744页。）	4b. 测量可以包含在评定或评价之中，是用以描述某些属性的活动。（胡森主编：《国际教育大百科全书》，陈玉琨、赵永年选编，瞿葆奎主编：《教育评价》，第744页。）
5a. 评价是立足于教育目标，对教育测量和测验所提供的数量资料和通过观察所获得的质性分析资料作出解释，对教育工作初期目标的达成程度作出价值判断。（［日］桥本重治：《教育评价的意义与特点》，钟启泉译，陈玉琨、赵永年选编，瞿葆奎主编：《教育评价》，第147—149页。）	5b. 测量本来是自然科学的方法。（［日］桥本重治：《教育评价的意义与特点》，钟启泉译，陈玉琨、赵永年选编，瞿葆奎主编：《教育评价》，第147—149页。）测量本身不会对被测量的事物或测量的结果予以价值判断。（［瑞典］胡森等：《教育大百科全书》第1卷，张彬贤等译，西南大学出版社2006年版，第598页。）

---

① 陈玉琨：《教育评价学》，人民教育出版社2003年版，第24—26页。

续表

评价与评定	测量与测验
6a. 评价和评定通常可以交换使用，因为这两个术语的意义有相当的重叠部分。（希尔斯编：《教育辞典》，陈玉琨、赵永年选编，瞿葆奎主编：《教育评价》，第666页。）	6b. 测验是比测量更狭窄的下位概念，它是测量的最有力工具（［日］桥本重治：《教育评价的意义与特点》，钟启泉译，陈玉琨、赵永年选编，瞿葆奎主编：《教育评价》，第147—149页。）
7a. 评定是指把测验分数转换成对学生表现的陈述。（［瑞典］胡森等：《教育大百科全书》第1卷，张彬贤等译，第598页。）	7b. 测验是测量一个人行为的样本系统程序。（［美］盖奇、伯利纳：《测量和评价的基本概念》，丁证霖译，陈玉琨、赵永年选编，瞿葆奎主编：《教育评价》，第139页。）

由表1-2可知，评价、评定和测量、测验等术语之间既有区别，又有关联。从性质上而言，测量和测验是描述性的，它侧重于对客观事物的描述，是一种定量的研究；评价和评定可以交换使用，侧重于对客观事物的描述做出解释性的价值判断，是一种定性的研究。测量和测验侧重于提供客观的资料本身，而评价则倾向于资料的解释及其含义[1]；从时间顺序上来说，测量和测验先于评定和评价。

评价、评定和测量、测验相互之间还存在着一定的联系。从过程论的角度而言，测验是测量一个人行为的样本系统程序[2]，用于描述某些属性的活动，它包含在评定和评价的过程之中。

（二）教师评价

教师评价是本书的核心概念。在这里，教师作为评价对象出现，主要指对我国义务教育阶段教师的评价。以下分别对工具书和国内外学者对"教师评价"这一概念的介绍进行梳理。

1. 工具书中关于"教师评价"

在不同的教育类工具书中，有关"教师评价"的界定也存在着异同（见表1-3）。

---

[1] ［日］桥本重治：《教育评价的意义与特点》，钟启泉译，陈玉琨、赵永年选编，瞿葆奎主编：《教育评价》，第147—149页。

[2] ［美］盖奇、伯利纳：《测量和评价的基本概念》，丁证霖译，陈玉琨、赵永年选编，瞿葆奎主编：《教育评价》，第139页。

表1-3　　　　工具书中关于"教师评价"定义一览表

	年份	定义
《实用教育大词典》（王焕勋）	1995	对教师资格和教学质量的评价。（王焕勋：《实用教育大词典》，北京师范大学出版社1995年版，第211页。）
《教师手册》（程方平、冯克诚）	1997	学校管理者根据学校的性质、任务和培养目标，应用现代学校评估理论、方法以及所取得的成绩，进行全面地、科学地测定和给予客观、公正的评估。（程方平、冯克诚：《教师手册》，中国民主法制出版社1997年版，第1274页。）
《教育大辞典》（上）（顾明远）	2002	对教师的教学活动及其效果的测量和判断。（顾明远：《教育大辞典》（上），上海教育出版社2002年版，第50页。）
《教育大百科全书》（第1卷）（［瑞典］胡森等）	2006	根据每个要评价教师的相关信息形成对教师的评价性判断。[［瑞典］胡森等：《教育大百科全书》（第1卷）、张彬贤等译，西南大学出版社2006年版，第215页。]

2. 国内学者对教师评价的界定

近些年来，我国学者也从不同角度对"教师评价"进行了界定（见表1-4）。

表1-4　　　　国内学者对"教师评价"的界定一览表

	年份	定义
王汉澜	1995	依据学校的培养目标和教师的根本任务，运用现代教育评价理论和方法对教师个体的工作质量所作的价值判断。（王汉澜：《教育评价学》，河南大学出版社1995年版，第354页。）
陈玉琨	1999	对教师工作现实的或潜在的价值作出判断的活动。（陈玉琨：《教育评价学》，人民教育出版社1999年版，第98页。）
傅道春	2001	指对教师的职业、教育思想、教学行为、教学内容、教学方法、教学效果、教学资源利用、专业水平、业务进修、道德水平、人际关系等方面进行的有目的或无目的的价值判断。（傅道春：《教师的成长与发展》，教育科学出版社2001年版，第195页。）
陈永明	2002	通过对教师素质和教师的教育教学行为表现状况的测量，评判教师素质水平及其教育教学效果。（陈永明：《教师教育研究》，华东师范大学出版社2002年版，第346页。）
胡中锋	2008	评价者根据一定的评价标准和程序，采取多种方法搜集评价资料，对教师个人资格、能力与表现进行价值判断的过程（胡中锋：《教育评价学》，中国人民大学出版社2008年版，第222页。）

3. 国外学者对"教师评价"的界定

以下介绍国外学者对"教师评价"的界定(见表1-5)。

表1-5　国外学者对"教师评价"的界定一览表

	年份	定义
苏联教育部《关于学校工作的指标》	1986	对教师组织教学和教育过程,使学生尽最大可能当堂掌握新教材,能采用现代化教学、教育的方法、形式,并能在具体条件下择其最优结合,能在教学过程中使用现代化的技术手段等能力的评价。(《教师和学校工作的评价》,诸惠芳译,陈玉琨、赵永年选编,瞿葆奎主编:《教育评价》,第667页。)
斯普林菲尔德(Anthony J. Shinkfield)	1995	对教师的表现及其资格(包括界定的教师专业角色和学区使命)进行系统性的评价。[Anthony J. Shinkfield, Stufflebeam, Daniel (1995), *Teacher Evaluation: Guide to Effective Practice*, Boston: Kluwer Academic Publishers, p. 87.]
彼得森(Kenneth D. Peterson)	2000	是一个高度主观性的过程。(1)评价体系是公平、公正的;(2)评价体系具有先进的技术,足以涵盖全系列的教师类型和职责;(3)评价体系具有自评机制;(4)评价体系应该取得外部评价专家和学识渊博的教育者的信任。[Kenneth D. Peterson (2000), *Teacher Evaluation: A Comprehensive Guide to New Directions and Practices* (2nd ed.), Thousand Oaks: Corwin Press, p. 57.]
塔克、斯特朗(Tucker & Stronge)	2005	根据教师为学生提供指导的能力对教师进行评价的过程。[P. Tucker & J. Stronge (2005), *Linking Teacher Evaluation and Student Learning*, Alexandria, VA: ASCD.]
诺兰、胡佛(J. Nolan & L. A. Hoover)	2007	通过对教师的行为与能力进行全面的判断以决定人员的聘任和继续任用的一种组织能力。([美]诺兰、胡佛:《教师督导与评价:理论与实践的结合》,兰英译,中国轻工业出版社2007年版,第11页。)
莫洛克(M. L. Morelock)	2008	对教师表现进行的系统化评价。[M. L. Morelock (2008), Investigating Promising Practice of Teacher Evaluation in Two California Charter Schools (ed. D. Dissertation, University of Southern California, United States-California), Retrieved from Dissertations and Theses: Full Text (Publication No. AAT 3324990).]
布洛克(Donna Bullock)	2013	针对教师进行的评价程序,包括由多个人完成的多种评价形式,用以决定教师和教育项目的效能。[Donna (2013), *Assessing Teachers: A Mixed-Method Case Study of Comprehensive Teacher Evaluation*, Tempe: Arizona State University, p. 34.]

综上所述，虽然国内外学者对"教师评价"的阐述各不相同，但对这一概念核心的理解却有相近之处，即教师评价是对教师进行的一种价值判断。然而，学者们对"教师评价"的概念界定更多的是对教师素质和教育教学行为的价值判断，却很少提及对教师个人非智力因素的关注，例如教师的情感、态度和认知等方面。显然，他们主要将教师看作"职业人"，倾向于强调教师的"责"，相比之下，却忽略了教师作为"自然人"的基本属性，轻视教师在评价中的"权"与"利"。

4. 本书对"教师评价"的界定

已有"教师评价"概念的共性是过于强调教师职业的"工具性"，忽略了教师作为自然人的"一般性"，忽略了教师自身的情感、认知等因素及其对教师评价所产生的影响。"教师首先是一个人，有自己的喜怒哀乐。"[1] 作为一个存在的人，教师有自己的客观需求和精神诉求，这应该成为教师评价的前提条件。基于此，本书从价值论和评价论的视角，并借鉴第四代评估中的"评价"[2] 概念，对"教师评价"进行界定。

教师评价指关注教师作为"人"的情感、态度、意志等因素，满足教师的客观需要和利益，强调对师德以及教师的实际表现等方面进行系统性评价的过程。需要指明的是，这里的"教师评价"同时包括教师的责任与权利。其中，对教师的问责主要体现在对师德与教师实际教学表现的评价上。为进一步增强"教师评价"的明晰性，下面对这一概念进行详细阐释：

第一，教师评价应把教师作为"人"。这主要有两层含义：一是相对于"工具"而言，虽然教师处于被评价的位置，但这并不意味着教师被当作"评价工具"；二是相对于"职业人"而言，教师评价

---

[1] 朱永新：《困境与超越——教育问题分析》，《朱永新教育文集》卷5，人民教育出版社2004年版，第285页。

[2] 第四代评估对"评价"的阐述：以利益相关者的主张、焦虑和争议作为共同焦点，以需求信息作为判断基础的一种评估形式 [Egon G. Guba & Yvonna S. Lincoln (1989), *Fourth Generation Evaluation*, Sage Publication, Inc., p. 51]。

既要关注教师具备的专业知识和教学技能,更应尊重教师"自然人"的属性,关注教师的知、情、意、行。评价不仅是一种价值判断,而且是一种互动协商与共同建构的行为。因此,教师评价对教师应是公开的,应重视教师的态度、情感与认识。

第二,教师评价应以满足教师的客观需要和利益作为判断基础。评价主体反映客体属性与主体需要之间的关系。评价活动总是从主体出发,从满足主体需要来看待客体对于主体的意义。[①] 教师评价需要关注教师的实际生活,满足作为价值主体的教师在参与评价等方面的基本需求和精神诉求,给予教师一定的人文关怀。同时,由于教师受自身认识的局限等因素的影响,其个人需求具有一定的主观性,难免会出现不合理的需求。因此,在本书中,教师评价主要侧重于满足教师合理的、理性的需求。

第三,教师评价不应忽视教师在工作中的实际表现,尤其是课堂上的教学表现。这主要包括两个层面:教师评价既侧重于关注教师效能的终结性评价,又重视教师教学表现的一种形成性评价;在评价方法的使用上,教师评价要采用表现性评价,强调评价方法的可操作性、真实性、过程性和人文性。总之,教师评价要认可、肯定教师的表现,并鼓励、支持教师的工作,激发教师自我反思与自我评价的主动性。

第四,教师评价是一个系统性、持续性的过程。一方面,教师评价应突出评价的过程性,要为教师提供系统的、全程的评价,使教师参与整个评价过程、与评价者进行平等协商与对话。另一方面,教师评价要体现它的持续性,为教师提供循环往复的评价,并能够保证教师所获反馈信息的及时性和有效性。

(三)认知

认知是一个心理学术语。通常,对认知的理解有广义和狭义的区分。从广义上讲,"认知"与"认识"概念相同,指人脑反映客观事物的特征和联系,并揭露事物之于人的意义和作用的心理活动;现代

---

① 陈新汉:《评价论导论——认识论的一个新领域》,上海社会科学院出版社1995年版,第102—103页。

认知心理学对认知的理解要狭窄一些，但意见不一。①

认知又称认识，是全部认识过程的总称，包括知觉、注意、表象、学习记忆、思维和言语等方面及其发展过程以及人工智能等领域。②

认知指个体认识、理解事物的一种心理过程，涉及知识的获取、使用和操作，包括知觉、注意、表象、学习和记忆、思维和言语等方面。③

本书取"认知"的广义概念，即等同于"认识"。教师的认识是指教师对教师评价这一客观实在的认知，以及对教师评价的意义和价值的一种判断，反映了教师对教师评价的态度与观点。简言之，教师的认知是指，作为评价对象的中小学教师对自己所面临的评价的感知与感受。④

二 研究内容

本书尝试从一线教师的视角探究我国义务教育学校教师评价的现状，通过教师对评价的认知，发现学校教师评价中所存在的问题，进而提出"基于教师自身视角的教师评价理论分析框架"，并依据此提出改善教师评价政策的建议。具体而言，本书围绕"中小学教师眼中的教师评价"这一主题，主要从以下几方面展开论述：

首先，对国内外教师评价实践的历史发展进行回顾，对教师评价已有研究理论的演变与相关理论、具体的评价模式进行介绍，并对教师评价实践在发展过程中所呈现出的特点以及凸显的问题、对已有评价理论与模式的特点等方面加以评述。

其次，对中小学教师评价现状进行实证考察，揭示调查发现的问题，并对问题背后的原因进行学理分析。

再次，根据对实证调查结果以及第四代评估等相关理论的探析，

---

① 《心理学百科全书》第 2 卷，浙江教育出版社 1995 年版，第 827 页。
② 荆其诚：《简明心理学百科全书》，湖南教育出版社 1991 年版，第 397 页。
③ 林崇德等：《心理学大辞典》（上），上海教育出版社 2003 年版，第 1011 页。
④ 毛利丹：《教师眼中的教师评价：一个被忽略的研究领域》，《全球教育展望》2015 年第 7 期。

构建"基于教师自身视角的中小学教师评价理论分析框架"。

最后,从国家政策、学校实施和教师自主发展三个层面对我国中小学教师评价政策提出改进要求和策略。

三 研究方法

"面向事情本身"① 是本书的指导原则。本书的主题是探究"教师眼中的教师评价",这需要遵循"自下而上"的研究路径,近距离接触一线教师,获知他们对教师评价的真实看法。当既要理解变量之间的关系,又要对主题做更深层次的挖掘时,就要用到混合研究。②基于此,本书主要采用量化研究与质性研究相结合的"混合研究方法"。同时,为使量化与质性研究对调查结果进行证实和交叉效度分析,本书主要采用并行三角互证模式,它可以使定量研究与定性研究数据的收集同步进行。在具体的研究方法上,本书将运用文献研究和调查法。

(一) 文献研究法

文献资料又被称为"语言流传物"或"文字流传物",语言能让某种东西"显露"和涌现出来,而这种东西自此才能存在。③ 可见,文献资料具有很大的存在价值和使用意义。本书涉及哲学、教育学、心理学、社会学和管理学等多个领域,需要研读的文献主要包括:国内外关于教师评价的研究专著、学术论文、会议报告等;关于教师评价的各种政府报告、国际组织报告以及各种政策法规;从期刊、报纸以及网上可获得的相关资源,等等。

本书主要从比较研究的视角对教师评价相关文献进行分析,包括从教育学、心理学、社会学等不同学科视角,从国内外专家学者的立场,以及从立法者、评价者和被评价对象等利益相关者的不同观点出

---

① [德] 海德格尔:《时间与存在》,陈嘉映、王节庆译,生活·读书·新知三联书店1999年版,第41页。

② [美] 克雷斯威尔:《研究设计与写作指导:定性、定量与混合研究的路径》,崔延强译,重庆大学出版社2007年版,第61页。

③ [德] 伽达默尔:《真理与方法——哲学诠释学的基本特征》下卷,洪汉鼎译,上海译文出版社2004年版,第503页。

发。本书获得文献资料的途径和方法主要有：查找学校图书馆的馆藏书目、期刊和报纸；搜索中国知网、万方资源、Science Direct、ERIC、Web of Science 等数据库；百度、Google、Bing 搜索，等等。

（二）调查法[①]

本书主要采用的调查法包括问卷调查法和访谈法。

1. 问卷调查法。本书使用的是自编问卷"中小学教师眼中的教师评价调查问卷"。根据实证调查的可行性和就近原则，本书选取的调查对象是河南省郑州地区义务教育学校的一线教师。本书主要采用 SPSS 16.0 for Windows 软件对问卷调查数据进行统计分析。

2. 访谈法。与问卷调查同步，本书随机选取郑州地区义务教育学校一线教师作为访谈对象。访谈的问题可以根据问卷统计出的结果进行调整。同时，又可以适时征询受访教师对问卷题目设计的意见和建议。对访谈质性材料的分析主要依据扎根理论的操作程序和基本原则。

四 研究框架

本书主要从以下几个方面探究中小学教师对教师评价的认知：

1. 对教师评价实践的历史发展进行回顾和总结，分别对国外和国内教师评价实践的发展脉络进行梳理。

2. 对关于教师评价的已有研究理论框架进行考察，包括对已有评价理论的演变、相关评价理论和模式的介绍。

3. 对中小学教师评价的现状进行实证调查，并深入分析调查问题的症因。

4. 构建新的理论分析框架，即"基于教师自身视角的教师评价"。

5. 从政策的视角提出改善我国中小学教师评价体系的要求与策略。

综上所述，本书所遵循的研究路径是：历史回顾与总结—实践调查与分析—理论框架构建—政策建议提出（见图1-1）。

[①] 本书将在第三章里详细介绍问卷和访谈调查的设计与实施情况。

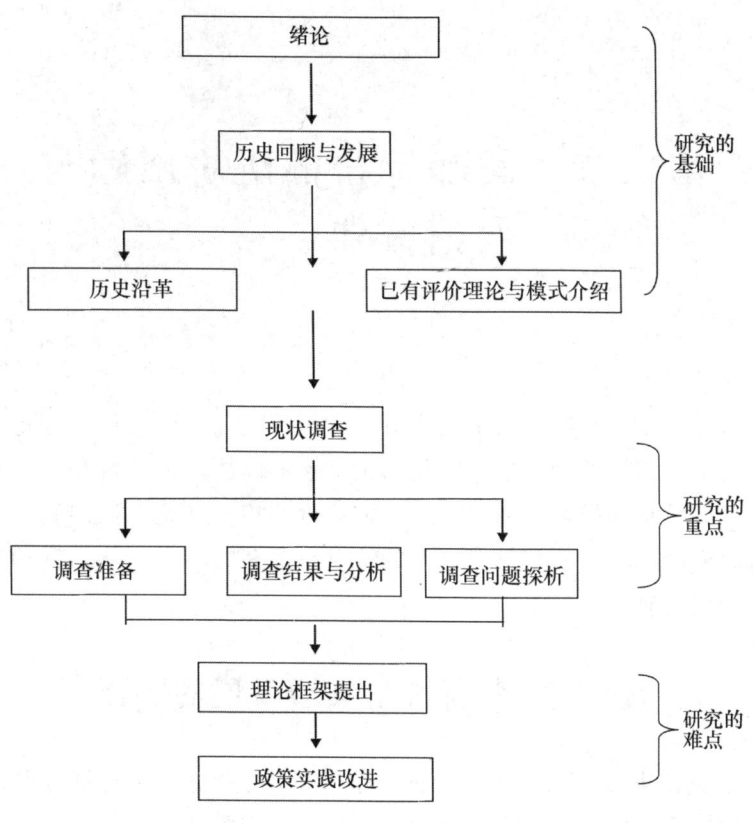

```
                    ┌─────────┐
                    │  绪论   │  ⎫
                    └────┬────┘  ⎪
                         ↓        ⎪
                  ┌────────────┐  ⎬ 研究的
                  │历史回顾与发展│  ⎪   基础
                  └──┬──────┬──┘  ⎪
          ┌──────────┘      └──────────────┐  ⎪
    ┌──────────┐                  ┌──────────────────┐
    │ 历史沿革 │                  │已有评价理论与模式介绍│
    └──────────┘                  └──────────────────┘
                         ↓
                  ┌────────────┐
                  │  现状调查  │
                  └──┬────┬───┬┘
         ┌───────────┘    │   └───────────┐         ⎫
    ┌──────────┐  ┌──────────────┐  ┌──────────────┐ ⎬ 研究的
    │ 调查准备 │  │调查结果与分析│  │ 调查问题探析 │   ⎪   重点
    └──────────┘  └──────────────┘  └──────────────┘ ⎭
                         ↓
                  ┌────────────┐                    ⎫
                  │ 理论框架提出│                    ⎬ 研究的
                  └──────┬─────┘                    ⎪   难点
                         ↓                          ⎭
                  ┌────────────┐
                  │ 政策实践改进│
                  └────────────┘
```

图 1-1 教师评价研究路线图

第二章　教师评价的历史回顾与理论梳理

本章主要对教师评价的历史发展进行回顾，对已有评价理论加以梳理。通过回顾教师评价发展的历史，了解以往教师评价在实践层面表现出的特点与问题。通过梳理教师评价的相关理论，以便获知教师评价研究的现状，发现已有研究的特点与存在的不足，从而推动教师评价的后续研究。

第一节　教师评价实践发展的回顾

19世纪末20世纪初，"教师评价"的出现[①]标志着正规教师评价制度的形成。自此，教师评价发展历经多个阶段。以下分别对国外和我国教师评价实践发展的进程加以回顾，并对教师评价实践发展所表现出的基本特征作一评述。

一　国外教师评价的历史沿革[②]

教师评价在国外最先兴起，并经历了不同的发展阶段。教师评价

---

①　Anthony J. Shinkfield & Daniel Stuffleeam（1995），*Teacher Evaluation*: *Guide to Effective Practice*, US: Kluwer Academic Publisher, p.9.

②　国外教师评价发展的划分依据主要是古贝与林肯（Egon G. Guba & Yvonna S. Lincoln）对"评价"进行的四个阶段的划分方法，即以测量为主的"第一代评价"；以描述为主的"第二代评价"；以判断为主的"第三代评价"；以沟通与协商为主的"第四代评价"（详见［美］埃贡·G. 古贝、伊冯娜·S. 林肯《第四代评估》，秦霖、蒋燕玲等译，中国人民大学出版社2008年版，第2—14页）。

的前身是教育视导。自 19 世纪末到 20 世纪 80 年代，正规化的教师评价逐渐形成，并分别经历了以"测量""描述"和"判断"为特征的三代评价。1980 年是教师评价发展史上的分水岭。1980 年以后，教师评价开始进入发展时期，逐渐体现出以"沟通与协商"为特征的第四代评价理念，开启了教师评价新的发展历程。

（一）教师评价的起源：教育视导（1900 年之前）

教师评价是随着教育视导的演进而发展起来的。在人类漫长的几个世纪中，教育最先是少数人享有的权利。最早的教育组织是很简单的，只有一位教师及其学生组成的学校或班级。教学和管理通常只由教师一个人担任，包括收取学费、处理班级事务以及课程与教学等。

教师通常被看作专业性的职业，教师的职责只是传道、授业、解惑，学生应该对自己的学习负责。长期以来，教师个人并未面临一定的职业压力。"即使在非常具体的课堂背景下，也未必有人知晓，教师应扮演怎样的理想角色才有助于优秀学生的学习。"[①] 教师对学生的学习无须担责的这种观念在世界各国延续了一个半世纪，可见其影响之大。因此，教师评价的概念在这一时期尚未出现。

当国家对教育产生兴趣之后，便尝试将教育管理与教学分开，要求有人担当教学工作的督导职责，担负起学校管理和视导工作的责任。教师评价的前身——教育视导由此出现。

17 世纪，教师评价制度已初露端倪。第一个关于教师评价的记录是 1660 年胡尔（Charles Hoole）出版的一本小册子。在这本书中，胡尔阐述了关于"教师的自控力"（self-control of the teacher）问题，认为"教师不仅要克制那些令人生厌的恶行和粗俗的缺点，还要确信在所有事情中可以自我做主"[②]。当时的教师评价仍具有一定的宗教色彩，非常注重对基督名声的保护。

19 世纪之后，教育视导工作愈发专业化，逐渐由教育领域的专业人士承担。视导员的职责不仅包括评价教学情况，还包括改进教学

[①] A. J. Shinkfield & D. L. Stufflebeam（1995），*Teacher Evaluation: Guide to Effective Practice*, Norwell, MA: Springer, p. 9.

[②] Ibid., p. 251.

中的缺点。在视导演进的每一个阶段中，视导员的工作皆围绕"与教师的亲密接触"① 而进行。

19世纪70年代，英国部分地区实行由皇家督学团负责的教师评价制度，要求教师对学生的学习结果负责。到20世纪初，多种迹象表明英国尝试性地采取校长评价和家长评教的形式，其中部分内容已写入校长的年度总结和学校董事会的报告中。这只是一种非正式的评价形式，而正式的教师评价形式尚未出现，但公众已有"如何做一名好教师"的评价标准。

（二）教师评价的起步阶段：正规化教师评价的形成

进入20世纪，视导员在对教师的评价中遇到有关权利归属的选择：是强迫教师执行教育计划，还是放权给教师，使其对自己的教学负责。在第一次世界大战之前，采用前者的居多。第一次世界大战后，视导民主化的呼声不断高涨。因此，一些视导员开始担任教师的"顾问"，他们希望自己的经验和技能对教师而言是有价值的。不过，之后有关视导员的评定与协助职责之间的纷争一直持续不断。

教师评价起源于教育视导，而且教师督导制一直沿用至今，例如在英国及许多英联邦国家。20世纪20年代中期以后，英国开始在学校正式实行教师评价制度，到20世纪70年代，英国皇家督学团专门负责对教师的晋升进行评价。②

教师评价是随着早期教育视导的演进而逐步发展的。进入20世纪，教师评价又经历了新的发展阶段。从20世纪初到20世纪70年代末，正式的教师评价处于起步阶段，并历经三代评价的演进，且每一代教师评价都体现出各自所具有的特征。

1. 第一代评价：以测量为主的技术性评价（19世纪末至20世纪30年代初）

正如古贝和林肯所言，评价并非简单、突然出现的，而是众多相

---

① [美]约翰·S.布鲁巴克：《教育问题史》，单中惠、王强译，山东教育出版社2012年版，第603页。

② A. J. Shinkfield & D. L. Stufflebeam (1995), *Teacher Evaluation: Guide to Effective Practice*, Norwell, MA: Springer, p. 12.

互影响的建构和再建构发展的结果。① 19 世纪末 20 世纪初期,"评价"一词还未正式出现,这一时期主要以测量为主,且测量与评价这两个术语可以替换使用。这一时期的测量,主要表现在测量理论的形成和测验技术的应用上,侧重于强调测量的客观化和标准化。

受工商业界科学管理思潮的影响,这一时期学校测试达到增长的高峰。虽然对教师评价没有明确的说明,但主要根据学生成绩的高低和学习效果的优劣评定教师的质量。例如,英国开始实施依据教师业绩支付教师报酬的制度。当绩效政策应用于教师群体时,学生可以成为主要受益者。检查人员监测并评价学生的学习,依据学生的学习成绩对教师进行绩效考核。然而,由于在实际操作中出现受贿丑闻,1902 年,英国绩效政策被迫终止。

总之,第一代评价是一种技术性的评估,主要体现在评价者的任务中,要求评价者掌握可以利用的工具。当时,评价工具表现出的特征主要是它的可操作性比较强。

2. 第二代评价：以描述为主的目标评价（20 世纪 30—50 年代）

20 世纪 30 年代,开始进入教育评价的形成期。随着学校课程的改进,以提供学生数据的测量方式显得单一化,不能满足当下的要求。随之,教育测量逐渐演变为以描述为主要特征的教育评价。这一时期,评价活动出现的标志是泰勒原则的提出。

自 1933 年起,泰勒（Ralph Tyler）发起历时八年的教育研究。这一研究的成果在于目标评估方法的形成,它是一种描述以某些规定目标的优劣模式为特征的方法。② 第二代评估也随之出现,主要体现出目标导向的描述性特征。这一阶段实现了评价由"测量"向"描述"的过渡。评价者主要扮演描述者的角色,其中还具有早期评价的技术性,但此时测量已不再等同于评价,而成为一种评价工具。

教育评价在这一时期的特征也体现在学校教师评价中,主要突出评价的描述性和过程性。同时,获得的评价数据可以反馈给教师本

---

① 埃贡·G. 古贝、伊冯娜·S. 林肯：《第四代评估》,秦霖、蒋燕玲等译,中国人民大学出版社 2008 年版,第 2—14 页。

② 同上书,第 7 页。

人，无论是反思过去的教学实践，还是建立新的教学模式，皆有助于教师改进自身的教学表现。教师评价的这一用途被称为形成性评价。[1]

3. 第三代评价：以判断为主（20 世纪 50 年代末至 70 年代末）

1957 年，苏联人造卫星发射成功引起世界各国的震动，尤其是美国政府，开始对国内教育进行反思。此时，基于目标导向的第二代教育评价遭受质疑，因其在重视评价描述性特征的过程中，忽视了评价的"判断"功能。

1967 年，斯泰格（Robert Stiger）指出，"判断"是评价的另一种表现形式。自此，以判断为主要特征的第三代评价开始出现，评价者的主要角色由"描述者"演变为"评判员"，身负描述和判断的双重任务。

20 世纪 70 年代，美国对教师评价的关注开始增多。[2] 最初，美国教师评价活动的开展由个人和组织发起。例如，1978 年，北卡罗来纳州开始在教育政策和财政方面进行系统化的改革[3]，其中包括对教师评价工具的改进。改革之后，主要采用教师表现性评价模式，侧重于评价的过程性，对教师课堂教学进行观察和描述，进而作出判断。

对于学校教师评价而言，描述和判断同等重要，它们是教师评价制度的"两翼"，既有助于教师改善教学，还有利于学校管理者对教师效能的测评与人事管理。正如斯泰格所言，教育家眼中的评价与评价专家眼中的并不一样。评价专家把自己看作"描述者"，而学校却希望评价者能根据绩效对人或事物分等。[4]

综上所述，20 世纪 80 年代之前，教师评价经历了测量、描述与判断这三个阶段的演进。虽然教师评价在这一时期取得了一定的发

---

[1] W. J. Popham (1988), "The Dysfunctional Marriage of Formative and Summative Teacher Evaluation," *Journal of Personnel Evaluation in Education*, 1, 270.

[2] D. E. Clayson & M. J. Sheffet (2006), "Personality and the student evaluation of teaching," *Journal of Marketing Education*, 28 (2), 149–160.

[3] Dennis C. Stacey, David Holdzkom, Barbara Kuligowski (1989), "Effectivenss of the North Carolina Teacher Performance Appraisal System," *Journal of Personnel Evaluation in Education*, 3, 79.

[4] 埃贡·G. 古贝、伊冯娜·S. 林肯：《第四代评估》，秦霖、蒋燕玲等译，中国人民大学出版社 2008 年版，第 8 页。

展,但也暴露出一定的缺陷,包括其管理主义的倾向,对价值多元性的忽略,以及对调查科学范式的过分强调①,因此,这需要在教师评价的未来发展中得到进一步弥补和改进。

(三) 教师评价的发展阶段(20世纪80年代至今)

随着社会的发展,尤其是第二次世界大战之后,世界各国为提升国家影响力和竞争力,开始更多地关注国内教育,致使教育改革运动此起彼伏。最初,各国是对基础教育的课程和教学进行改革,最终定位在提高教师质量上。随之,教师评价制度也发生了一系列变化。

20世纪80年代初期,教育评价逐渐走向专业化的发展道路,并出现了朝新方向的初步探索,例如古贝和林肯分别在1981年和1985年出版《有效评估》和《自然调查》。在此基础之上,以沟通与协商为主要特征、以发展为主要目标的第四代教师评价逐渐兴起。自此,以美国为代表的多个国家的教师评价取得了快速的发展。

20世纪80年代至今,美国将教师教育作为国家基础教育改革的重心。在这几十年间,美国采取各种措施对教师教育进行持续性改革,提高了中小学教师队伍的质量。进入21世纪,美国的教师教育改革方向又朝着提高教师质量标准和推动教师专业发展的目标努力。

例如,2000年5月,美国"全国教师教育认定委员会"(NCATE)公布新的教师专业化标准,并在2001年正式颁布。新标准主要从"质"的方面评价教师的质量。② 2002年,布什政府颁布了关于基础教育改革的重要法案《不让一个孩子掉队》(*No Child Left Behind*),这一法案强调了教师角色的重要性。③ 美国教育部(2010)要求,全美国需使用多种方式评价教师效能,并加强对学生成绩提高的关注;必须实施严格的评价计划,使用教师评价结果以改善教师的效能和学

---

① 埃贡·G. 古贝、伊冯娜·S. 林肯:《第四代评估》,秦霖、蒋燕玲等译,中国人民大学出版社2008年版,第9页。

② 蔡敏:《美国中小学教师评价及其典型案例》,北京大学出版社2009年版,第60页。

③ Andrea Davis Washington (2011), Formal Evaluation of Teachers: An Examination of the Relationship between Teacher Performance and Student Achievement, Washington: University of South Carolina, pp. 30 – 31.

校的发展。①

自 20 世纪 80 年代以来,美国越发重视改进用于提升教师效能的评价方法。教师表现性评价侧重于对教师教学实践的考察,可操作性较强,有利于改善教师的教学质量,因此成为美国政府评价教师的主要方法。尤其是进入 21 世纪以来,美国对教师表现性评价的使用得到快速、全面的推广。

例如,2002 年夏,加州大学伯克利分校、旧金山州立大学等 12 所位于加利福尼亚州的大学联合开发用于初级教师资格认定的《加州教师表现性评价方案》(Performance Appraisal of California Teacher, PACT)。② 随后,又有多所大学陆续加入方案 PACT 联合体。2006 年,加利福尼亚州又提出熟练教师表现性评价(Performance Appraisal of Experienced Teacher, PAET)③。

2011 年,斯坦福大学和美国教师教育院校协会(AACTE)又联合开发了教师表现性评价(TPA)系统。④ 这是美国首套统一的教师评价系统,是对美国多年以来教师表现性评价研究的经验总结。

2012 年,斯坦福大学测评中心在相关机构的配合下,又对教师表现性评价系统进行了操作测试,来自美国各州的多名教师候选人参与这一测试。⑤ 2012 年 8 月,教师表现性评价系统被正式命名为 edTPA,其目的主要是突出该评价系统的教育性,帮助教师增强自信,提高教师的教学技能,为教师培养计划的持续更新提供帮助。⑥

---

① Tammy L. Sroczynski (2012), The Relationship between Student Achievement and the Predictors of Principals' Evaluation of Teachers and Teachers'Self - Evaluation, Schaumburg: Roosevelt University, p. 1.

② R. L. Pecheone & R. R. Chung (2006), "Evidence in Teacher Education: The Performance Assessment for California Teachers (PACT)," *Journal of Teacher Education*, 57 (1): 22 - 36.

③ 李双飞、蔡敏:《美国熟练教师表现性评价及其启示——以加利福尼亚州为例》,《外国教育研究》2008 年第 11 期。

④ 穆丽媛、赵娜:《美国教师表现性评价的最新进展及其启示》,《世界教育信息》2013 年第 3 期。

⑤ Stanford Center for Assessment, Learning and equity. edTPA. http://scale.stanford.edu/teach - ing/edtpa, 2013 - 05 - 06.

⑥ Professional Educator Standards Board Assessment. http://assessment.pesb.wa.gov/faq/tpa - communications/edtpa, 2013 - 05 - 12.

综上所述，自20世纪80年代至今，以美国为代表的教师评价取得跨越性发展。随着各国对教师质量的重视，教师评价作为提升教师质量的方法也越发受到关注。由美国等国家接连出台教师教育相关政策可知，教师评价的发展性功能得到延展，教师评价的理念更加趋向人文性，教师评价制度进一步完善与健全。美国等国的教师评价发展对我国教师评价改革有着极大的影响。

二 我国教师评价的发展历程

与英、美等国相比，我国的教师评价开始得较晚，大约是在20世纪60年代。然而，由于受国内政治因素的影响，直到20世纪80年代以后，我国才出现正式的教师评价。我国主要是借鉴国外教师评价的理念与模式。显然，我国实施教师评价的起步还是比较高的。之后，受"课改""绩效工资制度改革"等因素的影响，我国教师评价也经历了不同的阶段，并体现出自身独有的特点。

本书主要介绍我国改革开放之后教师评价的发展历程，即我国教师评价发展的三个阶段。

• 1980—1999年，教师评价体现出制度化与专业化发展的特征，以国家颁布《义务教育法》（1986）、《教师法》（1993）、《教育法》（1995）为标志。

• 2000—2007年，教师评价以"课改"带动"评价"为特征，以2001年我国教育部发布《基础教育课程改革纲要（试行）》为标志。

• 2008年至今，教师评价的特征是以"绩效"促进"评价"，这一阶段的划分标志是教育部出台的《义务教育阶段教师绩效工资发放指导意见》（2008）。

（一）起步中的评价制度化与专业化发展（1980—1999年）

在改革开放之前，我国教师教育的政治色彩比较浓厚，而且欠缺制度层面的保障。进入20世纪80年代，随着我国政府对教师教育重视程度的加大，教师评价制度建设也逐步加快。

1983年，我国开始实施中小学教师考核制度。同年8月，国家教育委员会颁布《关于中、小学教师队伍调整整顿和加强管理的意见》，要求县级教育行政部门负责，从政治思想表现和工作态度、教学业务能力和教学效果、文化程度等方面对中小学教师进行考核。

1984年5月，我国正式加入了国际教育成就评价协会（IEA）①，逐步开启对教师评价制度的探索工作。直到1985年，《中共中央关于教育体制改革的决定》发布，教师评价才得到较快的发展。

1986年4月，我国颁布《义务教育法》（2006年6月29日修订）。该法第三十条规定，教师应当取得国家规定的教师资格。国家建立统一的义务教育教师职务制度。紧随其后，国家教委颁布《中小学教师考核合格证书试行办法》（1986年9月）。该办法的出台，说明我国开始尝试建立正式的教师资格制度。在此之后，只有具备合格学历或有考核合格证书的教师，才符合担任教师的要求。实践表明，在一定时期内，该办法有效地提高了我国中小学教师的文化专业知识水平和教育教学能力。

20世纪80年代，我国教师评价制度化的特征逐步显现。到20世纪90年代，随着教育改革的深入，我国教师评价逐渐体现出专业化的特征。1991年5月，全国第一次教育督导工作会议发布了《教育督导暂行规定》，提出了"加强对中小学校校长与教师队伍建设工作的督导评估，促进中小学校长，教师队伍政治思想素质与业务水平的提高"的督导工作重点。这标志着我国教师评价工作的全面开始。

随后，国家出台一系列法律对教师的资格认定以及考核进行详细规定。1993年10月，国家颁布《中华人民共和国教师法》，该法第三章和第五章分别涉及教师的资格认定和教师的考核。1995年3月，国家颁布《中华人民共和国教育法》，该法第三十四条规定："国家实行教师资格、职务、聘任制度，通过考核、奖励、培养和培训，提高教师素质，加强教师队伍建设。"

这一时期，我国教师评价在发展的进程中逐渐体现出科学性、制度化和专业化的特征。我国在这一阶段颁布多个论及教师评价的法律法规，以下按照出台时间先后，对这些法律法规进行梳理，从中可以

---

① 蔡水红：《对教师绩效评估研究的回顾与反思》，《高等师范教育研究》2001年第3期。

看出我国教育改革的步伐以及教师评价的发展轨迹（见表2-1）。

表2-1　　教师评价制度化与专业化发展阶段政策梳理

时间	法律法规
1983年8月22日	《国家教育委员会关于中、小学教师队伍调整整顿和加强管理的意见》
1985年5月27日	《中共中央关于教育体制改革的决定》
1986年4月12日	《中华人民共和国义务教育法》（2006年6月29日修订）
1986年9月6日	《中小学教师考核合格证书试行办法》
1991年5月26日	《教育督导暂行规定》
1993年2月13日	《中国教育改革和发展纲要》
1993年10月31日	《中华人民共和国教师法》
1995年3月18日	《中华人民共和国教育法》
1997年10月29日	《关于当前积极推进中小学实施素质教育的若干意见》
1998年12月24日	《面向21世纪教育振兴行动计划》中的"跨世纪园丁工程"
1999年6月13日	《关于深化教育改革、全面推进素质教育的决定》

（二）"课改"带动下的教师评价发展（2000—2007年）

2001年是我国教师评价的分水岭，这是因为我国基础教育课程改革开始实行。此次课改旨在改变以强调知识传授和被动学习为主的传统教育体制，将我国注重应试教育转向重视教育质量的素质教育。[①]随着这一课程改革的实施，教师评价制度也发生了改变。

2001年6月，国家发布新课改的纲领性文件《基础教育课程改革纲要（试行）》。该纲要的第六部分"课程评价"规定："强调教师对自己教学行为的分析与反思，建立以教师自评为主，校长、教师、学生、家长共同参与的评价制度，使教师从多种渠道获得信息，不断提高教学水平。"

---

① S. Liu & C. Teddlie（2005），"The Ongoing Development of Teacher Evaluation and Curriculum Reform in the People's Republic of China，" *Journal of Personnel Evaluation in Education*，17，243-261.

《基础教育课程改革纲要（试行）》发布以后，为了配合新课改的落实和执行，2001年9月，在新课程实施过程中，培训问题研究课题组编写了《新课程与评价改革》一书，探讨为推进新课程实施而必须进行的评价改革问题。

接着，国家频繁地出台了一系列与教师评价有关的法律条文。2002年12月，《教育部关于积极推进中小学评价与考试制度改革的通知》发布。该通知在第三章里着重强调，"建立有利于促进教师职业道德和专业水平提高的评价体系"，专门对教师评价内容、评价措施与方法等方面进行详细说明。

2003年，国家又接连出台了关于中小学教师队伍建设的文件，明确教师聘用与考核的相关制度。例如，2003年9月，人事部发布《关于深化中小学人事制度改革的实施意见》，其中第十四条规定："进一步健全和完善教师考核制度。学校应对教师的政治思想、师德、履行岗位职责的情况进行年度考核和聘期考核……学校可根据实际情况，邀请社区代表以及学生家长参与学校评价和教师考核等工作。考核结果作为收入分配、奖惩和聘用（聘任）的重要依据。"

2003年10月，《教育部关于进一步加强中小学教师队伍管理和职业道德教育的通知》发布。该通知的第三条对教师考核制度的完善进行详细说明："完善在个人自评的基础上，学校领导、教师、家长、学生共同参与，促进教师职业道德、法律素质和业务水平不断提高的评价体系和考核办法，探索建立教师业务水平定期考试制度。"

2004年12月，国家又出台《中小学教师教育技术能力标准（试行）》。该能力标准在"实施要求"中明确指出："中小学校要将《能力标准》作为推动教师专业发展和教师管理的重要依据。要完善教师岗位职责和考核评价制度，推动教师在教育教学和日常工作中主动应用信息技术。"这是一个初步的尝试，我国开始从技术专业的角度系统地构建教师队伍建设标准体系，对教师应用信息技术优化课堂教学的能力进行评价。

新世纪初，在新课程改革背景的影响下，我国教师评价制度的建立逐步完善。在新课程改革的推动下，我国出台了一系列有关教师评价的法律法规，更体现出评价的科学性和专业化（见表2-2）。

表 2-2　　"课改"带动下的教师评价发展阶段政策梳理

时间	法律法规
2001 年 6 月 8 日	《基础教育课程改革纲要（试行）》（教育部印发）
2001 年 9 月 1 日	《新课程与评价改革》（新课程实施过程中培训问题研究课题组编写）
2002 年 12 月 30 日	《教育部关于积极推进中小学评价与考试制度改革的通知》
2003 年 9 月 17 日	《关于深化中小学人事制度改革的实施意见》
2003 年 10 月 21 日	《教育部关于进一步加强中小学教师队伍管理和职业道德教育的通知》
2004 年 12 月 15 日	《中小学教师教育技术能力标准（试行)）》

（三）"绩效"导向的教师评价发展（2008 年以后）

紧跟我国新课程改革的步伐，同时受事业单位收入分配制度改革的影响，我国教师评价制度也发生了一系列的变化，出台了新的政策。

2008 年 12 月 23 日，人力资源社会保障部、财政部和教育部联合发布了《义务教育学校实施绩效工资的指导意见》。该指导意见规定："按国家规定执行事业单位岗位绩效工资制度的义务教育学校正式工作人员，从 2009 年 1 月 1 日起实施绩效工资。"该指导意见对绩效工资总量和水平的核定、绩效工资的分配、经费保障与财务管理等方面列出具体细则。

2008 年 12 月 31 日，为更好地实施国务院颁布的这一政策，教育部出台《关于做好义务教育学校教师绩效考核工作的指导意见》。这两个文件成为教师绩效工资和公立学校义务教育阶段教师绩效评价的指南。2009 年同样是关键的一年，我国自此开始实施教师绩效考核政策，教师评价新体制呼之欲出。

2010 年 7 月，《国家中长期教育改革规划纲要（2010—2020 年）》颁布，提出要全面提升教育质量，并形成一套科学、多元的评价体系。其中，该纲要第三十三条提出，要改革教育质量评价和人才评价制度；第五十四条对教师绩效工资作进一步阐述："依法保证教师平均工资水平不低于或者高于国家公务员的平均工资水平,并逐步提高。落实教师绩效工资。"

2011年9月,在中小学教师绩效工资实施的进程中,人力资源和社会保障部、教育部又发布《关于印发深化中小学教师职称制度改革扩大试点的指导意见》,进一步完善中小学教师评价制度。该指导意见指出:"要完善评价标准,创新评价方法,形成以能力和业绩为导向,以社会和业内认可为核心,覆盖各类中小学教师的评价机制,建立与事业单位岗位聘用制度相衔接的职称制度。"该指导意见在"创新评价机制"部分作出详细规定。

同时,由于我国义务教育学校实行的是校长负责制,国家非常重视义务教育学校校长队伍的建设。2012年12月,教育部出台《义务教育学校校长专业标准(试行)》[①]。该校长专业标准在课程教学与引领教师成长方面对校长提出明确的要求,这对我国义务教育阶段教师绩效工资的发放起到了一定的保障作用。

2014年1月和2015年4月,国家连续发布《中小学教师职称制度改革相关细则》,这主要是依据2011年出台的《关于深化中小学教师职称制度改革指导意见》而制定的。《中小学教师职称制度改革相关细则》进一步明确"健全职称制度体系"的内容,并对"完善评价标准,创新评价机制"提出具体要求。同时,该细则进一步明确对于长期未在教育教学一线任教的相关人员的处理规定。2014年2月,国家又出台《中小学教师信息技术应用能力标准(试行)》,从专业技术层面对中小学教师进行评价。

可以看出,这一时期,在我国中小学教师绩效工资实施的背景下,国家从不同方面对中小学教师实施评价,进一步健全和完善我国中小学教师评价制度,体现出教师评价的科学性和专业化。以下对这一时期有关中小学教师评价的法律法规进行罗列,以更清晰地显示其发展轨迹和进程(见表2-3)。

---

① 《义务教育学校校长专业标准(试行)》,http://www.moe.gov.cn/publicfiles/business/htmlfiles/moe/s6197/201212/146003.html/2012-12-24/2015-04-08。

表 2-3　　"绩效"导向的教师评价发展阶段政策梳理

时间	法律法规
2008 年 12 月 23 日	《义务教育学校实施绩效工资的指导意见》
2008 年 12 月 31 日	《关于做好义务教育学校教师绩效考核工作的指导意见》
2010 年 7 月 29 日	《国家中长期教育改革规划纲要（2010—2020 年）》
2011 年 9 月 8 日	《关于印发深化中小学教师职称制度改革扩大试点的指导意见》
2012 年 12 月 24 日	《义务教育学校校长专业标准（试行）》
2014 年 1 月 8 日	《2014 年中小学教师职称制度改革相关细则》
2014 年 5 月 27 日	《中小学教师信息技术应用能力标准（试行）》
2015 年 2 月 12 日	《2015 年中小学教师职称制度改革相关细则》

三　关于教师评价实践发展的评述

通过对国内外教师评价实践发展历程的回顾，可以发现教师评价所表现出的特点，包括评价理念的更新、评价特征的变化以及评价方法的开发与使用。同时，教师评价实践在发展的历程中也暴露出诸多问题，包括评价实施与理念的脱节、评价实效性较差等方面。

（一）教师评价实践发展的特点

教师评价实践发展体现出明显的特点，主要表现为评价理念的持续更新、评价特征发生持续变化，以及对评价方法的开发与应用。以下对这三个特点作进一步说明。

1. 评价理念的持续更新

从教师评价的发展历史可知，教师评价由奖惩性教师评价逐步过渡到发展性教师评价。这在我国教师评价的发展进程中得以体现。20 世纪 80 年代，我国主要借鉴西方国家的奖惩型教师评价制度，如今，我国政府逐渐认识到这种评价制度的弊端，发现不再适合国内社会经济发展的需要，因此在基础教育课程改革的背景下倡导发展性的教师评价理念。当下，各国又对教师评价提出新的要求，在强调评价的科学性基础上，提出增强教师评价的人文性要求。

2. 评价特征发生持续变化

自20世纪初期"教师评价"理念正式出现以来，教师评价经历了不同的发展阶段，其自身特征也随之发生变化。根据古贝和林肯对"评价"发展阶段的划分，在正规化教师评价的形成阶段，教师评价特征的变化轨迹可以概括为"测量—描述—判断"。进入发展阶段，教师评价又体现出"协商与合作"的主要特征。

3. 评价方法的开发与应用

从教师评价的发展历程可以发现各国强调对评价方法的开发与应用，更加注重增强评价方法的可操作性，以提升教师评价的实效性，例如美国等国家对教师表现性评价方式的开发与广泛运用。教师表现性评价的优点是，它重在强调评价的过程性、评价方法的可操作性，有利于增强对不同类型教师资格认定的实效性，从而达到美国政府实施教师评价政策的预期。正是基于这个原因，在短短几十年间，表现性评价形式在美国等国的教师评价中才得以盛行。

（二）教师评价实践中存在的两大问题

由于受各国社会、政治、经济、文化以及科学和技术等多种复杂因素的影响，教师评价发展也显露出一定的问题，包括评价实施与评价理念的脱节，评价的实效性较差等。

1. 评价实施与评价理念的脱节

从教师评价发展的历程中可以发现，在理论层面，教师评价理念不断更新，并逐渐显现出科学性与人文性并重的发展趋向。然而，教师评价实施中却出现理念滞后的现象，存在评价理论与实践脱节的问题。在教师评价实施中，对"教师"的忽略与对"教师效能"的重视形成强烈对比。这一现象有违当下倡导的"以人为本"的教师评价理念。这是当下各国教师评价发展中普遍存在的一个问题。由于教师评价实施与先进的教师评价理念难以同步，在一定程度上导致教师评价实效性的降低。

2. 教师评价的实效性较差

教师评价发展中普遍存在的一个问题就是评价结果的实效性较差。尤其是我国教师评价的发展，主要是直接引用国外教师评价制度和模式，相对而言，缺乏本土化层面的思考。我国先后借鉴的是侧重于对教师过去表现的奖惩性评价和面向教师未来的发展性评价。虽然我国政府将发展性教师评价理念融入教师评价中,但实际上,我国侧重的仍是奖惩型教师评价模式的使用。这一评价模式遵循的是"自上而下"的评价路径,评价方案的制定缺乏科学性,在评价实施过程中又很少顾及对"人性化"的思考,自然会招致受评教师等利益相关者的不满。

综上所述,由于受到主、客观等多种复杂因素的影响,教师评价发展过程中出现诸多问题。尤其是我国在借鉴、引进国外教师评价理念与模式的过程中,缺乏关于国际性与本土化合理结合、转化的思考。因此,如何增强教师评价模式制定与实施的科学性和人文性,以及评价结果的公平与公正,让受评教师更容易接受,这是本书需要探究的重要问题。

第二节 教师评价的主要理论与模式

一 教师评价研究的演变

教师评价研究伴随着教育专业的出现而出现。早在17世纪,第一本关于教师评价的记录就出现了,即胡尔(Charles Hoole)在1660年出版的小册子。随后,在世纪变迁中,由于受多种社会复杂因素的影响,从17世纪60年代到第二次世界大战期间,很少有关于教师评价的文献出版。[①] 尽管如此,对教师评价的研究并未停止。

20世纪20年代,"教师评价"在美国被首次正式使用。最初,教师评价标准主要关注的是教师的个人特征。教师评价研究的主题主要是"好教师的标准"。当时,"好教师"是指具有高尚的道德和伦理思想,掌握了基本的阅读技能(达到高中水平),成为学生的学习榜样。[②] 随后,对教师评价研究的关注点发生了变化,从主要聚焦于"好教师"的个人特征转变为增加教学方法的有效性。

---

① Shinkfield, A. J. & Shufflebeam, D. L. (1996), *Teacher Evaluation: Guide to Effective Practice*, Norwell, MA: Springer, p. 251.

② Ellett, C. & Teddlie, C. (2003), "Teacher Evaluation, Teacher Effectiveness and School Effectiveness: Perspectives from the USA," *Journal of Personnel Evaluation in Education*, 17 (1), 101 – 128.

20世纪40年代,教师评价研究的重心发生转移,开始关注将教师行为与学生成绩相联系的概念框架。① 20世纪50年代,西方国家重点关注的是形成性教师评价,这一时期,关于教师形成性评价的研究在西方国家逐渐增多。② 到20世纪60年代,研究者又将研究重点转向了教师的具体教学行为与提高学生成绩的关系。

20世纪70年代,关于教师评价的相关研究迅速增多。③ 研究者主要关注的是教师评价的目的,如何使教师评价帮助教师改进教学。④ 这一时期,在教师评价的研究中出现了具体的"过程—成果研究"(process-product research),这有助于确认教师教学实践的有效性。20世纪80年代,教师评价研究关注的重点是教学实践的有效性,即能否提高学生的成绩。⑤ 有学者发现,从20世纪80年代到20世纪90年代,教师评价的主要目的是管理教师。⑥

有研究者对美国整个20世纪教师评价的历史进行了全面总结,并指出:"教师评价主要是对教师个人特征,而不是对评价程序的评价,这涉及以知识为基础的有效性教学。"⑦ 到21世纪初,教师评价

---

① Ellett, C. & Teddlie, C. (2003), "Teacher Evaluation, Teacher Effectiveness and School Effectiveness: Perspectives from the USA," *Journal of Personnel Evaluation in Education*, 17 (1), 101 – 128.

② Cai, Y. H. & Huang, T. Y. (2003), "Origin, Problems and Evolution of Teacher Evaluation Research," *Journal of Beijing Normal University*, 1, 130 – 136.

③ Clayson, D. E. & Sheffet, M. J. (2006), "Personality and the Student Evaluation of Teaching," *Journal of Marketing Education*, 28 (2), 149 – 160.

④ Onwuegbuzie, A. J., Witcher, A. E., Collins, K. M. T., Filer, J. D., Wiedmaier, C. D. & Moore, C. W. (2007), "Students' Perceptions of Characteristics of Effective College Teachers: A Validity Study of a Teaching Evaluation form Using a Mixed-methods Analysis," *American Educational Research Journal*, 44 (1), 113 – 160.

⑤ Brophy, J. & Good, T. (1986), Teacher Behavior and Student Achivement (Occasional Paper No. 73), East Lansing, Michigan: The Institute for Research on Teaching.

⑥ Onwuegbuzie, A. J., Witcher, A. E., Collins, K. M. T., Filer, J. D., Wiedmaier, C. D. & Moore, C. W. (2007), "Students' Perceptions of Characteristics of Effective College Teachers: A Validity Study of a Teaching Evaluation form Using a Mixed-methods Analysis," *American Educational Research Journal*, 44 (1), 113 – 160.

⑦ Ellett, C. & Teddlie, C. (2003), "Teacher Evaluation, Teacher Effectiveness and School Effectiveness: Perspectives from the USA," *Journal of Personnel Evaluation in Education*, 17 (1), 103.

研究发生转向，这一变化在美国较为明显。美国联邦政府的改革使得教师评价研究发生了戏剧性的变化，包括对本位评价标准的使用和多种评价教学效能方法的探究。

2000年，美国学者彼得森（Kenneth D. Peterson）指出，教师评价的一个最重要的发展方向是搜集大量有关教师行为和受教师影响的人群的信息。① 彼得森认为，更全面、更精确的教师评价应该突出评价的真实性，评价教师的基础应是对教师真实工作表现的各种证据的判断，而不是依据一些狭窄的指标（例如对30分钟课堂表现的总结，和通过纸笔测验的学生成绩的课后指导）和由传闻得出的一般性印象。②

2011年，美国教师质量委员会（the National Council on Teacher Quality）报告指出，在过去几十年里，教师评价以校长对课堂的短暂观察为基础。近两年来，美国几乎2/3的州已经根据联邦政策的最新变化来改变教师评价政策，将教师评价与学生表现的测量方式相联系。③ 同年，比尔和梅林达·盖茨基金会（The Bill & Melinda Gates Foundation）也开展研究，识别有效的教学方法，帮助建立公平、可靠的评价体系，包括使用学生考试分数和学生反馈。④

以上是从历史的角度介绍教师评价研究的变化过程。也有研究者从教学研究的视角对教师评价研究在不同历史时期的特点进行了总结（见表2-4）。

综上所述，自20世纪20年代教师评价正式出现至今，教师评价研究也发生了一系列的变化，无论从历史的角度，还是从教学研究的视角，都可以发现教师评价研究重心的演变轨迹是相似的，可以将其概括为：教师个人特质（教师的性格）—教师教学的有效性—教师行

---

① Peterson, Kenneth D. (2000), *Teacher Evaluation: A Comprehensive Guide to New Directions and Practices* (2nd ed.), Thousand Oaks: Corwin Press, p. 235.

② Ibid.

③ Tammy L. Sroczynski (2012), "The Relationship between Student Achievement and the Predictors of Principals' Evaluation of Teachers and Teachers' Self-Evaluation," Schaumburg: Roosevelt University, 14-15.

④ Bill and Melinda Gates Foundation (2010), Learning about Teaching: Initial Finding from the Measurement of Effective Teaching Project, Seattle, WA.

为与学生表现（真实性、参与性教学）。

表2-4　　　　　　教学研究视角下的教师评价

时间	教学研究	时间	教学研究
20世纪50年代	对教师性格的研究	20世纪90年代	批判性思维—内容知识—内容教法—选择性评价—多元智力—合作性学习—认知学习理论—建构主义课堂—真实性教学—理解教学
20世纪70年代	亨特（Hunter）模式 学习风格	进入21世纪以来	真实性教学理论 参与性教学 为理解而教
20世纪80年代	教师有效性：实验时期 期望研究—惩罚模式—亨特模式的演化—有效的学校研究—合作性学习—人脑研究		

资料来源：丹尼尔森、麦格里《教师评价：提高教师专业实践能力》，陆如萍等译，中国轻工业出版社2005年版，第10—12页。

可以看出，教师评价研究从最初只关注教师个人特征的输入性评价过渡到侧重强调教师教学效能的输出性评价上，这一阶段的研究只是针对教师个人。进入21世纪，教师评价研究逐渐倾向于真实性评价模式，关注的重点也从教师个人转移到整个评价体系。因此，从教师评价研究的演变中可以看出，研究者更趋于对教师评价体系的公平性和可靠性、教师评价制度的科学性和人性化等特征的关注。

二　三种教师评价的理论

以下主要对教师效能、临床督导和"过程—结果"三种评价理论及其相关研究进行详细介绍，并对已有评价理论的特点及其潜在问题作进一步阐释。

（一）已有评价理论及相关研究

教师评价已有研究主要是借鉴其他研究领域的理论，包括教师效能理论、临床督导理论和过程—结果理论等（见表2-5）。

表 2-5　　　　　　　　已有评价理论对比表

研究理论	侧重点	出处/提出人
教师效能理论	教师质量与学习成绩	社会认知理论/班杜拉（A. Bandura）
临床督导理论	课堂观察与教师表现	第六代督导/格兰茨（J. Glanz）
过程—结果研究理论	教师行为与学生学习的联系	产品模式理论/舒尔曼（L. Shulman）

1. 教师效能理论

从 20 世纪 60 年代开始，我国教师评价研究领域主要使用的是教师效能理论，主要表现在对教师的质量、教师的有效性、教师教学行为与学生成绩的关系等方面的研究。

教师效能理论是从其他研究领域借鉴过来的，主要源于班杜拉的社会认知理论。班杜拉指出，影响个人效能的四个因素主要是掌控体验（mastery experiences）、生理和情绪状态（physiological and emotional states）、替代经验（模式）（vicarious experiences（modeling））和社会公信力（social persuasion）。① 自我效能感指的是对自身有效组织、完成一项特殊任务的主观性评价。依据班杜拉提出的理论，自我效能感决定了人们对行为效果或结果的预期。②

将效能理论运用到教师评价研究上，旨在通过提升教师的质量而提高学生的成绩。例如，斯特朗（Stronge, J. H.）认为，教师效能的最终证据就是学生成绩和可测量的成果。③

20 世纪 80 年代以来，教师效能主要依靠内部的教师活动传递出来，即教师通过教学及其他内部活动，实现知识传递的计划目标和任务。④ 通常，如果教师能够实现更多的计划目标，那么教师被认为是

---

① Bandura, A. (1977), "Self-efficacy: Toward a Unifying Theory of Behavioral Change," *Psychological Review*, 84 (2), 191-215. doi: 10.1037/0033-295x.84.2.191; Bandura, A. (1986), *Social Foundations of Thought and Action: A Social Cognitive Theory*, Englewood Cliffs, NJ: Prentice-Hall.

② ［美］卡尔：《积极心理学：关于人类幸福和力量的科学》，郑雪等译校，中国轻工业出版社 2008 年版，第 189 页。

③ Stronge, J. H. (2007), *Qualities of Effective Teachers* (2nd ed.), Alexandria, VA: ASCD.

④ Cheng, Y. C. (2009), "Teacher Management and Educational Reforms: Paradigm Shifts," UNESCO *Prospects-Quarterly Review of Comparative Education*, 39 (1), 79.

更有效的。

到 20 世纪 90 年代，教师的主要作用被认为是提供教育服务，满足市场竞争中利益相关者的需求和期望。[①] 此时，学生的主要学习不再是接受知识，而是接受若干种教育服务，最终成为就业市场上的竞争力。因此，这个时期所强调的教师效能主要是外部效能。

进入 21 世纪，教师发挥的作用主要是促进学生多样化和可持续发展。教师的效能被称为是未来效能，反映了教师为个人、社区和社会的未来发展所作出的贡献。可以看出，在不同年代里，教育改革的目标发生了变化，教师的作用也会随之改变，教师效能的侧重点则各有不同（见表 2-6）。

表 2-6　　　　　　　　教师效能监测对比表

	教师效能	监测目的	监测依据	结果
20 世纪 80 年代	内部效能	内部效能的有效性	计划目标（目标过于统一）	目标达成情况：知识传递的效果
20 世纪 90 年代	外部效能	外部效能的质量	教育服务满意度；问责	高标准的服务和表现
21 世纪	未来效能	促进学生多样化和可持续发展	教师的贡献	学生的成长表现

在教师评价研究领域，有研究者将班杜拉的社会认知理论及其研究结果应用到教师和教学效能等方面。例如，阿什顿与韦伯（Ashton, P. T. & Webb, R. B.）明确了效能理论在教师评价中的作用，并从专业角度和人的视角细分教师角色，将教师作为"人"的效能当作有别于"教学效能"的"个人效能"（personal efficacy）。[②]

效能理论还在教师评价研究的其他方面得到广泛运用。例如，关于教师评价中教师效能的测量方式的研究。伯曼和麦克劳克林（Ber-

[①] Cheng, Y. C. (2009), "Teacher Management and Educational Reforms: Paradigm Shifts," UNESCO Prospects-Quarterly Review of Comparative Education, 39 (1), 79, p. 82.

[②] Ashton, P. T. & Webb, R. B. (1986), Making a Difference: Teachers' Sense of Efficacy and Student Achievement, Longman, New York.

man, P. & McLaughlin, M. W.）指出，20 世纪 80 年代早期，对教学效能和个人效能的测量采用的是由兰德公司研发的两点式李克特问卷，用于项目实施的研究。①

吉布森和登博（Gibson, S. & Dembo, M.）在自己的教师效能量表中将两点式扩展，随后研发了更稳健的测量方法用于测量教师效能，并验证了班杜拉早期的研究。吉布森和登博提出两种不同的因素支持班杜拉的理论。一个因素是归因于个人效能，作为"教师对学生学习和行为的个人责任"，另一个因素与教学效能相关，指的是"任何教师引发改变的能力受到教师外部因素的极大限制"。② 吉布森和登博主要探寻测评教师效能的可靠方法，当他们检查教师效能及其对教师行为和学生成就的影响时，这一方法对研究者能起到帮助作用。

教师效能对于师生关系具有一定的影响作用。例如，艾琳达（Allinder, R.）指出，随着教师效能的增加，教师在课堂上的信心逐渐增加。结果是，效能更高的教师在他们的教学技能方面更加熟练。③ 布劳维斯和托米奇（Brouwers & Tomic）认为，教师效能还会影响班级管理，效能高的教师似乎很少在课堂上将学生赶出教室或是移交办公室。④ 桑德斯和里弗斯（Sanders & Rivers）认为，影响学生学习的最重要因素就是教师。不同教师的效能存在较大的差异。只有通过提升教师效能才能改善教育状况，相比之下，其他因素远不及教师效能在这一方面的作用。若不考虑班级其他方面的因素，高效能的教师似乎对不同层次的学生都有影响。

关于对教师质量、教师效能和学生成绩三者关系的研究。例如，

---

① Berman, P. & McLaughlin, M. W. (1977), *Federal Programs Supporting Educational Change*, Vol. VIII: *Implementing and Sustaining Innovations*, Santa Monica, CA: Rand Corporation.

② Gibson, S. & Dembo, M. (1984), "Teacher Efficacy: A Construct Validation," *Journal of Educational Psychology*, 76 (4), 574.

③ Allinder, R. (1994), The Relationship between Efficacy and the Instructional Practices of Special Education Teachers and Consultants, Teacher Education and Special Education: The Journal of the Teacher Education Division of the Council for Exceptional Children, 17 (2), 86.

④ Brouwers, A. & Tomic, W. (2000), "A Longitudinal Study of Teacher Burnout and Perceived Self-efficacy in Classroom Management," *Teaching and Teacher Education*, 16 (2), 239–253.

海科克（Haycock, K.）认为，教师对学生成绩的影响是不断增加和累积的。无论教师是促进还是压制学生的成绩，教师的影响是长久的，始终存在的。① 达令—哈蒙德（Darling-Hammond, L.）指出，教师素质特征，例如任教领域中的认真状态、程度与学生的成绩具有重要、积极的关系。今后，致力于帮助学生达到更高学习标准的各级政策制定者应该考虑的是，如何在教师素质方面予以投入，这有助于完成政府设置的教育目标。②

哈努谢克（Hanushek, E. A.）指出，高素质的教师可以弥补学生在准备期间的典型缺陷，尤其是具有弱势背景的学生。③ 里弗斯和桑德斯发现，许多教师并未认识到自己工作的无效，直到他们看到事实证据，即他们的学生并未取得令人满意的成绩。提升教师质量是教育者和政策制定者的共同责任。提升教师的质量有助于确保更多学生发掘自己的潜能，因为学生每年都能从有效教师那里获益。④

哈努谢克等人进一步探讨了纯粹基于成绩，即通过观察学生成绩增长的差异性测量教师的效能。如果关注学生的表现，那么就应该关注学生表现的政策。⑤ 凯里（Carey, K.）指出，每一个年级和科目的形式几乎都是一样的。如果低成绩的学生和高效教师在一起，就能够追赶并超过所要求的学习目标。同样，低成绩学生与低效教师在一起，结果则会变得更糟。⑥

2. 临床督导理论

格兰茨（Glanz, J.）将第六代督导称为临床督导（clinical super-

---

① Haycock, K. (1998), Good Teaching Matters…a Lot, Thinking K-16, 3 (2): 4-5.
② Darling-Hammond, L. (2000), "Teacher Quality and Student Achievement: A Review of State Policy Evidence," *Education Policy Analysis Archives*, 8 (1), 23, 33.
③ Hanushek, E. A. (2002), "Teacher Quality," edited by L. T. Izumi and W. M. Evers, Stanford, CA: Hoover Institution Press, p. 3.
④ Rivers, J. C. & Sanders, W. L. (2002), "Teacher Quality and Equity in Educational Opportunity: Findings and Policy Implications," *Teacher Quality*, edited by L. T. Izumi and W. M. Evers, Stanford, CA: Hoover Institution Press, pp. 21-22.
⑤ Hanushek, E. A. & Rivken, S. G. (2003), How to Improve the Supply of High Quality Teachers, Washington, D. C.: Paper prepared for the Brookings Papers on Education Policy, 13, 17.
⑥ Carey, K. (2004), The Real Value of Teachers, Thinking K-16, 8 (1), 8-9.

vision），临床督导理论在教师评价研究中的应用始于20世纪70年代。[1] 临床督导又称协同督导模式。它包括形成性评价，重点是改善教学质量。[2] 例如，科根（Cogan，M.）编写的《临床督导》一书，描述了临床督导理论在学校的具体应用过程，主要通过对教师的课堂观察而实现。[3]

临床督导的主要目的是改善教师在课堂上的表现，因此，它与教师效能理论在教师评价中相互影响。临床督导通过对教师的课堂观察而实现。有研究者发现，到20世纪70年代，已经有100多个课堂观察系统被用于评价教师的效能。[4]

其中，研究关注的焦点是观察者的合适人选。例如，布兰特（Brandt，C.）等人认为，当下的教师评价实践，更多的是基于校长对课堂教学的观察和对教师表现的综合评比。[5] 戈登（Gordon，B. G.）还做了有关校长对教师的正式课堂观察的实证研究。[6] 不过，苏利文和格兰茨（Sullivan & Glanz）则认为，教师之间可以合作，通过同行评价的方式实现临床督导。[7] 科根也认为，临床督导依赖于质量反馈，反馈有助于教学质量的提升。[8]

还有研究关注的是评价工具在课堂观察中的应用。例如，舒尔曼（Shulman，L.）指出，经常遭到批评的是根据标准化测试的方法评价

---

[1] Glanz, J. (2000), "Supervision for the Millennium: A Retrospective and Prospective," *Focus on Education*, 44, 9–16.

[2] Tanner, D. & Tanner, L. (1987), "Supervision in Education: Problems and Practices," New York, NY: Macmillan.

[3] Cogan, M. (1973), *Clinical Supervision*, Boston, MA: Houghton Mifflin.

[4] Brophy, J. & Good, T. (1986), Teacher Behavior and Student Achievement (Occasional Paper No. 73), East Lansing, Michigan: The Institute for Research on Teaching.

[5] Brandt, C., Mathers, C., Oliva, M., Brown-Sims, M. & Hess, J. (2007), Examining District Guidance to Schools on Teacher Evaluation Policies in the Midwest Region (Issues and Answers Report, REL 2007-No. 030), Washington, DC: U. S. Department of Education, Regional Educational Laboratory Midwest.

[6] Gordon, B. G. (1995), "School Principals' Perceptions: The Use of Formal Observation of Classroom Teaching to Improve Instruction," *Education*, 116 (1), 9–16.

[7] Sullivan, S. & Glanz, J. (2000), Alternative Approaches to Supervision: Cases from the Field. *Journal of Curriculum and Supervision*, 15 (3), 212–235.

[8] Cogan, M. (1973), *Clinical Supervision*, Boston, MA: Houghton Mifflin.

教师的效能，因为标准测试不能解释一定的教学行为对于改善学生学习的有效性。最终，教师评价研究开始关注对教师的观察。观察教师和评级工具被视为克服持续依赖标准化成绩测试的方法，并最终作为测量效能的方式。① 马什和邓金（Marsh, H. & Dunkin, M.）指出，引起广泛关注的教师等级量表是由马什研发的学生对教育质量评价的工具。它被认为是学生评价教师效能的形式（SETs）。SETs 最初用于学生评价教师，提供关于教师教学效能的反馈，并作为教师自评的工具。② 埃利特和特德利（Ellett, C. & Teddlie, C.）指出，由于等级量表等观察工具有效且使用方便，在教师评价中，要开发大量的课堂观察清单和评定量表。③ 勃兰特等人（Brandt, C., et al.）认为，教师观察清单和等级量表应作为普通的工具用于评价教师的效能，而且当校长、同事和学生进行观察时，这些工具通常能够提供体现教师效能的证据。④

在研究者对教师观察工具用途的价值判断中，存在两种截然不同的看法。一部分研究者肯定观察工具的优点。例如，勃兰特等人认为，教师观察工具有助于辨识有效的教学，并为教师提供关于如何改善教学的反馈意见。⑤ 比尔等（Bill & Melinda Gates Foundation）指出，对教学行为的测量与学生成绩相关，校长通过观察所提供的信息以及学生的看法有助于建立公平、可靠的评价体系，可以为教师提供

---

① Shulman, L. (1986), Paradigms and Research Programs in the Study of Teaching: A Contemporary Perspective. In M. C. Wittrock (ed.), Handbook of Research on Teaching, New York, NY: Macmillan, 3 – 36.

② Marsh, H. & Dunkin, M. (1992), "Students' Evaluations of University Teaching: A Multidimensional Perspective," In J. C. Smart (ed.), *Higher Education: A Handbook of Theory and Research*, New York: Agathon Press, pp. 143 – 233.

③ Ellett, C. & Teddlie, C. (2003), "Teacher Evaluation, Teacher Effectiveness and School Effectiveness: Perspectives from the USA," *Journal of Personnel Evaluation in Education*, 17 (1), 101 – 128.

④ Brandt, C., Mathers, C., Oliva, M., Brown-Sims, M., & Hess, J. (2007), Examining District Guidance to Schools on Teacher Evaluation Policies in the Midwest Region (Issues and Answers Report, REL 2007-No. 030), Washington, DC: U. S. Department of Education, Regional Educational Laboratory Midwest.

⑤ Ibid.

反馈以帮助他们改善自己的教学。①

另有研究者指出了观察工具的缺陷。例如，塔克和斯特朗指出，关注课堂观察的教师认为这一形式存在偏袒和偏见，使得评价过程失去意义。通常个人意见或偏见"歪曲"了评价过程，低估了有意义的对话教学所需要的信誉与信任。②

3. 过程—结果理论

过程—结果理论重在强调将教师行为与学生学习联系的有效性，源于舒尔曼（Shulman, L.）提出的产品模式（product models）。

舒尔曼指出，这一过程涉及具体的教师行为，例如计划、准备、课堂管理和教学实践，通过课堂观察和记录来完成。③ 同时，过程—结果理论揭示出，教师不同的行为与学生成绩的差异之间具有系统的相关性。据此，教学行为与学生成绩的积极相关性被用于制定教师评价中的评定量表、观察清单和有效教学的综合模型。

20世纪70年代，教师评价中出现了具体的"过程—结果"型研究，它有助于确认有效的教学实践。④ 同时，该研究推进了20世纪80年代的有效学校运动。20世纪80年代，教师评价主要关注能够提高学生成绩的有效教学实践。⑤

以上三种理论主要是教师评价研究中被认可的理论基础，主要借

---

① Bill and Melinda Gates Foundation (2010), Learning about Teaching: Initial Finding from the Measurement of Effective Teaching Project, Seattle, WA.

② Tucker, P. & Stronge, J. (2005), Linking Teacher Evaluation and Student Learning, Alexandria, VA: ASCD, 10.

③ Shulman, L. (1986), "Paradigms and Research Programs in the Study of Teaching: A Contemporary Perspective," In M. C. Wittrock (ed.), *Handbook of Research on Teaching*, New York, NY: Macmillan, pp. 3-36.

④ 20世纪70年代，不乏研究人员关注舒尔曼的"过程—结果"型研究。例如，Brophy, J. & Evertson, C. (1976), "Context Variables in Teaching," *Educational Psychologist*, 12, 310-316; Soar, R. S. & Soar, R. M. (1979), "Emotional Climate and Management," In P. Peterson and H. Walberg (eds.), *Research on Teaching: Concepts, Findings, and Implications*, Berkeley, California: McCutchan; Flanders, N. (1970), "Analyzing Teacher Behavior," *Reading*, MA: Addison-Wesley; Good, T. & Grouws, D. (1977), Teaching Effects: A Process-product Study in Fourth Grade Mathematics Classroom, *Journal of Teacher Education*, 28, 49-54.

⑤ Brophy, J. & Good, T. (1986), Teacher Behavior and Student Achievement (Occasional Paper No. 73), East Lansing, Michigan: The Institute for Research on Teaching.

鉴了其他教育研究领域的结果。因此，这些"外来"理论基础在教师评价研究中存在的合理性值得反思。

(二) 已有评价理论的特点与潜在问题

教师评价研究常用的理论基础是教师效能理论、临床督导理论和过程—结果理论，上文分别对各种理论的内容及其在教师评价研究中的使用作了介绍。因为这些理论是对其他研究领域已有理论的借鉴，所以它们在教师评价研究的使用中暴露出一定的问题。

1. 已有评价理论的特点

教师效能理论、临床督导理论与"过程—结果"理论源自不同研究领域，因此它们具有不同的特点，又被运用到教师评价这一相同的研究领域，它们又体现出一些共性（见表2-7）。

表2-7 　　　　　　　教师评价理论特点对照表

		教师效能理论	临床督导理论	过程—结果理论
差异性	理论基础/提出人	社会认知理论/班杜拉（Bandura, A.）	第六代督导/格兰茨（Glanz, J.）	产品模式理论/舒尔曼（Shulman, L.）
	推广的起始时间	20世纪60年代	20世纪70年代	20世纪70年代
	评价理论的侧重点	对教师掌握的经验与个人能力的考察	教师课堂表现	教师行为与学生学习联系的有效性
	评价方法	—	课堂观察	课堂观察和记录
共性	评价目的	教师行为——→教师效能——→教师质量——→学生成绩		
	评价内容	教师行为、教师效能、教师质量及其与学生成绩的关系		
	研究领域	教师（效能、行为）与学生成绩的关系，评价方法的选择以及评价工具的使用等		

(1) 已有评价理论的差异性

首先，评价理论的来源与推广的时间不同。教师效能理论主要源于班杜拉的社会认知理论。20世纪60年代，教师效能理论是我国教师评价研究领域中使用的主要研究理论。临床督导理论在教师评价研究中的应用始于20世纪70年代。同样,在20世纪70年代,过程—结果理论在教师评价中得到使用。

其次,评价理论的侧重点以及评价方法的不同。教师效能理论强调对教师所掌握的经验以及个人能力的考察,主要通过测量学生的学习成绩而实现,相比之下,其操作性不强,极易受诸多不可控因素的影响,例如教师的掌控体验、生理和情绪状态等因素。[1]

临床督导理论强调形成性评价,在教师评价中,主要通过课堂观察的形式加以体现。临床督导通常有三个环节,包括预备会议(the preconference)、观察(the observation)和观察后会议(the post-conference)。[2] 临床督导理论在教师评价实践中的使用更为具体,评价方式可操作性较强。

过程—结果理论重在强调将教师行为与学生学习联系的有效性。其中,"过程"涉及具体的教师行为,例如教学计划、备课、课堂管理和实际教学,对教师行为的监测通过课堂观察和记录等方法完成。过程—结果理论揭示了教师行为与学生成绩之间的相关性。

(2) 已有评价理论的共性

首先,在研究目的上,教师效能理论旨在通过提升教师的质量,最终提高学生的成绩。学生成绩和可测量的成果被认为是教师效能的最终证据;临床督导理论旨在通过改善教师的课堂表现来提升教师教学质量。临床督导理论在教师评价中的应用要晚于教师效能理论,所以它与教师效能理论在教师评价中相互影响;过程—结果理论旨在通过提升教学实践的有效性进而提高学生成绩。同时,学生成绩的提高又有助于检验教师教学实践的有效性。可见,其根本目的是实现教学实践有效性与学生成绩之间"互动性"的生成。

其次,在研究内容方面,教师效能理论主要是对教师的质量、教师的有效性、教师教学行为与学生成绩的关系等方面的研究;临床督

---

[1] Bandura, A. (1977), "Self-efficacy: Toward a Unifying Theory of Behavioral Change," *Psychological Review*, 84 (2), 191 – 215. doi: 10.1037/0033 – 295x.84.2.191; Bandura, A. (1986), *Social Foundations of Thought and Action: A Social Cognitive Theory*, Englewood Cliffs, NJ: Prentice-Hall.

[2] Cogan, M. (1973), *Clinical Supervision*, Boston, MA: Houghton Mifflin.

导理论主要关注的是教师的课堂表现；过程—结果理论主要关注的是教学实践的有效性。

最后，在研究范围方面，教师效能理论涉及教师效能的测量方式，教师效能对于师生的影响与作用，以及教师质量、教师效能和学生成绩三者之间的关系等方面；临床督导理论关注的是课堂观察与教师效能之间的关系、评价工具在课堂观察中的应用等方面；过程—结果理论主要涉及教师行为与学生成绩之间的系统关联性。

综上所述，以上三种理论的共同特点在于关注学生的学习结果。可以看出，这三种评价理论侧重于对教师的总结性评价，更加强调教师评价的结果，更侧重对教师行为和教师质量的关注。相比之下，对教师自身的感受、认知和理念等方面的关注则较为欠缺。

已有评价理论的研究领域也存在相同之处，包括教师的效能与行为对学生成绩的影响，评价方法的选择以及评价工具的使用等方面，但并未过多考虑影响学生成绩的多种复杂性因素。教师评价是一种复杂的活动，不仅有技术层面的要求，还有学术、政治和社会结果等方面的要求。[①]

2. 已有评价理论的潜在问题

教师效能理论、临床督导理论与过程—结果理论主要是从其他研究领域借鉴过来的，在教师评价活动的使用中存在不同程度的问题。

首先，对"教师"的错误认识。在教师评价活动中，虽然教师是受评对象，但"教师"作为"自然人"的知、情、意、行等基本因素不容忽视。目前，我国教师评价只是直接引用其他领域的相关理论，在很大程度上会误将教师作为评价和教学的"工具"使用。已有教师评价理论对教师的角色定位存在误区和偏差，并未将教师作为评价的"合作者"。

其次，对"教师认知"的忽略。医学、管理学和心理学等研究领域把研究对象当作客体，与研究对象建立的是"我与它"的关系，只是强调这一客体的"工具性"。相比之下，教育学的研究对象主要

---

① 蔡永红、黄天元：《教师评价研究的缘起、问题及发展趋势》，《北京师范大学学报》（社会科学版）2003年第1期。

是人，教育活动主要涉及人与人之间的关系。已有教师评价理论旨在通过监测教师效能以提升教师质量，忽略了一个重要元素，即"教师的声音"。

最后，对"教师发展"的忽视。已有评价理论的共同之处在于侧重对教师的质量、有效性和教学行为与学生成绩的关系的研究。虽然临床督导理论强调课堂观察法，过程—结果理论强调教师的行为，但其最终指向的仍是学生成绩，教师评价归根结底是一种终结性评价。已有教师评价理论是借鉴其他研究领域的成果，侧重判断实践，却忽略了对教师评价实践本身的直接探究。①

已有的教师评价理论只强调以教师效能与质量为主的评价结果，忽视对教师教学实践的过程性探究。实际上，教师评价的过程性和持续性是影响教师发展的关键因素。教师评价不仅要为教师提供技术支持，还应给予教师更多的人文关怀。只有从教师评价本身出发，从一线教师的需求出发，让大多数教师满意的评价理论才称得上是一种"好"的理论。

三 四种教师评价的模式

我国使用的教师评价模式主要有 360 度评价反馈模式、金字塔模式、T 型模式、区分性评价模式等，各种模式的提出既具有一定的合理性，在实践应用中，这些评价模式自身的缺陷也暴露出来。

（一）360 度评价反馈模式

360 度评价反馈模式（the 360 Degree Feedback System）源自西方国家，体现了评价主体的多元化特征，以及教师获取评价反馈信息的多种路径。这种评价方法的研究目的很明确，通过过程性评价来提高教师的表现力，而非评价教师的优劣。它对教师表现的评价更为客观，因此能够增强教师评价的公平性，提升教师教学的质量（见图 2-1）。

---

① Peterson, Kenneth D. (2000), *Teacher Evaluation: A Comprehensive Guide to New Directions and Practices* (2nd ed.), Thousand Oaks: Corwin Press.

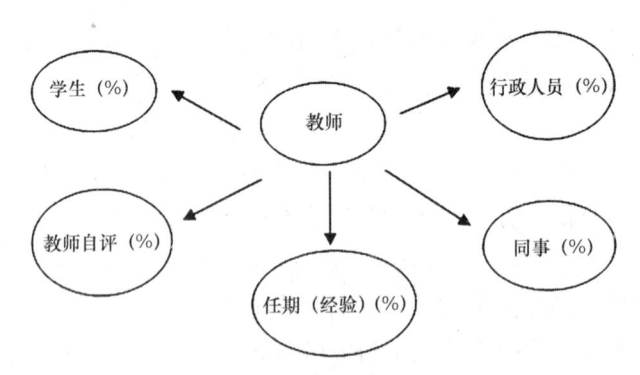

```
        学生（%）                    行政人员（%）
            ↖                        ↗
                    教师
            ↙        ↓        ↘
      教师自评（%）              同事（%）
                任期（经验）（%）
```

图 2 - 1　基于 360 度评价反馈制度的教师表现性评价模型

资料来源：Recep Kocak（2006），"The Validity and Reliability of the Teacher's Performance Evaluation Scale," *Educational Sciences：Theory & Practice*，6（3）：802.

360 度评价反馈模式在教师评价中的具体应用是：（1）评价者的挑选。选出合适的评价者是非常重要的环节，评价者应熟知受评教师的专业表现。评价小组成员包括受评教师、学校领导、教师同事和学生。（2）对教师专业表现性的评价。评价标准包括向学生传递知识的质量，对学生进行技能和能力的培养，为学校发展从事科研活动、参与公众活动的质量与贡献，新活动的参与和创新，等等。[①]

360 度评价反馈模式在国外教师评价中对提升教师的教学动机和教学质量有较大的影响。然而，我国与西方国家在政治、经济、文化、社会等方面具有较大的差异性，因此应考虑的问题是，能否将创建于西方教育文化背景中的 360 度教师评价反馈模式直接应用到我国中小学教师评价中。

（二）金字塔模式

教师评价的金字塔模式将教师基本素质与教学行为表现作为评价的主要成分，并使内外成分相结合、教师基本职责与专业成长相结合，旨在提高教师评价内容的完整性（见图 2 - 2）。

---

① Maria Luskova & Maria Hudakova（2013），"Approaches to Teachers' Performance Assessment for Enhancing Quality of Education at Universities," *Procedia-Social and Behavioral Sciences*，106，480 - 481.

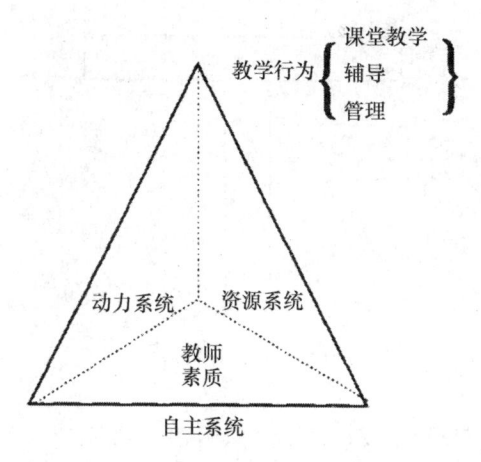

第二章 教师评价的历史回顾与理论梳理　　75

图 2-2　教师评价的金字塔模式

资料来源：申继亮、孙炳海《教师评价内容体系之重建》，《华东师范大学学报》（教育科学版）2008年第6期，第39页。

由图 2-2 可知，金字塔模式主要是针对教师个人提出的，旨在从教师内在素质与外在行为两方面出发促进教师的自主发展，评价内容以教师的课堂教学表现为主。金字塔模式的特点与优势在于强调教师的个体性、内在性与自主性，教师内在素质与外在行为的同步提升是促进教师自主发展的关键。

金字塔模式的缺陷在于只重视教师自身的发展，忽略了影响教师自身发展的外部因素及其与教师自评之间的关系，包括领导、同事、学生等在内的"他评"形式。实际上，教师评价是在以教师为中心，在以教师与其他利益相关者进行"参与—互动—反馈—调整"这一动态、循环发展的情境中进行的。

（三）T 型模式[①]

T 型模式用"T"这个字母来表示，"横框"代表评价体系中他人多元比较的部分，"竖框"代表教师自主比较的部分，交叉之处表明"他评"与自评相互补充、有机结合的关系（见图 2-3）。

[①] 芦咏莉、申继亮：《教师评价》，北京师范大学出版社 2012 年版，第 171—174 页。

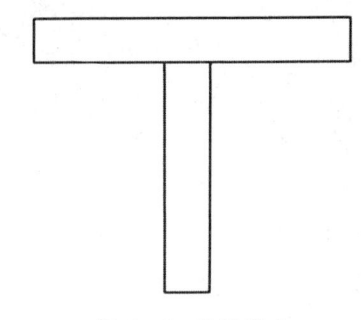

图 2-3　T 型模式

T 型模式的具体内容可以通过横向他人多元比较和纵向教师自主比较得以体现（见表 2-8）。

表 2-8　　　　T 型模式：他人多元比较与教师自主比较

		他人多元比较	教师自主比较
相同点	目的	提高教育质量	
	程序	标准化、操作化	
	测评	主观评定与客观测量相结合	
	反馈	提供	
相异点	目标	加强教师管理	促进教师发展
	起点	教师基本职责	教师生涯特点
	类别	以终结性评价为主 以常模参照评价为主	以形成性评价为主 以标准参照评价为主
	方式	领导、同事、学生、家长评价	教师自主评价
	流程	共时性	历时性
	结果	绩效评价	有效性评价

T 型模式的优点主要是：能够从不同维度对他评与教师自评进行比较分析，突出这两种评价方式的异同点；在评价程序上，T 型模式更加强调评价的标准化与操作性，注重主观评定与客观测量相结合，重视对教师的评价反馈，等等。

如果从评价利益相关者的视角来讲，T型模式仍属于奖惩型评价，例如，在评价目的上，T型模式偏向于"提高教育质量"；在评价程序上，并未突出教师评价应具有的人性化、差异性特征；在"他人多元比较"的各维度上，评价目标以"加强教师管理"为主，评价类别"以终结性评价为主"，评价结果更侧重"绩效评价"。

　　实际上，他评与教师自评的目标应是相同的，即具有加强教师管理和促进教师发展的双重目的。显然，T型模式中的评价双方仍然属于"我—他"关系，并未建立"我—你"的平等协商与合作关系。T型模式将他评与教师自评相比较，极容易破坏教师评价的整体性与系统性，从而割裂利益相关者之间的相互联系。

（四）区分性评价模式

　　我国学者梁红京在区分性教师评价体系中建立了评价者关系图形（见图2-4）。其中，将教师评价各方视为平等的主体，并以教师为评价中心，其他利益人在评价中扮演不同角色，其职责也各有区分。以校长为主的行政管理人员担任评价的协调者，教师同事是主要的参与者，教育理论专家是评价的合作者。[1]

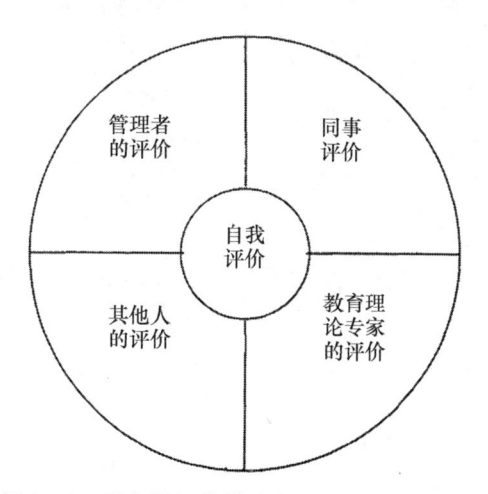

图2-4　区分性评价模式中评价者关系示意图

资料来源：梁红京《区分性教师评价》，华东师范大学出版社2006年版，第30页。

---

[1] 梁红京：《区分性教师评价》，华东师范大学出版社2006年版，第28页。

区分性评价模式的特色主要是以教师为评价核心，强调教师评价利益相关者之间的平等关系，以及其他评价者的角色与职责转变。然而，虽然区分性模式强调评价主体的多元化，但在我国集体主义文化背景下，过于分散的单个评价主体很难起到应有的作用，大多数情况下则流于形式。

综上所述，考虑到国际性与本土化的联系与区别、影响教师发展的内外因素、教师评价功能与教师自身需求的冲突等多个方面，已有评价模式的科学性、合理性与可行性有待进一步验证。而且，已有教师评价理论是对其他研究领域相关理论的直接引进，存在过度强调教师效能与学生成绩，错误认识"教师"角色，忽视教师自身的感受与认知，轻视教师个人发展等问题，这与教育的本质和教师职业的特殊性相冲突，同样影响了教师评价的实施效果，招致评价利益相关者的不满。总而言之，已有教师评价存在的主要问题在于过度强调评价的外在工具功能，缺乏对"教师"内在价值的认识、对教师群体的关注和关怀、对教师发展的重视。改善这一问题的关键在于，需要创建一种以"人"的发展为主、基于教师自身视角的评价体系，而这正是本书的研究重点和旨趣。

第三章 教师视角下的教师评价现状调查

从对教师评价的历史回顾与理论梳理发现,已有教师评价模式并不重视教师以及教师的认知。基于此,本章将从对教师评价的历史回顾转向学校实践层面,采用问卷和访谈调查法,从教师的视角探知中小学教师评价的现状。本章将分别对问卷和访谈调查的设计与实施、调查结果以及得出的基本结论等进行详细介绍。

第一节 调查的设计与实施

本节主要对问卷和访谈调查的前期准备与实施过程进行详细说明。问卷调查的前期准备与实施主要包括问卷的设计程序、问卷的维度及指标的设定以及问卷的发放过程等。访谈调查的前期准备和实施主要包括访谈程序和访谈问题的设置、访谈对象的选择以及相关资料的处理。

一 问卷调查

下面对本书调查问卷的设计过程、问卷的维度与指标、问卷的发放过程、问卷的信度和效度监测等进行详细介绍。

(一)问卷的设计过程

本书根据问卷的调查目的,在对中小学教师的访谈基础之上,并通过对国内外相关文献的研究与借鉴,自行编制"教师眼中的教师评价"调查问卷(见附录二)。以下对调查问卷的设计进行详细介绍。

"教师眼中的教师评价调查问卷"的设计过程包括四个阶段。第一阶段是问卷的编制。国外文献中虽有不少关于教师评价的量表，但考虑到我国与国外教师评价存在的差异性，因此，并未对其加以完全采用。国内也有关于教师评价的调查问卷，但笔者发现国内现有的量表并不完全适合本书的调查目的。因此，在参考国内外教师评价相关量表的基础上，本书自行编制了调查问卷。其中，问卷中的相关信息是在对多名中小学教师的访谈中生成的。

第二阶段是对问卷进行初步验证。在问卷编制完成后，笔者先请教育学领域的教授和在读博士四人对问卷进行评议。在他们作出评议后，笔者在题型设置、术语使用和语义表达等方面作了修改，并删除有歧义和重复的题项。然后，请六位义务教育学校的教师试着作答，并根据他们提出的建议，再次调整问卷，力求使问卷题项的设置更加科学、合理。随后，根据可行性和便利性原则，分别在河南郑州市（一所初中）和滑县（小学和初中各一所）选取三所学校，对调查问卷进行初次试测。

第三阶段是对调查问卷的第二次试测。考虑到调查问卷属于自编问卷，为确保其信度和效度，笔者进行了第二次试测。在这次试测之前，再次请教育学领域教授、在读博士和心理学、统计学专家六人，根据调查问卷首次试测的数据分析结果对题项设置的合理性进行评议。

第四阶段是在对问卷两次试测的基础上，根据数据分析的统计结果对问卷进行修改，最终形成正式问卷。

"教师眼中的教师评价调查问卷"设计的依据主要有两方面。在理论层面，参考了国内、外的相关文献。在国外文献方面，主要参考了麦考尔（James McCal）编制的"教师评价调查问卷"[1]和阿尔普（Jeb-Stuart Arp）编制的"教师对评价与督导项目的满意度调查问卷"[2]；在国内文献方面，主要参考了杨明与桑信祥编制的"教师评

---

[1] James McCall (2011), *Teachers' Perceptions of Evaluation and Teachers' Sense of Self-Efficacy in High-Performing High Schools*, West Lafayette: Purdue University, 96 – 99.

[2] Jeb-Stuart Arp (2012), *Case Studies of Teachers Satisfaction with Three Plans of Evaluation and Supervision*, Tuscaloosa: The University of Alabama, 104 – 105.

价问卷"①,芦咏莉与申继亮编写的《教师评价》②,以及洪秀敏和马群编制的"学前教育三年行动计划(2011—2013年)实施效果调查问卷"③,等等。

在实践层面,本书编制调查问卷所需的信息主要源于对我国不同地区中小学一线教师的访谈。从教师的访谈内容中挖掘教师评价存在的实际问题。综上所述,本书参考了国内、外相关文献,立足于对教师的访谈,并结合本书的核心问题,最终确定调查问卷的划分维度和具体题项。

(二) 问卷的维度及指标

本书主要是从认识论和价值论层面对调查问卷的维度进行划分的。教师作为评价中的价值主体,以是否满足自身需要作为评价标准,来评判作为价值客体的教师评价;教师能否明确自己在教师评价中的所获,能否正确认识教师评价活动,取决于教师自身的认识水平;教师对评价的认识同样影响教师对自我的认知。显然,教师的需求能否得到满足受教师自身认识水平的影响,教师对评价的认识与教师的自我认识又相互影响。基于此,调查问卷中的维度主要划分为两大类,即教师对教师评价的认识、教师在教师评价过程中的表现。④

1. 教师对教师评价的认识

教师评价是一个循环往复的过程,主要有三个环节,即教师评价方案的制定、教师评价的实施和教师评价结果的用途。作为教师评价的利益相关者,教师与教师评价三个环节具有密切的关系(见图 3-1)。

---

① 杨明、桑信祥:《价值与选择:区域教育综合评价研究》,山东教育出版社2010年版,第125—132页。

② 芦咏莉、申继亮:《教师评价》,北京师范大学出版社2012年版。

③ 洪秀敏、马群:《学前教育三年行动计划实施效果调查——基于内部利益相关者评价的视角》,《教育学报》2015年第2期。

④ 本书还参考了其他研究者的维度划分:Jeb-Stuart Arp (2012),*Case Studies of Teachers Satisfaction with Three Plans of Evaluation and Supervision*,Tuscaloosa:The University of Alabama,16. 宁本涛:《提升学校教育督导效能的校长满意度研究》,《教育研究》2015年第2期。

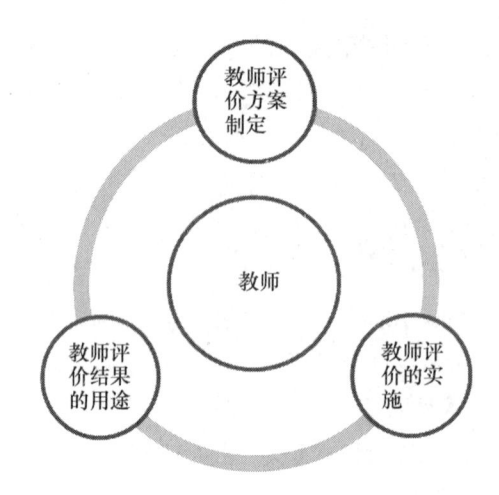

图 3-1 教师与教师评价关系图

可以看出，教师在教师评价中处于核心位置。显然，检验教师评价是否符合教师的利益，教师对评价的认识至关重要。基于此，本书将"教师对教师评价的认识"这一维度分为三个具体指标，即教师对评价方案制定的认识、教师对评价实施的认识以及教师对评价结果的用途的认识。

在教师评价方案的制定环节，评价的要素主要包括方案制定者、评价目的和评价标准的设定、评价内容的确定；在教师评价实施的过程中，评价要素主要包括评价者人选、评价形式和评价方法的选择；在评价结果的用途方面，主要体现在对评价结果的反馈与分等两个方面。

2. 教师在教师评价过程中的表现

依据人的自我调节系统，教师在教师评价过程中的表现可以从知、情、意、行四个方面进行具体的指标划分，主要分为教师的感知和教师的行动以及教师表现的被认可度三个方面（见图 3-2）。其中，教师的感知主要指教师的情感与认知，教师的行动侧重于教师在自我监督、自我反思、自我评价和自我提升等方面的主动性。

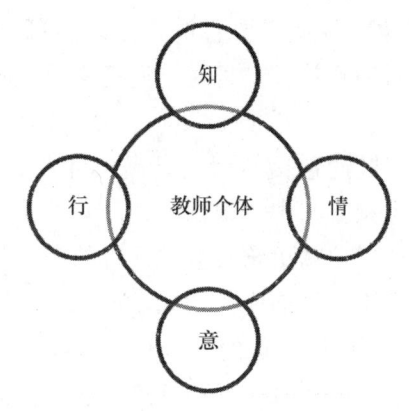

第三章　教师视角下的教师评价现状调查　　83

图 3-2　教师自我调节系统

以下是对问卷维度及具体指标以及相应题目的归类（见表 3-1）。

表 3-1　　　　　　　调查问卷设计的维度划分

主要维度	具体指标	对应题目
教师对教师评价的认识	教师评价方案的制定	3.2, 4.1, 4.2, 4.4
	教师评价的实施	3.1, 4.3, 4.5, 4.6, 4.7
	教师评价结果的用途	3.5, 4.8, 4.9, 4.10
教师在教师评价过程中的表现	教师的感知	3.4, 4.11
	教师的行动	3.6, 4.12
	教师表现的被认可度	3.3, 4.13

问卷的题型以及具体问题是根据维度划分而设计的。题型包括被试的个人基本信息、客观事实题和主观态度题。其中，客观事实题包括单选和多选，目的是更具体、详细地了解教师评价的现状；主观态度题设置的目的则是了解教师对教师评价的态度和真实想法。

问卷中"个人基本信息"部分的问题包括教师的"性别""年龄（段）""教龄""学历""职称""任教的主要科目""所在学校的类

别"和"学校所在地"等,主要目的是发现教师个人信息是否会影响其对教师评价的看法和认知,以及不同类别教师的认知是否存在差异性。

问卷的客观事实题还包括"贵校开展教师评价的实际情况",有单选和多选题两种类型。其中,根据教师的答题情况,将两类选择题的数量分布进行调整,使其更符合教师评价的实际状况,以减少笔者设计问题时仅依据理论假设而产生的误差。

问卷的主观态度题包括"您的主观感受"和"您对教师评价的改进建议"两个部分,主要采用利克特五点量表计分。其中,在正向计分题中,完全不同意=1,较少同意=2,基本同意=3,较多同意=4,完全同意=5。在反向计分题中,完全不同意=5,较少同意=4,基本同意=3,较多同意=2,完全同意=1。将各题得分相加,最终得到每一题的总分。

问卷最后设置一道开放式问题:"请问您对学校的教师评价还有什么想法?"问卷的问题设置与本书的研究问题联系紧密,而且主要聚焦基本的信息、事实、态度和建议(见表3-2)。

表3-2 调查问卷题目设置表

题号	题目	题项	题型
I	个人信息	1.1-1.8	单选题
II	贵校开展教师评价的实际情况	2.1-2.15	单选题与多选题
III	您的主观感受	3.1-3.6	利克特五点量表式
IV	您对教师评价的改进建议	4.1-4.13	
V	您对学校教师评价政策的其他想法	5	简答题
共计	5项	43个	4类

(三)问卷调查的实施

问卷发放经历了初次试测、第二次试测、正式发放三个阶段。问卷形式包括纸质版和网络版（在线评价网站）。这两种形式的问卷都能够在最短时间内收回。

初次试测阶段（2015年6月），根据可行性和就近原则，共选取三所学校进行问卷试测，包括郑州市一所初中，滑县农村的一所初中和一所小学。一共发放问卷134份，收回问卷120份，有效问卷为70份，问卷有效率为58%。

第二次试测阶段。由于第一次试测的问卷有效率较低，为确保问卷的质量，并核查试测的克朗巴哈a系数，对问卷进行第二次试测（2015年7月）。这次试测主要是在郑州地区中小学教师培训期间进行的。在第一期培训中，共发放问卷260份，收回问卷247份。剔除无效问卷后，可用问卷为183份，问卷有效率为74%。

问卷的正式发放阶段（2015年7、9月）。在对问卷进行两次试测的基础上，根据删减后的信度系数和复相关系数（Squared Multiple Correlation），对问卷的题目进行了监测、修改与调整，随后对问卷进行正式的发放。主要面向郑州地区的中小学教师，包括参与郑州市中小学教师培训的教师，他们分别来自农村、城镇、县城和市区（包括市郊）等各个层级的学校。之后，又随机选取郑州市E区和D区的5所义务教育学校。

（1）在郑州地区第二期和第三期中小学教师培训中发放问卷，共发放328份，收回285份，有效问卷为235份。

（2）在郑州市第四期中小学教师培训中，采用网络测评的方式，收回有效问卷91份。

（3）在郑州市随机选取E区的四所学校，城市小学和初中各一所，农村小学和初中各一所。考虑到小学教师人数偏少，调查问卷的发放对象又增加郑州市D区一所小学。共发放问卷250份，收回249份，有效问卷213份。

总之，在调查问卷的正式发放阶段，共发放问卷669份，收回625份，有效问卷539份，问卷有效率为86%。

表 3-3　　问卷调查对象人口统计学信息（N=539）

	分项目	人数（个）	百分比（%）	累计百分比（%）
学校所在地	农村	129	23.9	23.9
	乡镇	22	4.1	28.0
	县城	30	5.6	33.6
	城市	358	66.4	100.0
学校类别	初中	247	45.8	45.8
	小学	251	46.6	92.4
	九年一贯制学校	41	7.6	100.0
性别	男	169	31.4	31.4
	女	370	68.6	100.0
年龄	30 岁以下	163	30.2	30.2
	31—40 岁	278	51.6	81.8
	41—50 岁	91	16.9	98.7
	50 岁以上	7	1.3	100.0
教龄	5 年以下	133	24.7	24.7
	6—15 年	222	41.2	65.9
	16—25 年	169	31.3	97.2
	25 年以上	15	2.8	100.0
学历	中师/中专（含高职）	12	2.2	2.2
	大专	57	10.6	12.8
	本科	425	78.9	91.7
	硕士研究生及以上	45	8.3	100.0
职称	小学三级	14	2.6	2.6
	小学二级	32	5.9	8.5
	小学一级	86	16.0	24.5
	小学高级	83	15.4	39.9
	小学特级	4	0.7	40.6
	中学二级	125	23.2	63.8
	中学一级	115	21.4	85.2
	中学高级	47	8.7	93.9
	其他	33	6.1	100.0
任教的主要科目	语文	150	27.8	27.8
	数学	136	25.2	53.0
	外语	78	14.5	67.5
	品德、历史	26	4.8	72.3
	物理、化学	52	9.6	81.9
	地理、生物	28	5.2	87.1
	音、体、美	54	10.0	97.1
	其他	15	2.9	100.0

（四）问卷的信度和效度

以下主要介绍问卷的信度分析过程和问卷在不同发放阶段检测的结果，以及问卷的效度分析要点。

1. 信度分析

对问卷进行信度分析是为了验证问卷的内部一致性和稳定性的程度。克朗巴哈（Lee Cronbach）所创的 α 系数是目前研究中最常使用的检验信度的方法，α 系数越大，表示项目间相关性越好。一般情况下，$\alpha>0.8$，表示内部一致性很好；$0.6<\alpha<0.8$，表示内部一致性一般；而 $\alpha<0.6$，则表示问卷不可信。

克朗巴哈 α 信度系数法主要适用于态度、意见式问卷（量表）的信度分析[①]，因此，本书问卷的信度分析主要是针对五点量表式题型的"教师的主观感受"与"教师对教师评价的改进建议"两个部分。

在初次试测阶段，为了确保调查结果的一致性和稳定性，采用 SPSS 16.0 for windows 软件对"教师眼中的教师评价调查问卷"的信度进行检测。经检测，问卷的克朗巴哈 a 系数（Cronbach's Alpha）达到 0.837，大于 0.7。根据删减后的信度和复相关系数（Squared Multiple Correlation），又对问卷的题目进行了修改和删减。

在第二次试测中，再次采用 SPSS 16.0 for windows 软件对修改后的问卷的信度进行检测，其克朗巴哈 a 系数达到 0.862，大于 0.7，表明问卷的内部信度较高。在对问卷进行两次试测的基础上，根据删减后的信度系数和复相关系数，对问卷的题目进行了监测、修改与调整。

在问卷的正式发放阶段，采用 SPSS16.0 for windows 软件对问卷的信度进行检测，其克朗巴哈 a 系数为 0.861，这说明正式的调查问卷内部一致性很好，可以正式使用。

2. 效度分析

效度是指在做出决策和提供解释的过程中，对于一个既定目标测

[①] 张红兵、贾来喜、李潞：《SPSS 宝典》，电子工业出版社 2007 年版，第 435 页。

量的有用性程度。①"教师眼中的教师评价调查问卷"使用的是内容效度检测方法。问卷的生成与修改皆征询多名中小学一线教师、教育学专业的教授和博士研究生、心理学和统计学专家等相关人员的意见和建议,保证了调查问卷的内容效度。

二 实地访谈

"访谈"即研究者"寻访""访问"被研究者,并与之进行"交谈""询问"的活动。它可以深入受访者内心,获知其心理活动和思想观念。② 与问卷调查相比,访谈是进一步收集信息的最理想工具。"凡事预则立,不预则废。"访谈前的准备工作对于访谈的顺利进行以及访谈质量的保证尤为关键。在本书中,访谈前准备工作主要包括访谈程序、目标与问题的设定以及访谈对象的选择等方面。

(一)访谈的过程

本书的访谈程序设定为两个阶段,分为前期访谈和正式访谈。前期访谈采用的是无结构型访谈方法,正式访谈采用的是半结构型访谈方法。③ 笔者事先设计好访谈提纲,对访谈进行适时控制,以保证问题前后的逻辑性,并及时跟进对受访教师的追问。

以下对两个阶段的访谈程序进行详细介绍:

前期访谈(2015年3—6月):按照就近原则,对选取的访谈对象进行随机访谈。访谈以面对面的对话形式和书面形式进行。同时,由于受距离限制,也采取QQ聊天形式。

正式访谈(2015年7、9月),在问卷调查和前期访谈的基础上,就其中存有疑虑的问题进行有针对性的深入访谈。访谈形式包括个别访谈和集体访谈。

每次访谈时间在1—2小时内,访谈地点包括教师办公室、教室

---

① [美]吉尔伯特·萨克斯、詹姆斯·W. 牛顿:《教育和心理的测量与评价原理》,王海昌等译,江苏教育出版社2002年版,第312页。

② 陈向明:《质的研究方法和社会科学研究》,教育科学出版社2000年版,第165、170页。

③ Fontana, A. & Frey, J. H. (1994), "Interviewing: The Art of Science," In N. K. Denzin & Y. S. Lincoln (eds.), *Handbook of Qualitative Research*, Thousand Oaks: Sage.

（放学之后）、学校会议室。访谈开始前，征求受访教师是否同意录音的意见，在笔者坦诚介绍访谈的目的和用途之后，所有受访教师均同意录音。受访教师能够表达对教师评价的真实看法。访谈结束后，笔者尽快将录音转换成电子版文字资料。

（二）访谈的问题

本书依据"教师眼中的教师评价"这一研究主题，将访谈问题归为三类：第一，受访教师对自己所经历的教师评价的看法；第二，受访教师在评价中的自我认识；第三，受访教师对教师评价提出的改进建议。其中，每一类访谈问题又包括多个具体问题。

根据访谈目标，前期访谈与正式访谈阶段设置的问题有所区别。前期访谈的随机性较强，因此问题涉及的范围较广，旨在初步了解部分学校教师评价的实际情况（详见附录一）。

在此基础之上，正式访谈阶段问题的目的性和针对性增强，问题更加深入，重点追问前期访谈中受访教师普遍关注的问题和笔者尚存的疑虑，包括教师评价原则、评价标准的制定、教师的职业幸福感等及其原因（详见附录一）。

（三）访谈的对象

访谈对象主要是义务教育学校的一线教师。笔者根据每个阶段的访谈目标与可行性原则选取访谈对象。

1. 前期访谈

在访谈的前期阶段，按照就近原则和科学性原则，笔者随机选取了我国东、中、西部四个城市（上海市、河南省郑州市和焦作市、四川省广安市）的中、小学教师（见表3-4）。

表3-4　　　　　　　　前期访谈受访教师基本情况

访谈对象代码	性别	年龄	教龄	学历	职位	职称	任教科目	学校所在地	访谈时间
S1-F-ST-1	女	27	3	本科	无	小学二级	音乐	农村	2015.3.22
S1-F-ST-2	女	37	13	本科	无	中教一级	语文	市区	2015.3.26
S1-F-ST-3	女	37	15	硕士	无	中教一级	信息技术	农村	2015.3.26

续表

访谈对象代码	性别	年龄	教龄	学历	职位	职称	任教科目	学校所在地	访谈时间
S1-M-ST-4	男	40	18	硕士	副校长	中教高级	政治	市区	2015.5.16
S1-F-ST-5	女	28	4	硕士	无	小学一级	语文	市区	2015.6.03
S1-F-ST-6	女	24	2	本科	无	无	语文	县城	2015.6.26

2. 正式访谈

在前期访谈的基础上，考虑到调查选样的科学性、代表性和可行性，笔者将调查范围缩小，聚焦到河南省郑州，对该地区义务教育学校教师进行正式访谈。受访教师分别来自城市（包括市郊）、县城、乡镇和农村等不同区域的义务教育学校。

正式访谈阶段受访教师人数较多，因此主要采用集体访谈的形式。集体访谈的优势在于，通过观察不同参与者对同一主题的谈论，可以得到他们看待问题的多种视角及其相互之间的互动信息。[①] 与个别访谈相比，集体访谈可以呈现多名受访教师对同一主题的讨论甚至争论的画面。而且，受访教师的争论能够深化访谈主题，增加访谈的深度，进而保证访谈的质量。为保证访谈质量，且加之时间限制，每组受访教师限制在3—4人，访谈时间在1小时到1.5小时之间。

根据访谈的可行性和便利性原则，首先在郑州地区中小学教师集中培训期间，以小组划分的形式分别对来自不同区、县、乡镇、农村学校的教师进行集体访谈。每组选择的受访教师在性别、教龄、任教科目等方面具有一定的区分性。在第一期培训中，随机选取10位教师接受访谈，包括城市和农村的中、小学教师；在第二期培训中，主要针对的是市区中、小学教师，随机选取6位教师作为访谈对象。

此外，分别对前期访谈中的S1-F-ST-3教师和S1-F-ST-5教师进行重访。这是因为S1-F-ST-3教师所在学校是一所农村初中，通过S1-F-ST-3教师的第一次介绍，可以窥见农村学校教师

---

① 陈向明：《质的研究方法和社会科学研究》，教育科学出版社2000年版，第211页。

评价的现实境遇；S1-F-ST-5 教师所在学校是一所市级小学，在 S1-F-ST-5 教师的初次介绍中，发现她对学校教师评价的满意度较高。另外，这两名受访教师自身对学校教师评价以及教师发展等方面有着深度的思考。

同时，由于 S1-F-ST-5 教师所在学校教师评价的特殊性，加之访谈条件的便利性，对该学校其他 3 名教师进行了小组访谈。在事先经过受访教师的同意之后，对访谈进行全程录音（见表3-5）。

表3-5　　　　　正式访谈受访教师基本情况

访谈形式：小组访谈	访谈对象代码	性别	教龄	任教科目	所在学校类别	学校所在地	访谈时间
第1组（3人）	S2-G1-F-ST-X	女	14	语文	小学	市区	2015.7.14
	S2-G1-M-ST-W	男	2	数学	小学	农村	
	S2-G1-F-ST-L	女	7	信息技术	初中	市区	
第2组（4人）	S2-G2-M-ST-Y	男	11	物理	初中	市区	2015.7.15
	S2-G2-F-ST-Z	女	4	英语	小学	市区	
	S2-G2-F-ST-L	女	1	数学	小学	农村	
	S2-G2-M-ST-X	男	16	语文	初中	农村	
第3组（3人）	S2-G3-F-ST-Z	女	16	英语	小学	市区	2015.7.15
	S2-G3-F-ST-L	女	4	数学	小学	农村	
	S2-G3-M-ST-W	男	25	物理	初中	市区	
第4组（3人）	S2-G4-M-ST-D	男	18	语文	初中	市区	2015.7.25
	S2-G4-F-ST-H	女	8	物理	初中	市区	
	S2-G4-F-ST-G	女	19	数学	小学	市区	
第5组（3人）	S2-G5-M-ST-B	男	9	信息技术	初中	市区	2015.7.25
	S2-G5-F-ST-Z	女	16	英语	初中	市区	
	S2-G5-M-ST-Y	男	19	信息技术	初中	市区	
第6组（3人）	S2-G6-F-ST-W	女	4	英语	小学	市区	2015.9.17
	S2-G6-F-ST-S	女	8	语文	小学	市区	
	S2-G6-M-ST-Z	男	2	体育	小学	市区	

(四) 资料的处理

笔者根据受访者所处的访谈阶段及其个人信息（例如教师性别、姓氏的首字母）对访谈资料进行编码。在集体访谈中，受访教师人数较多，为了做更清楚的区分，集体访谈与个别访谈的编码规则有一定的区别。

在个别访谈中，访谈资料的编码规则是：第一个字母 S 和第一数字组合代表"访谈阶段"，第二个字母 M/F 代表性别，第三个字母 S 代表学校，第四个字母 T 代表教师，随后，第二个数字代表受访顺序（在单独访谈中，为避免因教师姓氏相同而出现编码相同的问题）。例如，"S1 – F – ST – 1"代表的含义是在访谈第一阶段第一位接受访谈的学校女教师。

在集体访谈中，访谈资料的编码规则是：第一个字母 S 和第一个数字组合代表"访谈阶段"，第二个字母 G 和第二个数字组合代表小组顺序，第三个字母 M/F 代表性别，第四个字母 S 代表学校，第五个字母 T 代表教师，第六个字母代表受访教师的姓氏（首个字母）。例如，"S2 – G1 – F – ST – X"代表的含义是在第二个访谈阶段第一个小组的学校女教师 X 老师。

第二节　调查的主要结果

本书主要采用 SPSS 16.0 for Windows 软件对问卷调查数据进行统计分析。以下分别对问卷与访谈调查的总体结果特征、不同维度的结果以及人口统计变量与教师评价各维度之间的差异性进行详细介绍。

一　总体结果特征

"教师眼中的教师评价"量表采用 5 点计分，把负向计分的项目转化为正向计分，此时所有项目均为正向计分。各维度的分数为所包含项目分数的平均值，最低为 1 分，最高为 5 分，3 分为中等水平。根据数据统计分析，中小学教师评价六个具体指标的得分均高于中等水平（见表 3 – 6）。

表 3-6　　教师评价描述性统计结果（N=539）

具体指标	均值	标准差
教师评价方案的制定	3.92	0.65
教师评价的实施	3.98	0.61
教师评价结果的用途	3.84	0.69
教师的感知	3.98	0.80
教师的行动	4.11	0.74
教师表现的被认可度	3.70	0.79

由表3-6可知，教师评价方案的制定（均值为3.92）、教师评价的实施（均值为3.98）、教师评价结果的用途（均值为3.84）、教师的感知（均值为3.98）、教师的行动（均值为4.11）五个指标的均值都在4分左右，这表明教师在这五个指标上的表现普遍较高，即教师对此表示同意的较多；教师表现的被认可度（均值为3.70）这一指标的均值略低于其他五个指标的均值，表明教师在这一指标上的表现相对较低。对以上六个指标所包含的题项的呈现将在后文中予以详细说明。

二　不同维度的结果

对获知调查总体结果特征的基础上，分别从教师对教师评价的认识与教师在教师评价过程中的表现两个维度出发对问卷与访谈调查结果进行分析。

（一）教师对教师评价的认识

教师对教师评价的认识这一维度主要包括教师评价方案的制定、教师评价的实施、教师评价结果的用途三个具体指标，下面分别对这三个具体指标上统计出的调查结果作进一步说明。

1. 在教师评价方案的制定方面

教师评价方案的制定环节主要涉及评价方案制定者的选择、评价目的和评价标准的设定以及评价内容的确定。通过对这些具体指标方面的调查结果分析获知教师评价在方案制定中所存在的问题。

(1) 教师参与评价方案制定的机会很少

调查结果表明，即使教师可以通过教师代表大会表达意见，最终的决定权仍属于学校领导。而且，评价方案的制定缺乏一定的透明度，以致不少教师对此毫不知情。数据显示，学校教师评价方案的制定者主要是学校领导，占样本总量的55.2%；其次是教育行政部门，占18.0%，教师代表大会占12.2%，表示"不知道"的占11.3%。相比较而言，教师的比例仅为2.6%，而校外评价专家所占比例最少，为0.7%（见图3-3）。

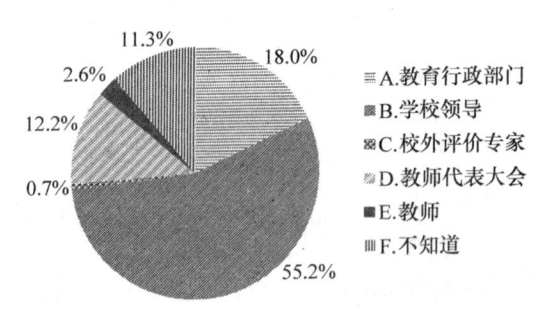

图3-3 教师评价方案制定者比例分布

因此，绝大多数教师表达出希望参与教师评价的意愿，尤其是参与评价标准的制定过程。关于"教师应该参与评价标准的制定"的调查显示，选择完全同意、较多同意和基本同意的比例分别为58.4%、19.3%、18.7%，比例之和为96.4%。

进一步讲，教师认为学校教师评价标准的制定并不合理，缺乏科学性和明晰性。数据显示，对"教师评价标准制定不清晰"的分析结果是，基本同意、较多同意和完全同意的比例之和是68.3%，完全不同意和较少同意的比例之和是31.7%。

在访谈调查中，受访教师也普遍反映，中小学教师评价标准缺乏区分性。例如，S2-G1-F-ST-X老师指出："对学生的评价都有比较固定的分层，为什么对老师就……有任课老师，有聘任老师，这个都不一样，但我们的评价标准却都是一样的。"

S2-G1-F-ST-L老师介绍她所在学校的情况："没有区分性。

我们学校对老师评价，会设置一系列的量化表，然后哪一天自习课突然停了，突然袭击地，行政人员全部就过去，监考之类的，所有任课老师、班主任不能在场……特别细化的东西……"

S2-G3-M-ST-W 老师指出："语数英主科相对评价多一些，小学科缺乏依据。初中、市教育局对语、数、英、理、化相对重视，对史、地、政、生重视程度比较轻，学校忽略这几科，对这几科的评价没啥参考依据。"

由上可知，当下中小学教师评价存在的一个问题就是忽视教师类别、任教科目等方面存在的差异性，进而导致评级标准的制定缺乏区分性。可见，一线教师对中小学教师评价标准的制定并不满意。

（2）教师评价主要是加强对教师的管理与考核

调查发现，教师评价目的主要是强化对教师的管理与考核，相比较而言，在促进教师发展方面的重视程度明显要低。数据显示，"教师管理与考核"所占比例最高，为 28.5%；其次是"促进教师发展"，占 26.7%；"促进学校发展"和"提高学生成绩"的比例分别为 23.9%、20.3%；选择"其他"的为 0.5%，填写的是"用于评优、评职称排序"，显然这属于对教师的考核（见图 3-4）。

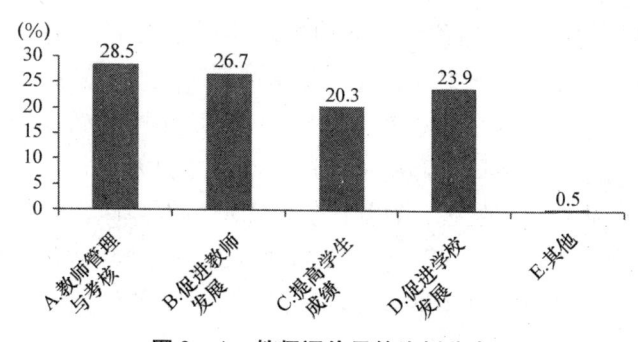

图 3-4 教师评价目的的比例分布

基于此，教师提出的改进建议是，教师评价应该以促进教师发展为主要目的。关于"评价应以促进教师发展为主要目的"的调查显示，教师选择完全同意的比例最高，为 51.8%；选择基本同意和较多同意的比例分别为 24.9%、17.4%。

(3) 教师评价内容偏向教师的教学成绩

与教师的教育教学表现相比，学校更加注重对教师教学成绩的评价，其中包括对教师出勤、学校活动参与度等；而且，学校对师德考核的重视程度最为欠缺。数据显示，教师教学成绩所占比例为26.8%，教师的教育教学表现占26.5%，教师的工作态度与品质占22.8%，师德修养占22.4%，选择"其他"的比例为1.5%，所填内容主要是"活动参与度""出勤"（见图3-5）。

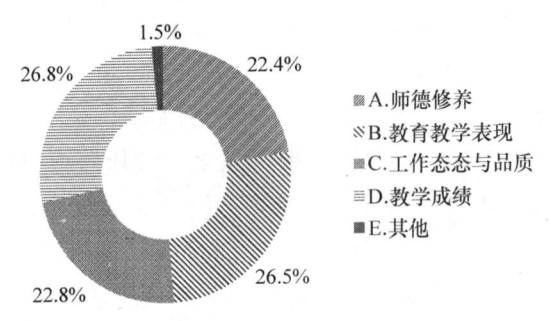

图3-5　教师评价内容比例分布

从教师的视角来看，被调查教师认可师德与课堂教学的重要性，认为应将其作为教师评价的主要内容。对"学校应重视对师德的评价"的调查显示，选择基本同意、较多同意和完全同意的比例之和为98.0%；关于"学校应重视对教师教学表现的评价"的调查结果是，选择完全同意、较多同意和基本同意的比例之和为98.6%。

在访谈调查中也发现，教师评价对师德与教师课堂教学表现的重视程度较低。例如，S1-F-ST-2老师指出，学校对教师的日常考勤并不纳入期末考核，真正纳入评价考核的只有期末学生成绩。

S1-M-ST-4老师也指出："目前大部分中小学教师评价的情况是重'绩'轻'德'与'能'。现实评价中，教师之间会有恶性竞争，只比成绩，其他教师走另一个极端，'懒得管'，失去绩效评价本有的激励作用。"

S1-F-ST-3老师所在学校是农村初中，其学校领导更侧重于评价教师的考勤与业绩，对师德、教学表现方面的关注比较欠缺。这主要有两方面的原因：一是受制于校长个人的重视程度，农村学校教师评价缺乏制度规约；二是农村教师缺乏自我反思与提升的意识与主动性。正如S1-F-ST-3老师所言："老师们都不希望别人来考评课堂，他们认为那是他私有的领地，也不欢迎领导来听课。"

2. 在教师评价的实施方面

教师评价的实施环节主要包括评价者人选、评价形式和评价方法的选择。根据这几个方面的调查结果获知当下中小学教师评价实施方面存在的问题。

（1）学校教师评价的主要评价者是学校领导，主要评价形式是领导评价。

本书对评价者人选与评价形式的调查结果基本一致，即中小学教师评价主要是一种"自上而下"型的评价模式，教师评价活动的主要负责人是学校领导，并以领导评价为主要评价形式，相对而言，对教师在评价中的作用以及教师自评形式的重视程度极为欠缺。

具体而言，在评价者人选方面，学校各级领导占样本总量的32.9%；其次是普通教师，占20.4%；学生占样本总量的18.5%；教师本人与家长所占比例相近，分别为12.4%和12.1%；相比较而言，校外专家所占比例最低，为3.7%。可见，学校领导是主要的评价者，同行与学生参评的机会适中，而教师和家长参与评价的机会很少。而且，学校教师评价主要侧重于校内评价，校外专家参与的概率较低（见图3-6）。

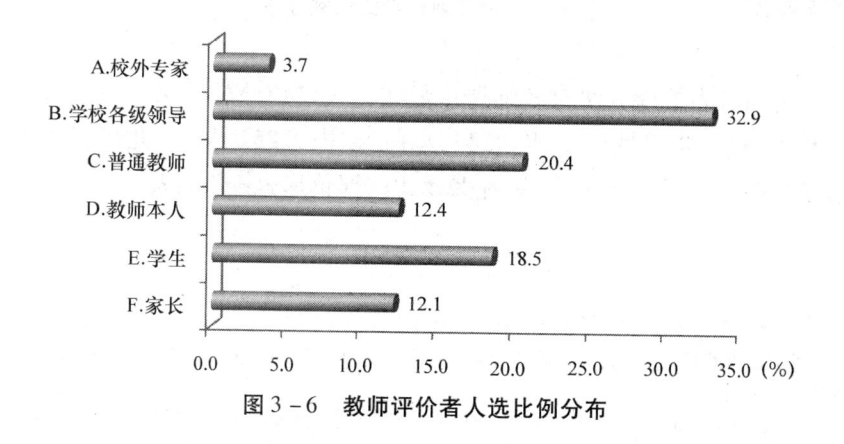

图3-6 教师评价者人选比例分布

教师进一步指出，教师评价的实施会受到人为因素的影响，尤其是校长个人因素。关于"教师评价受校长重视程度影响"的调查结果显示，选择基本同意、较多同意和完全同意的比例之和是74.2%。

因此，调查发现教师希望评价者人选能够体现多元化的特征，从而改善评价者主要由学校领导担任的现状。对"评价者应由多方人员组成"的调查结果是，选择基本同意、较多同意和完全同意的比例之和为93.8%。

关于评价形式的调查数据显示，领导评价所占比例最高，为28.1%；同事互评与学生参评所占比例分别是23.7%、22.1%；教师自评与家长评价所占比例要低于其他三种评价形式，分别为13.8%、12.4%（见图3-7）。

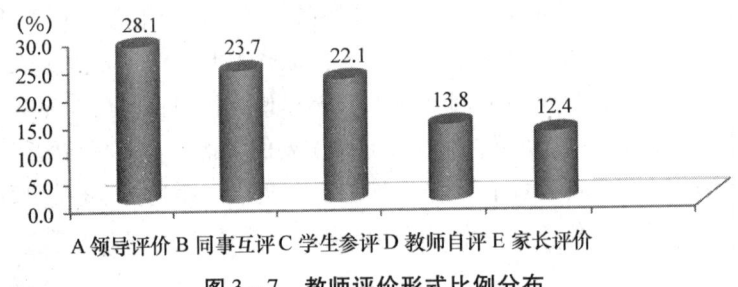

图3-7 教师评价形式比例分布

用列联表检验方法对教师评价形式与人口统计学变量进行差异性检验①，进一步发现，小学（247人）、初中（251人）、九年一贯制学校（41人）的教师评价具有多元化的评价形式②（见表3-7）。

---

① 在对样本数据的处理与分析中，用列联表检验问卷中的实际情况在人口统计学变量上的差异，检验其结果是否有显著性差异。当Pearson卡方值小于0.05时，表示结果有显著性差异。下同。

② 因九年一贯制学校（41人）被调查教师的总数偏低，本书不对其进行比较分析，主要对小学（247人）和初中教师（251人）评价结果的用途所存在的差异加以说明。

表3-7　　　　不同类型学校的教师评价形式比例分布　　　　　（%）

	领导评价	同事评价	学生参评	教师自评	家长评价
小学	70.4	64.8	42.5	44.9	37.2
初中	71.7	57.0	66.9	26.3	26.3
九年一贯制学校	56.1	36.6	56.1	19.5	19.5

由数据可知，小学采用同事评价、教师自评和家长评价等多种评价形式，初中的领导评价与学生评价形式较多。显然，小学教师评价的形式更加多样化，这应该归因于小学不存在升学的压力，相对注重对教师教学的过程性评价。相比较而言，初中教师评价形式比较单一，主要侧重对教师教学效果的评价。

在评价形式上，访谈调查结果表明，学生参评和家长评价存在较多问题。这也成为受访教师讨论的热点话题。

S2-G3-F-ST-L老师：师德评价这一块儿，学生带回去跟家长一起讨论，然后交回。反正家长都听孩子的。

S2-G3-F-ST-Z老师：有些家长比较了解情况，有些家长根本就不知道老师的上课状态，敬业程度，我女儿学校给家长发短信，以短信的方式评价教师，你跟班主任接触得比较多，比较了解，但你对那些副科的老师根本就不了解，都不知道该怎么评，很麻木。

S2-G3-F-ST-L老师：有的孩子一吵他，他就给你的分打得很低，因为我觉得我们村学生都比较叛逆一点。个别学生，要是一批评他，在教师表现上他打的分就不高。

访谈者：家长评价合理吗？

S2-G3-F-ST-Z老师：我觉得不太合理。他没有充分认识、了解老师。

S2-G3-M-ST-W老师：小学还……老师少一点。

S2-G3-F-ST-L老师：小学生对评价还不是太了解，我教的一、二年级，都不懂啥意思，有的说老师我给你打满分，他不懂啥意思，有时候是随意的，喜欢这个老师就打高点，不喜欢……

S2-G3-F-ST-Z老师：随意性比较大。

S2-G3-M-ST-W老师：初中学生全凭自己的好恶。

S2-G3-F-ST-L老师：有的好学生多表扬些，要么就是差生，年级最多。家长对评价都不知道啥意思，有的学生说，有的老师都不认识，都给高分，老师教你都比较辛苦。

可见，在一定程度上中小学生的主观性会对教师评价结果及其教师个人产生负面影响。此外，由于家长对教师与教师评价的了解比较欠缺，家长评教也存在不合理之处。

关于家长评价所存在的问题，S2-G6-F-ST-W老师谈道："我感觉可能会有一些偏见，家长会听孩子的，如果孩子喜欢这门课，家长听后也会喜欢这个老师。如果对孩子严厉一点，他回家之后稍微夸张一点，家长可能觉得这个老师不行。他跟老师的沟通很少。"

此外，受访教师反映的突出问题涉及农村家长个人素养以及城乡家长教育理念的差异性等问题，关于这一问题的讨论如下：

S2-G2-M-ST-X老师：我是农村小学的。城市小学很多任务，家长要承担一大部分，但是在农村小学，老师基本完全承担，布置的作业，要是昨天没做，今天没做，把家长叫过来，家长就说"那叫我们来做什么"，家长也不重视，很多家长都……

S2-G2-F-ST-Z老师：小学家长没有中学家长重视，而且小学家长都是把学生交给老师，老师就是他们的第一负责人，他们反映出来的就是"我们没有时间，我们把孩子交给你们，你们把他教好"，大多数都是这样子的。

S2-G6-F-ST-W老师也谈道："比较典型的，比如城中村中的拆迁户，他们的实际情况就是那样，家访时对他说了，好像他不是能特别意识到这种事性的重要性。感觉说了之后没有特别大的改变。像片区的家长还可以，像外来务工、拆迁村，这类家长……他们根本就没有时间关心学生。比如说，你给他打电话说，'你看孩子这次的成绩没有'，他会说，'哎呀，我还没来得及看呢'。"

可见，一线教师反映的家长问题不只是缺乏与教师的沟通与交流，还包括家长自身素质及其教育观念等方面存在的问题，这在农村家长身上表现得尤为突出。在一定程度上，家长存在的这些问题会影响评教的客观性与真实性。

（2）采用的评价方法主要是量化考核

目前，学校教师评价主要使用量化考核法，与通过课堂听课评价法提升教师教学质量相比，学校更侧重对教师的考评与管理。调查显示，绩效考评所占比例为52.0%，其次是课堂听课评价法，占31.0%。"其他"选项所占比例为2.8%，主要填写的内容是"量化考核""测评打分"，显然，这是绩效考评的具体方法。将"绩效考评"与"其他"两个选项的比例相加，绩效考评占样本量的比例为54.8%，远高于其他选项的比例总和（见图3-8）。

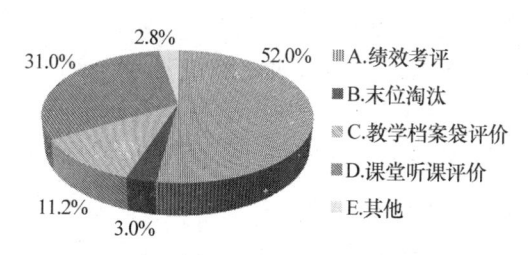

图3-8 教师评价方法比例分布

从教师的立场来讲，教师希望改变当下评价方法单一、模糊等问题的愿望较为强烈。关于"评价的方法要多样化，可操作"的调查显示，选择基本同意、较多同意和完全同意的比例之和为98.2%，其中，选择完全同意的占62.9%。显然，教师对评价方法的使用非常关注和重视。

进一步分析发现，学校类别与评价方法之间具有显著差异性。其中，小学采用的教师评价方法主要是绩效评价和课堂听课评价，初中主要采用的评价方法是教学档案袋评价和末位淘汰法（见表3-8）。

表3-8　　　　　不同类型学校的教师评价方法比例分布　　　　　　　（%）

选项	绩效考评	末位淘汰	教学档案袋评价	课堂听课评价	其他
小学	89.1	2.8	14.6	56.7	2.0
初中	83.3	6.4	23.1	47.8	6.8
九年一贯制学校	78.0	9.8	9.8	36.6	7.3

可以看出，由于初中是当下九年义务制教育阶段的终点，教师面临备战中考的教学压力。初中教师评价方法更倾向于对教师的教学效果的监测和教学成绩的排名。

在访谈调查中发现，学校教师评价中量化考核的弊端也成为受访教师议论的焦点。

S1-F-ST-3老师指出："学校对教师的评价常常与职称、奖惩挂钩，评价的具体细节常常不公开，而且经常变动。标准有失公允，而且只重结果不重过程，这种结果常常是学生的考试分数……教师评价不要太严格，否则老师容易起逆反心理，效果反而不好。"

S1-M-ST-4老师详细指出："绩效工资改革目前是一个困局。现在通过绩效工资改革把原来教师高的收入拉低，导致教师积极性不足。"

显然，S1-F-ST-3老师与S1-M-ST-4老师都指出了教师绩效评价中量化考核的问题，即指标过于琐碎，考核过于严苛，对教师过于约束。教师在过于苛刻的环境中教学，在很大程度上会影响教学效果。

调查反映的另一个问题是，并非所有的评价内容都适合量化考核这种方法，诸如对师德、教师课堂表现的评价。受访教师就这一问题进行讨论。

访谈者：师德怎么量化，怎么评？

S2 - G4 - F - ST - G 老师：那就是凭他的感觉了。（笑）

S2 - G4 - F - ST - H 老师：我们还是有一些具体表现的，如有没有罚站，说难听的话呀……打骂过孩子，上课不让坐教室里，罚他出去站着，或者在教室里站十几分钟等，都很细。

访谈者：是不是每一项都占分？加分的性质？

S2 - G4 - F - ST - H 老师：没有，没有加分，就是有这些方面，然后对照老师有没有出现这种问题，如果有，就打钩。最后的等级是优、良、中、差，但是没有这种情况，还是要打钩，最后有一个整体的建议，就是对一个学科的老师有什么样的建议。

S2 - G6 - F - ST - W 老师也谈道："每一年有一个师德问卷调查，包括学生和家长问卷，匿名填写。问卷上面的题目一般包括：你喜欢哪个老师？老师有没有体罚过你？布置的作业合理不合理？等等。"

可以看出，不同学校对师德评价的要求与量化形式也具有一定的差异性。而且，对师德的量化考核同样会受评价者主观因素的影响。因此，如何评价师德始终是教师评价面临的一个难题。

3. 教师评价结果的用途

教师评价结果的用途主要涉及反馈与分等两个方面，即评价质性反馈与对量化考核成绩的排名。调查发现，中小学教师评价在评价结果的用途方面所存在的问题主要表现为以下两点：

（1）评价结果主要用于对教师的考核与分等，教师难以获得质性评价反馈

调查发现，近九成的被调查教师认为，教师评价有助于改进自己的工作，肯定了教师评价用途的合理性。然而，事实上，学校教师评价结果主要用于教师的评优和绩效评定，相比之下，在通过师资培训等方式促进教师发展方面并未引起足够的重视。数据显示，评优所占比例最高，为 35.0%；其次是绩效工资分配，占 30.0%；职务评定所占比例为 19.0%；人事调整和师资培训所占比例最低，均为 8.0%。显然，教师评价结果的用途与评价目的的设定相一致。这表明，教师评价目的的指向尤为关键（见图 3-9）。

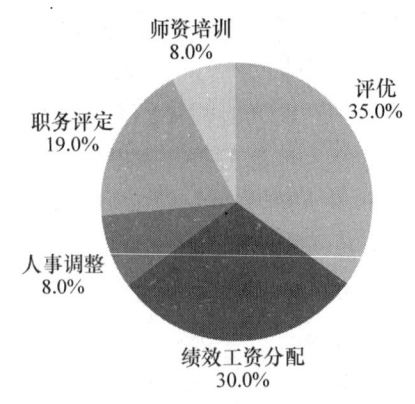

图3-9 教师评价结果用途的比例分布

进一步分析发现,学校类别与评价结果用途之间具有显著差异性。小学教师评价结果主要用于绩效工资分配和师资培训,初中教师评价结果主要用于评优、职务评定和人事调整(表3-9)。

表3-9　　不同类型学校的教师评价结果用途比例分布　　　　(％)

选项	评优	绩效工资分配	人事调整	职务评定	师资培训
小学	78.9	76.5	9.3	38.9	24.7
初中	85.7	65.3	29.9	49.0	12.4
九年一贯制学校	85.4	68.3	26.8	46.3	14.6

可以看出,初中教师评价采用的主要是管理型评价模式。这与初中教师具有中考教学任务直接相关,教学成绩直接关系着初中教师的个人利益和发展走向。因此,教师希望将过程性评价与终结性评价结合使用,将评价结果用于改善教师教学,而不仅仅是对教师的奖惩考核。对"评价结果与奖惩评比分开"的调查显示,选择基本同意、较多同意和完全同意的比例之和为72.0％。而且,教师认为,教师评价结果用途应该遵照公开、透明的原则。对"学校应适时公开教师评价的结果"的调查情况是,选择基本同意、较多同意和完全同意的比例之和为93.2％。

通过访谈调查发现，评价结果主要反映在教学成绩或等级方面，难以将质性评价结果及时反馈给受评教师。例如，S1-F-ST-2老师指出，学校教师评价"主要反映在绩效工资、学校的各项奖励和职称评定上"。S2-G1-F-ST-L老师也指出："评价意见不让看。优秀、合格等次，都公示。只有几个是优秀的，大部分都是合格。"

（2）评价双方缺乏沟通与对话

教师评价结果用途层面的问题不仅指教师难以获得质性的评价反馈结果，而且反映了另一问题，即评价双方缺乏沟通与交流。这可以从受访教师的讨论中获知。

访谈者：校长有没有找老师谈话？

S2-G2-M-ST-Y老师：没有特殊情况是不会的，因为我们的积分跟工作量有关系，积分低大多数原因是工作量低，工作量低不是我个人造成的，是学校的需要，或者说是某些方面的原因导致我这学期没担任那么多工作量。

S2-G2-M-ST-X老师：领导一找你谈话就没有好事儿。

访谈者：有没有找老师聊优点的？

S2-G2-M-ST-X老师：很少。（女老师在笑）

S2-G2-M-ST-Y老师：像大的单位，这种情况太少了，小单位里几个关系近的，会吃饭聊聊天。

S2-G2-M-ST-X老师：小单位会吃饭聊聊，不会专门谈话。

S2-G2-F-ST-Z老师：学校一般也是，领导找谈话都是因为出了问题，或者是有什么建议，领导想了解一下，才找你谈话。平时谈话的机会比较少。

可以看出，当下中小学教师评价中缺乏评价双方的对话型反馈环节，而且学校领导与教师之间更多的是批评式的交流，这进一步揭示出评价者所采用的仍是管理型评价模式。

（二）教师在评价过程中的表现

教师在评价过程中的表现主要包括教师的感知、教师的行动以及教师表现的被认可度三个具体指标。

1. 教师的感知

教师的感知主要体现在教师对自己参与评价与自我提升等方面的认知上。首先，教师能认识到参与评价的重要性，并具有参与评价的意识。对"您能够认识到参与学校教师评价的重要性"的调查结果是，选择基本同意、较多同意和完全同意的比例之和为88.1%，选择完全不同意和较少同意的比例之和为11.9%。

然而，在对"教师在评价中发挥作用"的进一步调查发现，有为数不少的教师认为自己不需要参与评价，占28.4%。可见，在现实中，教师参与学校教师评价是一个比较复杂的问题，既有阻碍教师参与的客观因素存在，又有教师自身参与意识淡薄等个人因素（见图3-10）。

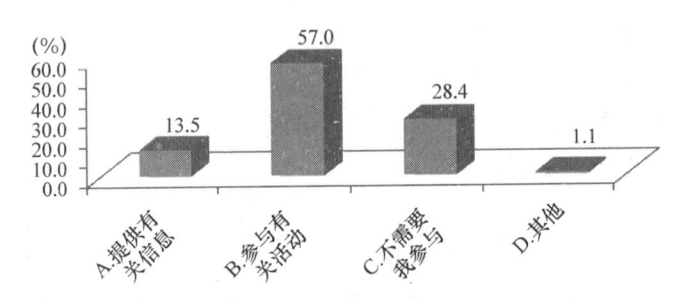

图3-10 教师在评价中发挥作用的比例分布

对教师在评价中所发挥的作用与人口统计学变量进行差异性检验得知，任教科目与教师在评价中所发挥的作用之间有显著差异性（见表3-10）。

表3-10　不同科目教师在评价中发挥作用的比例分布　　（%）

选项	提供有关信息	参与有关活动	不需要我参与	其他
语文	14.0	59.3	26.0	0.7
数学	8.8	62.5	27.2	1.5
外语	15.4	56.4	26.9	1.3
品德、历史	11.5	50.0	38.5	0.0
物理、化学	1.9	61.5	36.5	0.0

续表

选项	提供有关信息	参与有关活动	不需要我参与	其他
地理、生物	35.7	32.1	25.0	7.1
音、体、美	18.5	53.7	27.8	0.0
其他	26.7	40.0	33.3	0.0
合计	13.5	57.0	28.4	1.1

由表3-10可知，认为不需要参与评价的主要是品德课、历史课的任教老师（共26人），其次是物理课、化学课的任教老师（52人）。这可以从对教师的访谈中获知详情。例如，S2-G2-M-ST-Y老师谈道："我们那个学校，主要是以艺术为主，整个学校学理科的氛围非常差，导致我们学科的成绩就比较薄弱，物理这个学科取得成绩就不容易，但是评价的时候他不管你这点，拿我们的学生跟其他学校正常学生去比，结果我们老师垫底，考不过人家，那你的名次就不尽如人意。"

可以看出，S2-G2-M-ST-Y老师所教科目在学校不受重视，因而遭受了不公正的评价。显然，如果学校对某一科目重视，那么相应地，这一科目的任课教师就享有一定的参与权和话语权。任教科目对教师参与程度的影响揭示出学校教师评价潜在的公平问题。

其次，教师的自我提升意识较强，几乎所有被调查教师都认为应该通过教师评价提升自己的教学质量。对"教师应通过评价增强自我提升的意识"的调查显示，选择基本同意、较多同意和完全同意的比例之和为99.1%，其中，选择完全同意的占62.2%。

访谈调查也发现，教师自我提升的意识相对较强。这可以从受访教师的讨论中获知：

S2-G5-M-ST-Y老师：不管是哪个学科，知识太多了，特别是我们的专业，专业的东西更新特别快……

S2-G5-F-ST-Z老师：我们学校其实不坐班，但是外松内严，自我约束，自己设计课堂，课下学生有什么问题及时沟通，家访……

S2-G5-M-ST-B 老师：我们学着做课题，因为这是一个方向……

以上三位受访教师都来自市区，可以看出他们通过评价来提升自我的意识与主动性较强。显然，其原因有两个：一是来自教师寻求自主发展的内在动力，另一个就是受外部工作压力和同行之间竞争压力的影响。在一定程度上，这对教师的专业发展和个人成长能起到激励和促进作用。

2. 教师的行动

教师的行动主要体现在教师对话语权的把握、自我反思与自我评价的主动性方面。

首先，在教师评价中，大部分教师并不重视自己所享有的话语权。对"教师采用何种方式表达自己对评价结果的看法"的调查结果显示，多数教师选择"不发表意见"，占 34.3%；其次是"向领导口头反映"，占 25.4%；"私下议论"占 18.6%；"书面反馈"占 11.9%；表示"没有看法"的占 9.8%（见图 3-11）。

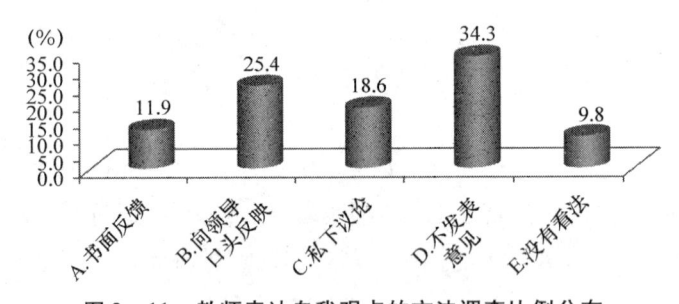

图 3-11 教师表达自我观点的方法调查比例分布

进一步分析发现，教师发表自我观点的方法与性别、学历之间有显著性差异。其中，主要是女教师（370 人）选择了"不发表意见"和"没有看法"。此外，具有中专学历的教师（12 人）和本科学历的教师（425 人）选择"不发表意见"，而且表示"没有看法"的以本科学历的教师为主（见表 3-11、表 3-12）。

表3-11　　不同性别教师表达自我观点的比例分布　　　　　　　（%）

选项	书面反映	向领导口头反映	私下议论	不发表意见	没有看法
男	16.6	33.7	19.5	23.7	6.5
女	9.7	21.6	18.1	39.2	11.4
合计	11.9	25.4	18.6	34.3	9.8

表3-12　　不同学历教师表达自我观点的比例分布　　　　　　　（%）

选项	书面反映	向领导口头反映	私下议论	不发表意见	没有看法
中师/中专（含高中）	8.3	16.7	16.7	50.0	8.3
大专	19.3	42.1	10.5	21.1	7.0
本科	10.8	24.2	18.1	36.5	10.4
硕士研究生及以上	13.3	17.8	33.3	26.7	8.9
合计	11.9	25.4	18.6	34.3	9.8

可见，在发表自己对教师评价结果的看法方面，女教师表现得更为被动。然而，中小学女教师占样本总量的比例是68.6%；具有本科学历的教师占样本总量的比例是78.8%。显然，这两类教师是中小学教师队伍的主要组成部分，但他们参与教师评价的积极性与主动性、自我的维权意识较为欠缺。

在访谈调查中，关于"教师是否会提出对教师评价的看法"，受访教师的回答如下：

S2-G2-M-ST-Y老师：现在没办法，一般都是通过教工代表大会。

S2-G2-M-ST-X老师：你可以找校长谈话，找主任谈，那都没啥用，要谈就直接找校长……

S2-G2-M-ST-Y老师：但是，还有一个问题，你要是找校长，直接隔一级的话，又会出现另一个问题。比如说，教学上面的事，你不找教导主任，直接找校长，教导主任知道了会咋想……一般情况下是当时没办法解决的,尤其是涉及计算什么的,只能到教代会时提出来,是个共性的问题才能改变。

S2-G2-M-ST-X老师:学校之间不同。得看什么事儿了。

从受访男教师的谈话中可以看出,影响教师行使自身话语权的因素较为复杂,这会牵涉到更多的"关系"和"面子"问题。这应该也是女教师和具有本科学历教师的顾忌。

其次,大部分教师能够借助教师评价活动进行自我反思。关于"您能通过教师评价反思自身教学"的调查显示,选择基本同意、较多同意和完全同意的比例之和为93.1%。

最后,大部分教师比较重视自我评价,将其作为自我提升的主要方式;从另一个角度来看,教师之间缺少一定的交流和互评。对"教师自评方法"调查的数据显示,选择进行自我分析的比例最高,占74.2%;选择与他人做比较的占17.1%;选择考虑他人对自己的看法的仅占7.8%(见图3-12)。

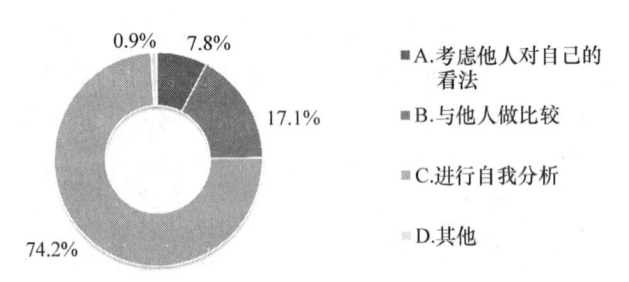

图3-12 教师自评方法的比例分布

进一步分析发现,年龄与教师自评方法之间具有显著性差异。相比之下,选择进行自我分析的主要是41—50岁的教师(91人),考虑他人对自己看法的主要是30岁以下的教师(163人),与他人进行比较分析的主要是50岁以上的教师(7人)。对于31—40岁的教师(278人)而言,主要采用的自评方法是进行自我分析(见表3-13)。

表 3-13　　　　　不同年龄教师自评方法的比例分布　　　　　　（%）

选项	考虑他人对自己的看法	与他人做比较	进行自我分析	其他
30 岁以下	12.3	23.3	63.8	0.6
31—40 岁	6.1	15.1	78.1	0.7
41—50 岁	5.5	9.9	82.4	2.2
50 岁以上	0.0	42.9	57.1	0.0
合计	7.8	17.1	74.2	0.9

可见，处于 31—50 岁阶段的教师更加重视自评方法的应用，这应该是这一阶段教师能够获得丰富教学经验、提升教学质量的主要原因。31—50 岁的教师总人数为 361 人，占样本总量的比例为 68.5%。这表明大部分被调查教师比较重视自我评价方法的使用。

而且，绝大多数教师表示，希望增强自我评价的主动性。例如，关于"教师应重视自我评价"，选择完全同意的比例占 50.5%，与基本同意、较多同意两项相加的比例之和为 97.6%。

在访谈中，一些受访教师也发表了对教师自评的看法。例如，S1-F-ST-3 老师谈道："其实我觉得缺少教师自评，教师自评挺好的。教师要审视自己的良心，教育本身就是一个良心职业，他如果进行自评，即使不说出来，心里也明白。即使他嘴上没说，但心里还是会过意不去的。自评的结果可能一下子看不出来，但肯定会有潜在的影响。"可以看出，S1-F-ST-3 老师能够认识到教师自评对于教师提升自我教学的重要性。

3. 教师表现的被认可度

教师表现的被认可度主要指教师的看法、表现是否受到校方的重视与认可等方面。调查发现，一部分教师认为，自己对评价的认识与自我表现较少受到学校的重视与认可。关于"学校重视教师对评价的意见"的调查显示，教师的选择主要集中在基本同意和较少同意两个方面，其中，教师基本同意的比例为 35.4%，教师较少同意的比例为 20.6%。

同时，对"学校处理教师对评价所提意见的方式"与"教师对评价的意见未受到校方关注后的做法"进行对比分析发现,一方面,一些学校对教师的意见并不重视;另一方面,教师认知的重要性尚未引起教师自身的重视。数据显示,选择"学校不在意教师对评价所提意见"的占21.9%。从教师的立场来讲,当自己的意见未能得到关注时,选择"不太在意"的占39.1%,选择"发发牢骚"的占25.0%,这两项的比例之和为64.1%,远高于其他两个选项(见图3-13)。

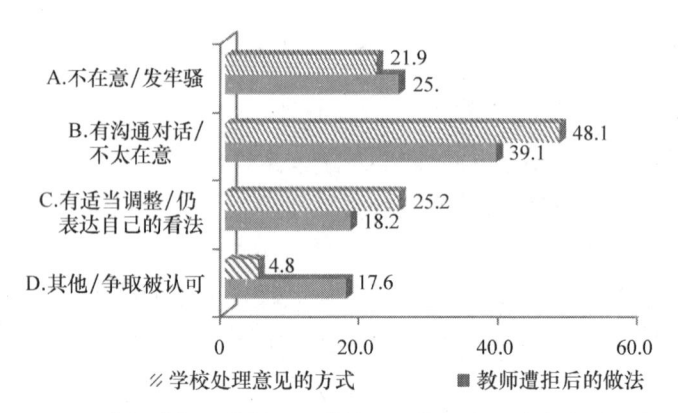

```
A.不在意/发牢骚           21.9
                         25.
B.有沟通对话/             48.1
  不太在意                39.1
C.有适当调整/仍           25.2
  表达自己的看法          18.2
D.其他/争取被认可     4.8
                    17.6
        0    20.0   40.0   60.0
   ▨ 学校处理意见的方式    ■ 教师遭拒后的做法
```

图3-13 教师遭拒后的做法与学校处理教师意见的方式对比分析

进一步分析发现,学校类别与教师遭拒后的做法、学校处理教师意见的方式有显著性差异。与小学相比,初中并不重视教师关于评价的意见;与小学教师相比,多数初中教师对校方的态度表示"不太在意",其次是"发牢骚"(见表3-14、表3-15)。

表3-14　　学校处理教师对评价所提意见方式的比例分布　　(%)

选项	不在意	有沟通对话	有适当调整	其他
小学	10.9	55.1	30.0	4.0
初中	30.3	43.0	20.7	6.0
九年一贯制学校	36.6	36.6	24.4	2.4
合计	21.9	48.1	25.2	4.8

表 3-15　教师的认识未受到校方关注后所争取的做法的比例分布　　（%）

选项	发牢骚	不太在意	仍表达自己的看法	争取被认可
小学	17.4	37.7	19.0	25.9
初中	33.1	40.2	17.1	9.6
九年一贯制学校	22.0	41.5	19.5	17.1
合计	25.0	39.1	18.2	17.6

显然，虽然中小学教师评价存在轻视教师及其认知的问题，但是，与小学教师评价相比，初中教师评价在公平性和人文性方面较为欠缺。因此，中小学教师希望得到校方认可的愿望很高。对"学校应重视教师对评价的看法"的调查结果是，选择基本同意、较多同意和完全同意的比例之和为 94.1%。

此外，关于"教师对评价的看法是否受到重视"这一问题，通过集体访谈发现，不同的学校对教师意见的关注程度也有差别。以下是受访教师关于这一问题的讨论：

S2-G5-M-ST-Y 老师：各个学校有自己大框架下更具体细化的东西。每个学校领导都会拿出具体方案。拿出来的草案，老师们还讨论了两次。

S2-G5-M-ST-B 老师：你们还讨论，你们做得还比较好。我们不讨论，直接由领导层决定了，现在我们学校领导肯定把握着学校工作的重点。

S2-G5-M-ST-Y 老师：讨论过，就是说这里面哪些需要改正的，再向领导层反馈。话又说回来，对老师们的意见，领导还是要把握的，他觉得不合理的仍然还是被"pass"了。

访谈者：有没有被采纳的？

S2-G5-M-ST-Y 老师：好像有一些被采纳了。至少发生了，喊出来了。反正我们学校是这样的。

S2-G5-F-ST-Z 老师：也有。发一些问卷什么的，调查一下。有这回事儿，问题记不清楚了，主要还是绩效工资这方面的。

可以看出，同一地区内不同学校教师评价对教师意见的重视程度存在较大的差异性。在一定程度上，这一问题揭示出中小学教师评价在"关注教师及其认知"层面缺少一定的制度规范。

三 教师的差异分析

本书运用独立样本 T 检验和方差分析等方法检测人口统计变量与教师评价各维度之间的差异性。以下分别介绍性别、年龄、教龄、学历、职称、任教科目、学校类别与学校所在地等因素与教师评价各维度之间的差异性。

（一）性别

本书主要采用独立样本 T 检验的方法对教师的性别与教师评价六个具体指标的差异性进行检验。T 检验要求数据满足方差齐性，因此需要对数据进行 Levene 方差齐性检验（Sig 值 >0.05）。[①] 进一步分析发现，教师评价的六个具体指标均符合 Levene 方差齐性检验，可以进行 T 检验（检验结果见表 3 – 16）。

表 3 – 16　教师评价具体指标在性别上的差异性检验（男 =169，女 =370）

性别	教师评价方案的制定	教师评价的实施	教师评价结果的用途	教师的感知	教师的行动	教师表现的被认可度
男↔女	1.591	0.843	1.149	0.088	0.518	1.307

根据 T 检验结果可知，教师评价的六个具体指标在性别上并无显著性差异（P > 0.05）。显然，性别并不是影响教师对评价认识的主要因素。

（二）年龄

运用方差分析法对教师评价六个具体指标与年龄之间的差异性进

[①] "独立样本 T 检验"与"方差分析"的 Levene 方差齐性检验表格详见附录三，下同。

行检验。方差分析应满足方差齐性检验（$P > 0.05$）。结果表明，教师评价方案的制定、教师评价的实施、教师评价结果的用途、教师的感知、教师的行动五个指标符合方差齐性检验，可以进行方差分析（见表3-17）。

表3-17　　　　五个指标在教师年龄上的方差分析结果

具体指标	F	P
教师评价方案的制定	2.680	0.046
教师评价的实施	3.426	0.017
教师评价结果的用途	2.300	0.076
教师的感知	2.370	0.070
教师的行动	2.664	0.047

由表3-17可知，教师评价方案的制定、教师评价的实施、教师的行动三个指标在年龄上有显著性差异（$P < 0.05$）。然后，再对其进行两两之间的LSD多重比较（见表3-18、表3-19、表3-20）。

表3-18　　教师评价方案制定指标在年龄上的差异性检验结果

	1	2	3	4
1. 30岁以下				
2. 31—40岁	-0.156*			
3. 41—50岁	-0.205*	-0.049		
4. 50岁以上	-0.535	0.102	0.151	

说明：*$P < 0.05$。

表3-19　教师评价的实施指标在年龄上的差异性检验结果

	1	2	3	4
1. 30 岁以下				
2. 31—40 岁	-0.159*			
3. 41—50 岁	-0.216*	-0.057		
4. 50 岁以上	-0.061	0.220	0.277	

说明：*$P<0.05$。

表3-20　教师的行动指标在年龄上的差异性检验结果

	1	2	3	4
1. 30 岁以下				
2. 31—40 岁	-0.199*			
3. 41—50 岁	-0.080	0.119		
4. 50 岁以上	-0.003	0.196	0.077	

说明：*$P<0.05$。

结果表明，这三个具体指标与年龄之间存在显著性差异（$P<0.05$）。即在教师评价方案的制定方面，30 岁以下教师分别与 31—40 岁（$t=-0.156$，$P<0.05$）、41—50 岁（$t=-0.205$，$P<0.05$）教师之间具有显著性差异；在教师评价的实施方面，30 岁以下教师分别与 31—40 岁（$t=-0.159$，$P<0.05$）、41—50 岁（$t=-0.216$，$P<0.05$）教师之间具有显著性差异；在教师的行动方面，30 岁以下教师与 31—40 岁（$t=-0.199$，$P<0.05$）之间有显著性差异。

此外，用 Tamhane 多重比较方法对显示方差非齐性的具体指标，即教师表现的被认可度进行差异性检验（见表3-21）。

表 3-21　教师表现的被认可度指标在年龄上的差异性检验结果

	1	2	3	4
1. 30 岁以下				
2. 31—40 岁	-0.206			
3. 41—50 岁	0.066	0.273		
4. 50 岁以上	-0.175	0.031	0.242	

由表 3-21 数据可知，教师表现的被认可度这一指标在年龄上无显著性差异（$P>0.05$）。综上所述，30 岁以下教师与 31—40 岁的教师在对教师评价方案的制定、教师评价的实施、教师的行动三个方面的认识有差异性。30 岁以下的教师与 41—50 岁的教师在评价方案的制定、评价的实施这两个方面的认识也存在不同之处。

（三）教龄

对教师评价六个具体指标进行方差齐性检验。结果表明，除了教师表现的被认可度（$P<0.05$）外，其他五个指标均显示方差齐性（$P>0.05$），可以进行方差分析（见表 3-22）。

表 3-22　　五个指标在教龄上的方差分析结果

具体指标	F	P
教师评价方案的制定	2.428	0.065
教师评价的实施	5.449	0.001
教师评价的用途	1.239	0.295
教师的感知	2.696	0.045
教师的行动	1.811	0.144

表 3-22 的数据显示，教师评价的实施、教师的感知这两个具体

指标在教龄上有显著性差异（P<0.05）。然后对其进行 LSD 多重比较（见表 3-23、表 3-24）。

表 3-23　　教师评价的实施指标在教龄上的差异性检验结果

	1	2	3	4
1. 5 年以下				
2. 6—15 年	-0.246*			
3. 16—25 年	0.236*	0.010		
4. 26 年以上	-0.065	0.181	0.171	

说明：*P<0.05。

表 3-24　　教师的感知指标在教龄上的差异性检验结果

	1	2	3	4
1. 5 年以下				
2. 6—15 年	-0.223*			
3. 16—25 年	0.221*	0.002		
4. 26 年以上	-0.291	-0.068	-0.070	

说明：*P<0.05。

结果显示，教师评价的实施、教师的感知这两个指标在教龄上有显著差异性（P<0.05）。即在教师评价的实施方面，有 5 年以下教龄的教师分别与有 6—15 年（t=-0.246，P<0.05）、16—25 年（t=0.236，P<0.05）教龄的教师有显著性差异；在教师的感知方面，有 5 年以下教龄的教师分别与有 6—15 年（t=-0.223，P<0.05）、16—25 年（t=0.221，P<0.05）教龄的教师有显著性差异。

此外，用 Tamhane 多重比较方法对方差非齐性的教师表现被认可度这一指标进行差异性检验（见表 3-25）。

表 3 - 25　教师表现的被认可度指标在教龄上的差异性检验结果

	1	2	3	4
1. 5 年以下				
2. 6—15 年	-0.249			
3. 16—25 年	-0.061	0.188		
4. 26 年以上	-0.391	-0.142	-0.331	

结果显示，教师表现的被认可度这一指标在教龄上无显著性差异（$P > 0.05$）。总体上，有 5 年以下教龄的教师分别与有 6—15 年、16—25 年教龄的教师在对教师评价的实施与教师的感知两个方面的认识有所不同。

（四）学历

对教师评价六个具体指标在学历上的差异进行方差齐性检验。结果显示，教师评价的实施这一指标未显示出方差齐性（$P < 0.05$），教师评价的其他五个指标均显示出方差齐性，可以进行方差分析（$P > 0.05$）（见表 3 - 26）。

表 3 - 26　　　　　五个指标在学历上的方差分析结果

具体指标	F	P
教师评价方案的制定	1.408	0.240
教师评价结果的用途	0.994	0.395
教师的感知	0.309	0.819
教师的行动	0.791	0.499
教师表现的被认可度	2.871	0.036

方差分析结果显示，只有教师表现的被认可度这一指标在学历上有显著性差异（$P < 0.05$）。然后，通过 LSD 多重比较分析发现，在教师表现的被认可度方面，大专与本科（$t = 0.433$，$P < 0.05$）、硕士

及其以上（t = 0.636，P < 0.05）学历分别具有显著性差异（P < 0.05）（见表 3 - 27）。

表 3 - 27　教师表现的被认可度指标在学历上的差异性检验结果

	1	2	3	4
1. 中师/中专（含高中）				
2. 大专	-0.531			
3. 本科	-0.098	0.433*		
4. 硕士研究生及以上	0.106	0.636*	0.203	

说明：*P < 0.05。

此外，用 Tamhane 多重比较方法对方差非齐性的教师评价的实施这一指标进行差异性检验（见表 3 - 28）。

表 3 - 28　教师评价的实施指标在学历上的差异性检验结果

	1	2	3	4
1. 中师/中专（含高中）				
2. 大专	0.045			
3. 本科	-0.125	0.170		
4. 硕士研究生及以上	-0.019	-0.064	0.106	

数据显示，学历之间并无显著性差异（P > 0.05）。可见，具有大专学历的教师与具有本科学历及其以上的教师在对教师表现的被认可度方面的认识不同。

（五）职称

对教师评价六个具体指标在职称上的差异进行方差齐性检验，发现教师评价方案的制定、教师的感知、教师表现的被认可度三个指标未满足方差齐性（P<0.05）要求，教师评价的实施、教师评价结果的用途、教师行动三个指标均满足方差齐性的要求（P>0.05），因此可以对其进行方差分析（见表3-29）。

表3-29　三个指标在职称上的方差分析结果

具体指标	F	P值
教师评价的实施	1.955	0.050
教师评价结果的用途	1.371	0.206
教师的行动	1.666	0.104

由表3-29可知，教师评价的实施等三个具体指标在职称上均无显著性差异（P>0.05）。此外，用Tamhane多重比较方法对方差非齐性的教师评价方案的制定、教师的感知、教师表现的被认可度三个指标进行差异性检验（见表3-30、表3-31、表3-32）。

表3-30　教师评价方案的制定指标在职称上的差异性检验结果

	1	2	3	4	5	6	7	8	9
1. 小学三级									
2. 小学二级	-0.190								
3. 小学一级	0.107	0.297							
4. 小学高级	0.014	0.204	-0.093						
5. 小学特级	-0.143	0.047	-0.250	-0.157					
6. 中学二级	-0.101	0.089	-0.208	-0.115	0.042				
7. 中学一级	-0.180	0.010	-0.287	-0.194	-0.037	-0.079			
8. 中学高级	-0.132	0.058	-0.239	-0.146	0.011	-0.031	0.048		
9. 其他	0.069	0.259	-0.038	0.055	0.212	0.170	0.249	0.201	

表 3-31　教师的感知指标在职称上的差异性检验结果

	1	2	3	4	5	6	7	8	9
1. 小学三级									
2. 小学二级	-0.228								
3. 小学一级	0.191	0.209							
4. 小学高级	0.132	0.096	-0.113						
5. 小学特级	-0.071	0.156	-0.052	0.060					
6. 中学二级	0.037	0.264	0.057	0.168	0.108				
7. 中学一级	-0.137	0.091	-0.118	-0.005	-0.065	-0.173			
8. 中学高级	0.078	0.305	0.097	0.209	0.149	0.041	0.214		
9. 其他	0.035	0.262	0.054	0.166	0.106	-0.002	0.171	-0.043	

表 3-32　教师表现的被认可度指标在职称上的差异性检验结果

	1	2	3	4	5	6	7	8	9
1. 小学三级									
2. 小学二级	-0.058								
3. 小学一级	-0.063	-0.005							
4. 小学高级	-0.208	-0.150	-0.145						
5. 小学特级	0.786	0.844	0.849	0.994					
6. 中学二级	0.302	0.360	0.365	0.510	-0.484				
7. 中学一级	0.207	0.265	0.271	0.416	-0.578	-0.094			
8. 中学高级	0.222	0.280	0.285	0.430	-0.564	-0.080	0.014		
9. 其他	-0.260	-0.202	-0.197	-0.051	-1.045	-0.561	-0.467	-0.482	

结果显示，教师评价方案的制定、教师的感知、教师表现的被认可度这三个指标与职称均无显著性差异（$P > 0.05$）。可见，教师的职称并不是影响教师对评价认知的主要因素。

（六）任教科目

通过方差齐性检验发现，教师表现的被认可度这一指标不符合方差分析的要求（P<0.05），教师评价方案的制定、评价的实施、评价结果的用途、教师的感知、教师的行动五个指标均显示出方差齐性（P>0.05），符合方差分析的要求，因此可以对其进行方差分析（见表3-33）。

表3-33　　五个指标在任教科目上的方差分析结果

具体指标	F	P值
教师评价方案的制定	1.608	0.131
教师评价的实施	1.765	0.092
教师评价结果的用途	1.437	0.188
教师的感知	1.120	0.349
教师的行动	2.259	0.028

由表3-33可知，教师的行动这一指标在任教科目上有显著差异性（P<0.05）。然后，对教师的行动这一指标进行LSD多重比较（见表3-34）。

表3-34　　教师的行动指标在任教科目上的差异性检验结果

	1	2	3	4	5	6	7	8
1. 语文								
2. 数学	-0.138							
3. 外语	0.138	0.276*						
4. 品德、历史	0.048	0.186	-0.090					
5. 物理、化学	0.116	0.253*	-0.022	0.067				
6. 地理、生物	-0.038	0.099	-0.176	-0.087	-0.154			
7. 音体美	-0.265*	-0.128	-0.403*	-0.313	-0.381*	-0.227		
8. 其他	0.120	0.258	-0.180	0.072	0.004	0.158	0.385	

说明：*P<0.05。

由表 3-34 可知,在教师的行动指标上,语文与音体美(t = -0.265,P < 0.05)之间有显著性差异,外语与音体美(t = -0.403,P < 0.05)之间有显著性差异,物理和化学与音体美(t = -0.381,P < 0.05)之间有显著性差异,数学与外语(t = 0.276,P < 0.05)之间有显著性差异,数学与物理、化学(t = 0.253,P < 0.05)之间有显著性差异。显然,语文、外语、物理和化学等科目的任课教师与音体美三个科目的任课教师在对教师行动的认识上有显著性差异,数学任课教师分别与外语和物理、化学等任课教师在对教师行动的认识上有显著性差异。

然后,用 Tamhane 多重比较方法对方差非齐性的教师表现的被认可度这一指标进行差异性检验(见表 3-35)。

表 3-35　教师表现的被认可度指标在任教科目上的差异性检验结果

	1	2	3	4	5	6	7	8
1. 语文								
2. 数学	0.081							
3. 外语	0.527*	0.446						
4. 品德、历史	0.668	0.587	0.141					
5. 物理、化学	0.206	0.126	-0.321	-0.462				
6. 地理、生物	-0.211	0.292	-0.738	-0.879	-0.418			
7. 音体美	0.064	-0.017	-0.463	-0.604	-0.142	0.275		
8. 其他	0.293	0.213	-0.233	-0.374	0.087	0.505	0.230	

说明:*P < 0.05。

结果显示,语文与外语(t = 0.527,P < 0.05)之间有显著性差异。可见,担任语文与英语科目的教师在对教师表现的被认可度的认识上具有差异。

(七)学校类别

通过方差齐性检验发现,教师评价方案的制定、教师感知两个指标未满足方差齐性要求(P < 0.05),教师评价的其他四个指标均满

足方差齐性要求（P＞0.05），可以对其进行方差分析（见表3-36）。

表3-37 四个指标在学校类别上的方差分析结果

具体指标	F	p值
教师评价的实施	3.059	0.048
教师评价结果的用途	0.702	0.496
教师的行动	2.806	0.061
教师表现的被认可度	9.761	0.000

数据表明，教师评价的实施、教师表现的被认可度两个指标在学校类别上有显著性差异（P＜0.05）。然后，对这两个指标进行LSD多重比较（见表3-37、表3-38）。

表3-37 教师评价的实施指标在学校类别上的差异性检验结果

	1	2	3
1. 小学			
2. 初中	-0.110*		
3. 九年一贯制学校	-0.200	0.188	

说明：*P＜0.05。

表3-38 教师表现的被认可度指标在学校类别上的差异性检验结果

	1	2	3
1. 小学			
2. 初中	0.333*		
3. 九年一贯制学校	0.763*	0.429*	

说明：*P＜0.05。

结果显示，在教师评价的实施方面，小学与初中（t＝-0.110,

P<0.05)之间有显著性差异;在教师表现的被认可度方面,小学分别与初中(t=0.333,P<0.05)、九年一贯制学校(t=0.763,P<0.05)之间有显著差异性,初中与九年一贯制学校(t=0.429,P<0.05)之间有显著性差异。

最后,用 Tamhane 多重比较方法对方差非齐性的教师评价方案制定、教师的感知这两个指标进行差异性检验(见表3-39、表3-40)。

表3-39　教师评价方案的制定指标在学校类别上的差异性检验结果

	1	2	3
1. 小学			
2. 初中	-0.168*		
3. 九年一贯制学校	-0.146	0.022	

说明:*P<0.05。

表3-40　教师的感知指标在学校类别上的差异性检验结果

	1	2	3
1. 小学			
2. 初中	0.058		
3. 九年一贯制学校	0.150	0.092	

说明:*P<0.05。

结果显示,在教师评价方案制定方面小学与初中(t=-0.168,P<0.05)之间有显著性差异。可见,小学与初中教师对教师评价方案的制定与实施的认识具有差异性,三类学校对教师表现的认可程度各不相同。

(八)学校所在地

通过对教师评价的六个具体指标进行方差齐性检验发现,教师评价的实施、评价结果的用途两个指标未显示方差齐性(P<0.05),教师评价方案的制定等其他四个指标显示出方差齐性,可以进行方差分析(P>0.05)(见表3-41)。

表 3 – 41　　　　　学校所在地的方差分析结果

具体指标	F	p 值
教师评价方案的制定	4.644	0.003
教师的感知	5.083	0.002
教师的行动	1.787	0.149
教师表现的被认可度	0.293	0.830

分析结果显示，教师评价方案的制定、教师的感知两个指标在学校所在地方面有显著性差异（P＜0.05）。然后对教师评价方案的制定与教师的感知这两个指标进行两两之间的 LSD 多重比较（见表 3 – 42、表 3 – 43）。

表 3 – 42　教师评价方案的制定指标在学校所在地方面的差异性检验结果

	1	2	3	4
1. 农村				
2. 乡镇	－0.045			
3. 县城	－0.427*	－0.382*		
4. 城市	－0.181*	－0.136	0.245*	

说明：* P＜0.05。

表 3 – 43　教师的感知指标在学校所在地方面的差异性检验结果

	1	2	3	4
1. 农村				
2. 乡镇	0.139			
3. 县城	－0.418*	－0.558*		
4. 城市	－0.243*	－0.383*	0.175	

说明：* P＜0.05。

数据显示，首先，在教师评价方案制定这一指标上，农村分别与县城（t = −0.427，P < 0.05）、城市（t = −0.181，P < 0.05）之间有显著性差异，乡镇与县城（t = −0.382，P < 0.05）之间有显著性差异，县城与城市（t = 0.245，P < 0.05）之间有显著性差异；在教师的感知方面，农村分别与县城（t = −0.418，P < 0.05）、城市（t = −0.243，P < 0.05）之间有显著性差异，乡镇分别与县城（t = −0.558，P < 0.05）、城市（t = −0.383，P < 0.05）之间有显著性差异。这表明，农村同县城、城市中小学教师评价方案制定有显著性差异，乡镇与县城中小学教师评价方案的制定有显著性差异。其次，农村和乡镇的中小学教师与县城和城市的中小学教师在自身的感知方面有显著性差异。

最后，用Tamhane多重比较方法对方差非齐性的教师评价的实施、评价结果的用途两个指标进行差异性检验（见表3 − 44、表3 − 45）。

表3 − 44　教师评价的实施指标在学校所在地方面的差异性检验结果

	1	2	3	4
1. 农村				
2. 乡镇	− 0.005			
3. 县城	− 0.397*	− 0.392		
4. 城市	− 0.271*	− 0.266	0.126	

说明：*P < 0.05。

表3 − 45　教师评价结果的用途指标在学校所在地方面的差异性检验结果

	1	2	3	4
1. 农村				
2. 乡镇	0.115			
3. 县城	− 0.274	− 0.389		
4. 城市	− 0.144	− 0.259	0.130	

分析结果表明，在教师评价的实施方面，农村分别与县城（t =

-0.397，$P<0.05$）、城市（$t=-0.271$，$P<0.05$）之间具有显著性差异。这表明，农村中小学同县城、城市的中小学在教师评价的实施上有显著性差异。县城和城市的中小学教师评价的实施不存在显著性差异。

综上所述，通过教师个体因素与教师评价各指标的差异性检验可知，教师的性别、职称并不是影响教师认知的主要因素（$P>0.05$）。相比之下，教师的年龄与教龄、学历与任教科目等因素会影响教师对评价的认知。其中，一个突出的特征是新教师（年龄<30岁，教龄<5年）与熟练型教师（年龄为31—50岁，教龄为6—25年）对教师评价体系等方面的认识具有不同之处。这进一步揭示出新教师对评价的认识与熟练型教师存在差异的原因值得探究。此外，学校类别与学校所在地也是影响教师认知的主要因素，一个明显的特征就是农村、乡镇学校与县城、城市学校的教师对教师评价的制定与实施环节以及教师自我意识等方面的认识具有明显的差异性。

第三节 调查的基本结论

本书基于对实证调查材料的提炼与综合，获知一线教师对当下中小学教师评价现状的认识，主要包括教师眼中教师评价的影响因素、教师最关切的教师评价的主要内容、教师反映的关于教师评价的问题以及教师提出的关于教师评价改进的建议四个方面。

一 教师眼中教师评价的影响因素

由访谈调查可知，教师评价的影响因素有多个，包括学校所在地、学校文化等客观因素，以及校长、教师自身等主观因素。

（一）学校：位置与文化

学校地理位置、学校文化对教师评价具有一定的影响。在一定程度上，这些外在因素，尤其是学校文化会影响校长、教师的价值观，认知能力和行为表现。这一点在对比S1-F-ST-3老师、S1-F-ST-6老师与S1-F-ST-5老师各自所在学校教师评价的现状就可以获知。

S1-F-ST-3老师任教的学校是一所农村初中，其学校教师评价存在的问题较多。与此形成反差的是 S1-F-ST-5 老师所在的市区小学，学校管理相对民主，具有良好的评价风气，教师处于一种良性竞争、和谐共生的文化氛围里。S1-F-ST-6 老师任教的学校是一所县城初中，由于这所学校历史久远，加之受教师绩效工资政策的影响，学校存在很多遗留问题。

据 S1-F-ST-6 老师介绍，从严格意义上说，这所学校并未真正实施教师评价措施，这主要是由人为因素造成的。学校对教师的考核主要是论资排辈，人际关系好坏决定教师的考核成绩，进而影响教师的晋升与职称评定。

S1-F-ST-6 老师所在学校的这种特殊文化带来了不好的影响，导致教师群体不和睦，教师工作积极性不高，教师处于"上不去，离不了"的尴尬境遇中。综上所述，通过对农村、县城和城市三所学校教师评价现状的对比可知，学校地理位置以及学校隐性文化的不同，对教师评价措施实施的影响程度也具有差异性。

（二）校长

校长是影响学校教师评价的关键因素。校长在学校教师评价与教师之间起着"桥梁"作用，校长职位的更替、教师个人的教育观念、评价理念、管理风格、关注领域等方面直接影响教师评价的实施效果。

1. 校长更替对教师评价的影响

校长的频繁更替对学校教师评价体系以及教师自身会产生很大的影响。在访谈中，刚入职两年的 S1-F-ST-1 老师提及"校长"的次数多达 19 次，而且，自始至终都在谈论有关校长的话题。这是因为 S1-F-ST-1 老师关于校长更替对教师个人以及学校发展所产生的影响具有很深的感触。

S1-F-ST-3 老师也对这一问题发表了自己的看法："校长换的频率越高，对老师的影响程度就越大……最麻烦的就是老师不知道听谁的。"

至于校长更替影响教师评价的原因，S1-F-ST-3 老师进行了分析："比如说上任校长执行的评价，这一届还可以执行，但是校长的威信会降低。所以，这个校长来的话，必须要听他的，必须重新定一下（评价制度）。"

S1－F－ST－3老师还指出了另一个原因："新校长来的时候，以前有一股势力，比如中层干部……校长是从一个小地方过来的，老师们不听他的。真的挺复杂的，像我们那个小学校都很复杂。校长是本地人还好一点，外来的就更麻烦。"

可以看出，校长更替影响教师评价的原因是复杂的，更多的情况涉及人为因素和校风建设。如果校长的更替不能顺利进行，势必会影响学校的正常教学秩序。S1－F－ST－3老师指出："教师评价制度如果能传承是最好的，这是学校文化。文化要一直传承下去。如果没有形成文化，教师评价变动性大，很不好。"

另外，从对S1－F－ST－5老师的访谈可以发现，校长个人风格对教师评价的实施产生了较大的影响，那么由此引出的问题是，校长更替是否会影响学校现有的教师评价制度？针对此问题，S1－F－ST－5老师的回答是："我们区一般不实行校长轮换制，如果校长更换，也许会有新的教师评价标准。我个人认为，我们学校教师评价倾向于法制，一切照文件制度规定实行。"

2. 校长的管理风格对教师情感的影响

调查发现，校长的管理风格主要有两种，即重视教师发展的"民主型"和强调教学成绩的"专制型"。从S1－F－ST－5老师及其同事的介绍中得知，其所在学校教师评价制度能够获得教师满意的主要原因有两个：一是校长的主观因素对评价所产生的积极影响，包括校长的民主型管理风格，对一线教师的尊重、关注与关怀等；二是在校长与全体教师的民主协商与共同努力下，制定相关的规章条例，实现教师评价的制度保障。因此，与其他学校不同的是，这所学校的教师虽然很忙，但是忙得比较开心，主要原因就在于校长。该校多位受访教师对这一点表示认同。

例如，S3－G1－F－ST－S老师谈道："咱学校比其他学校人性化，都羡慕咱这边，校长比较体贴，很大气，让老师也健康地做人。我一来感受可好，然后我以前的同事都可羡慕。"S3－G1－F－ST－S老师赶紧打开学校网页，寻找校长的照片，并介绍道："校长三十多岁吧，特别年轻，很有魄力。校长对老师的教育理念是，'自己愉悦地做人，把学生也带好，博雅教育'。"可见，民主型的校长管理风格可以增添教师的精神愉悦感和职业幸福感，会激发一线教师的职业热情与动力。

然而，S1-F-ST-1老师所在学校由于校长更替的影响，学校教师先后经历了两种截然相反的校长管理风格。在访谈中，S1-F-ST-1老师谈及自己的经历与感受："前任校长特别好，待我们如亲人……他会让我们写一些诉求：'你觉得学校现在欠缺的是什么？哪些地方需要改进？你最需要的是什么？'每个学期都会让我们写……虽然老师们也很累，但很有干劲儿。而现在我们学校领导很专制……我们现在跟犯人一样……"

S1-F-ST-1老师经历了两种风格截然不同的校长管理时期，便有了这样的感慨："当碰到一个好的领导时，工作会顺手很多；当碰到不好的领导时，真是有苦难言，无处伸张。"可见，如果同一所学校经历不同风格校长的管理，那么不仅教师评价的实施效果会受其影响，教师个人情感也会随之发生波动。[①]

3. 校长的施政取向对教师评价的影响

实际中，由于校长是学校教师评价的主要负责人，校长自身的施政取向会对教师评价目的产生较大的影响，对教师发展也会形成一定的制约。在访谈调查中，受访教师关于这一问题展开讨论。

访谈者：学校里哪些因素会影响教师评价制定方案？

S2-G5-M-ST-Y老师：肯定跟学校领导的取向有关。我们学校领导还行，相对民主。

S2-G5-F-ST-Z老师：我们学校也差不多，征求大家的意见……之前那个学校就按成绩评价你，优秀率，合格率，达到多少，完成任务了，如果是400，就能拿到400；如果超额了，该拿多少就拿多少。

访谈者：两个学校比较起来，什么因素的影响会比较大？

S2-G5-F-ST-Z老师：肯定跟领导班子有关，一个人一种风

[①] 毛利丹：《校长对中小学教师评价的影响：基于教师的视角》，《河南教育学院学报》（哲学社会科学版）2015年第6期。

格嘛。

S2-G5-M-ST-Y 老师：与领导风格、施政取向关系比较大。

S2-G5-M-ST-B 老师：我们学校现在的校长喜欢课题研究，因为他是博士毕业，我们每个学年每个教研组至少得报两个课题……领导都去听课，因为我们研究的都是与教学相关的，领导的话"用你的课堂来说明课题研究"（笑）……

显然，校长对教师的科研引领具有一定的合理性，不仅可以通过科研带动一线教师的教学，提升教师的专业发展，还有助于增强教师之间的互动与合作，营造一种良性的教师学习氛围。不过，校长个人的施政取向对教师评价的导向和教师发展同样具有一定的制约作用。若校长过于强调教师的科研工作，对教师的教学进行过度干涉，在很大程度上会影响教师个性的发挥，这样反而抑制了教师的发展。

（三）教师个人因素

在教师的发展方面，学校的重视程度及其所采取的具体措施起着一定的保障作用，相比之下，教师内在的动力对于教师自身发展起着关键作用。自我意识与自主性较强的教师在个人发展方面要优于自我意识和自主性欠缺的教师，这可以从熟练型教师与新教师在这方面的对比中得知。

1. 关于熟练型教师的自主发展

S2-G4-F-ST-G 老师是一位具有 19 年教龄的小学数学教师，具有较强的自我提升意识和积极的行动表现，她在业余时间里自主学习儿童心理学案例具有一定的代表性：

我现在教小学一年级，该教二年级了，我上班 19 年了……在这个过程中我发现，因为家庭影响，孩子出现了越来越多的问题。我现在在外面报了儿童心理学课程，我自己缴学费，全是自己学习，没有人给我报销，我就想在专业上有所发展，觉得孩子真的挺可怜的，不知道为什么会出现那种问题，不合群，孤僻，有时候你同他说一句话，他的回答恨不得把你呛死。真的有这种孩子，我就想怎么能走进他，看他到底出了什么问题。

在长期的教学过程中，S2-G4-F-ST-G 老师发现小学生心理问题是一个普遍存在的现象，所以她对这一问题更加关注和重视，不仅自修了儿童心理学课程，还将教学与科研相结合。正如 S2-G4-F-ST-G 老师所言："教师就是良心活。"她自修儿童心理学的目的主要是帮助学生解决心理问题，希望学生健康快乐地成长。同时，她能够将教学与科研相结合，非常注重提高自己的教学水平和科研能力。

2. 关于新教师的自主发展

这里以 S2-G1-M-ST-W 老师的自主发展为例。这位老师是一个刚入职 2 年的小学数学教师，有自我提升的意识，但主要依赖学校培训，相对而言，缺乏自我提升的主动性。

S2-G1-M-ST-W 老师说：之前教育部下文件，讲到什么道德沦陷，不让有偿补课呀，等等，其实，我一直很想问这个问题，你不让老师补课，你不让老师开班，那你让老师干吗！像专业化提升、培训之类的，组织老师去学习还行，但是这种培训很少。这也不让干，那也不让干，你让他两个月在家干吗！还有的老师刚开学时，一点状态都提不起来，因两个月闲待着，人变得松散了，没事干呀！老教师就不说了，他们可以带带孩子，年轻教师天天窝家里，看电视睡觉，特别是一个大老爷们，这样无论如何都说不过去。

通过对比可以发现，新教师的自我反思与提升意识、主动性相对欠缺。这主要是因为，一方面，受外部因素的影响，教师工作的"高压"状态致使教师过于疲惫，无力思考。另一方面，教师自我意识不高，依附性较强；个别教师的态度存在一定的问题。显然，教师个人因素对教师评价的认知以及教师自主发展具有很大的影响。

二 教师关切教师评价的主要内容

调查发现，教师最为关切的事情包括教师评价、绩效工资与职称评定制度三者之间的关系，教师在评价中对自身工作的界定，以及评价对教师生存状态的影响等方面。

第三章 教师视角下的教师评价现状调查

（一）教师评价与绩效工资、职称评定相关联

从调查中得知，一线教师最为关切的事情就是教师评价与职称评定、绩效考核的关联程度。这是因为职称评定更趋于改善教师待遇，因此它是影响教师评价的关键因素。相比之下，绩效考核政策难以真正调动教师的积极性。因此，在集体访谈中，受访教师讨论最多的是教师评价与职称评定的关联性。

访谈者：在教师评价中，学校怎么做才有利于评职称？

S2-G3-F-ST-Z老师：根据老师所得证书，获得奖项。

S2-G3-F-ST-L老师：评职称凭得的证书多，但他课讲得不好。我们现在这些年轻的老师就是为了评职称。讲不好，没有证书，拿不到那些证书。

S2-G3-M-ST-W老师：这就是，第一，先把教学水平提上去，课讲好。评职称三条，课讲得好占一条。

访谈者：怎么评价老师课讲得好不好？

S2-G3-F-ST-Z老师：优质课比赛。

S2-G3-M-ST-W老师：参加市、区比赛，个人素质上去了，离不开学校的培养。论文立项，评奖评优。

S2-G3-F-ST-L老师：优秀老师，学校里，优秀班主任。

S2-G3-F-ST-Z老师：辅导。

S2-G3-M-ST-W老师：辅导不是第三条嘛。

访谈者：跟第一条不一样吗？教学质量获奖，参加活动，教学大赛，不也是评优吗？

S2-G3-M-ST-W老师：项目不一样，学校做的是集中听课，把老师水平提上去，参加比赛是学校辅导的。评优评先是你在学校的积分，积分高了，就有资格参加这个优质课比赛了。

S2-G3-F-ST-L老师：现在的年轻老师没有时间忙于教学，都忙于检查了。

S2-G3-F-ST-Z老师：（笑）都是这样的，不光一个学校。

访谈者：现在，评价是不是跟职称联系最紧密？

S2-G3-F-ST-Z老师：肯定的，现在老师都是这样子（压低

声音），就是为了晋级，等晋完这一级，再晋高一级没有指望的话，也就只能那样了（苦笑），只能停留于现在。

从受访教师的介绍中得知，论文立项、评奖评优和参加优质课比赛是教师职称评定的基本条件，由此也成为教师评价的主要内容。可以看出，职称评定无形中成为教师评价的导向，在一定程度上，对教师评价具有一定的制约作用。

此外，在对 S1-F-ST-3 老师和 S1-F-ST-5 老师的重访中，这两位受访教师也介绍了对教师评价与绩效考核、职称评定关系的看法。

> S1-F-ST-3 老师指出：敬业不一定能评上职称，评职称不仅仅是业绩，还有获奖，如参与培训、写文章……还有的年轻老师的业绩分比较高，虽然他们比较拼，但是不评职称，有要评职称的老师就把他的分数压下去……
>
> S1-F-ST-5 老师认为：教师评价是绩效考核的基础，职称评定似乎与教师评价、考核关系不大，主要是靠自己平时的业绩积累。达到职称评定的基本申报条件之后，根据上级分配的名额，学校进行积分排名。积分的依据是取得的所有奖励对应不同的分值，积分最高者胜出，参与职称评定。

显然，职称评定不仅制约着教师评价，又依赖于教师日常的业绩积累，与教师的绩效考核紧密相关。因此，在很大程度上，中小学教师绩效考核制度的不完善影响职称评定的公平性。例如，如果根据工作量分配绩效工资，那么对于部分副科教师而言有失公允。教小学体育的 S2-G6-M-ST-Z 老师谈道："我的绩效工资不高。副科老师的工作量比班主任老师的还大……我们的工作量大出很多，但我们的绩效总是垫底的，班主任的是最高的。"

对此，S1-F-ST-5 老师提出改进建议："本次学校职称评定，依然是照顾教龄较长的老师，从业绩积分排名上，年轻教师的分数多高于个别教龄较长的老师，但是一旦加入教龄积分，年轻教师明显就不占优势了。所以建议学校在年轻教师的评价上再合理一些，提高年轻教师工作的积极性。"

由于绩效工资与职称评定制度关切到一线教师的个人利益，这就会影响教师评价活动的公平性。因此，照顾不同利益相关者的立场和利益是实现教师评价公平性的关键，更是教师评价措施实施的一大难题。

（二）教师评价中的工作界定

目前，教师评价所面临的一个难题是对教师工作范围的清晰界定。调查发现，受访教师对教师工作压力之大、工作毫无界限等问题的反应较为强烈。

S2－G4－F－ST－G 老师谈道：老师付出太多，特别是中学，说是7点半开始早读，但是作为班主任，6点50分就要到学校。只要有学生来，你就得到校。如果学生来，班主任不在，学生出问题了，谁负责任？晚上7点10分放了学，班主任还走不了，学生不走，班主任就不敢走。所以你看这一天，不是工作8小时，而是12、13个小时。

教师工作的无边界现象成为中小学普遍存在的现象，即使获得教师满意度较高的学校也是如此。例如，S1－F－ST－5 老师介绍了自己的情况："工作与生活有一定的界限，但在学校的忙碌期基本上是要带工作到家里加班才能完成……我的工作压力稍大，主要是年轻，身兼数职，语文教师、班主任、学校办公室副主任，每一块工作都不能懈怠。"

S2－G6－F－ST－W 老师也介绍了自己的情况："作为英语老师，我觉得改作业比较累，活动比较多，都是最后留点时间赶紧备课，没有完整的、整块儿的时间去备课……一般我备课都是在放学后，教案都是回家写。"

S1－F－ST－5 老师和 S2－G6－F－ST－W 老师在同一所学校任教，她们对学校教师评价的满意度较高，即使如此，她们的生活与工作也没有清晰的界限。这两位受访教师的同事 S2－G6－F－ST－W 老师具体介绍了自己的工作现状:"这边有的家长比较重视,有的时候晚上八九点钟,学生家长还在打电话,问孩子最近表现怎样……"

同时,年轻教师 S2-G6-F-ST-W 也谈到自己的困惑:"像我们,在进校前几年在教学方面应该有一个大的突破,但是活动占据时间过多,感觉教学这块儿提升得比较慢。没有办法,领导要求教学也要搞,活动也要搞,都是自己找时间。大部分老师在教研、学习这块儿的时间都比较少。"

显然,教师工作范围缺乏清晰的界定,这一问题影响到教师教学质量的提升。尤其对于担任"一岗双责"的新教师而言,这更加重了他们的工作压力和心理负担。例如,刚入职不久的 S2-G6-M-ST-Z 老师谈道:"我在德育处,比较忙,德育处还负责活动。有十分的话,我大概把八分的精力都用到行政上了……对教学肯定有影响,没有精力和时间去提高教学能力,有段时间买了好多教学视频,却没有时间看。在行政上我们也经常加班。"

可见,教师工作时间和数量的增加相应地缩短了教师学习与备课的时间,长此以往,势必会对教学质量和教师发展产生负面影响。然而,目前教师评价制度更侧重于对教师教学成绩的考核,因此,教师工作无界限问题又直接影响到教师评价结果的优劣,直接关系着教师的个人利益与荣誉。因此,关于如何划分教师工作界限,受访教师之间展开了激烈的争论:

S2-G4-M-ST-D 老师:到底工作界限在哪个地方,我哪个地方是正常上班,哪个地方是额外付出的,相对来说没有这个界限。

S2-G4-F-ST-H 老师:我觉得像把我的课上完,把作业改完,把错改完,这应该是我分内的事情,包括备课。但是我课下自我学习,自我研修……这些都是额外的东西,这个东西没法考量……

访谈者:如果划个界限的话,什么是老师分内应该做的事情?

S2-G4-M-ST-D 老师:学校里面,正常的应该是上课时间,这个从国家的制度上讲应该是一个规定……比如周末上课,这个算作课外,可以按市场准则来做,按社会培训机构来算,你可以聘请外面的老师。

S2-G4-F-ST-H 老师:但现在学校里没有钱,都是教育局拨钱，按人头，一个人平均多少钱拨给你，你怎么分配是你自己的事。

S2-G4-M-ST-D 老师：没钱，没钱就不上，早自习，晚自习不上。

访谈者：但又讲成绩呀！

S2-G4-F-ST-H 老师：对呀，他还要考试成绩呢（笑）

S2-G4-M-ST-D 老师：那你自己学，那就是另外的事了……你真正有什么问题，你到学校里面问老师，老师不能拒绝回答问题吧……我把一个很普通的孩子变成优秀学生，我应该有一个正常的回报，为什么不可以呢？

综上所述，教师职称评定与绩效工资制度的弊端对学校教师评价造成了负面影响，导致教师评价更偏向于发挥对教师的问责功能，忽视了教师的发展。同时，教师工作的无边界问题也给教师的日常生活带来了极大的困扰，致使教师缺乏基本的职业幸福感。

（三）教师评价对教师"生态"的影响

调查得知，缺乏职业幸福感是当下中小学教师的生存状态。教师评价是影响教师"生态"的一个主要原因，这表现在两个方面，即教师评价难以满足大部分教师最基本的物质需求；对于一部分教师而言，又难以从评价中获得自主发展的动力和支持，致使教师更高层次的精神需求难以得到满足。长此以往，教师评价的低效性会导致教师产生职业倦怠，缺乏对职业幸福的追求。这一问题在受访教师的讨论中得以呈现。

S2-G1-F-ST-X 老师：老师这个活儿……我们不能说，不往"钱"看，但是老师这个压力和所得不对等，好像现在老师谈钱，就是不应该的。

S2-G1-F-ST-L 老师：我称之为"道德绑架"，把你抬到一个很高的地方，你必须那样，把老师神化真是一个道德绑架，说你是好人了，你就只能做好事。

S2-G1-F-ST-X 老师：一个男老师，你现在要成家，要带孩子。你可以考虑一下，一个月 2000 多块钱，然后你买房子……

S2－G1－M－ST－W 老师：我们学校说老师你从哪里找幸福的源泉，两个字：阅读，（笑）你根本就读不下去，不是我不愿意阅读。年轻老师的幸福源泉根本就不在于阅读，基本的温饱问题不能解决，还要提及精神……

S2－G1－M－ST－W 老师：……要想改变教师的窘迫地位，得先把温饱问题解决了，再说精神。

S2－G1－F－ST－X 老师：我们也是人，也要生活，不要把老师神化。这么多年都在提老师要向公务员看齐，只是给老师一个希望……我们永远就看着那个希望……跟现实社会脱节得比较厉害。

从受访教师的讨论中可以看出，一方面，在当今经济型社会背景下，一线教师面临着生存和生活的压力，其基本的物质需求难以得到满足。而且与其他行业相比，教师的心理存在失衡的状态。在这一情况下，教师评价的多方利益相关者又单方面强调师德和教学质量，这无形中给教师造成更大的生存压力和心理创伤。另一方面，如今的教师评价体制难以激发教师实现自我发展乃至自我超越的意识与行动。由此，缺乏职业幸福感成为一线教师群体普遍存在的问题。然而，教师职业又具有一定的特殊性，对职业幸福的诉求也成为教师谈论的焦点话题。

S2－G4－F－ST－G 老师：我们不奢望老师的付出与收获（成正比）……起码能稍微匹配一点儿。

S2－G4－F－ST－G 老师：老师的幸福感来源于哪里？都生活不好了，老师何来职业幸福。

S2－G4－M－ST－D 老师：这个社会上，教育牵扯到每个家庭、每一个孩子。教师，教育，说到底，最核心的因素还是教师因素，最根本的是生存问题。

显然，一线教师对职业幸福的理解建立在获得较高的经济地位和物质利益之上，只有这样，才能减少教师群体所面临的生存压力。在此基础上，教师又渴望获得多方利益相关者的关注、尊重与认可。由此看来，教师对职业幸福的追求需要通过教师评价、绩效工资和职称评定来实现，这也进一步表明教师对这三种制度之间关系极为关注的原因。然而，目前教师评价、绩效工资与职称评定制度所存在的弊病成为阻碍教师追求职业幸福的主要因素，进而导致教师对自身生存状况的不满和无奈。

三 教师认为教师评价的突出问题

本书通过调查获知郑州地区中小学教师评价的实际状况，其中，较为突出的现象是一线教师反映更多的是教师评价中所存在的问题，涉及教师在评价中缺乏基本权利、教师自身的认知不受重视、教师的合理需求难以得到满足、教师的专业发展受限以及教师自主发展的意识和行动较为欠缺五个方面。

（一）教师在评价中缺乏基本权利

在教师评价中，中小学教师缺乏基本的参与权、话语权、决策权和知情权。一部分教师享有参与学校教师评价的权利，但也只是流于形式。

1. 教师缺乏话语权和知情权等，部分教师享有的参与权多流于形式

首先，由调查结果可知，教师享有一定的参与权（49.7%），这与极低的话语权（2.8%）和决策权（1.3%）形成明显的反差。这表明教师在评价中缺乏一定的话语权和决策权，教师享有的参与权更多地流于形式，并未对教师评价方案的制定与实施起到实质性的作用。而且，评价方案的制定缺乏一定的透明度，以致不少教师对此毫不知情。即使教师可以通过教师代表大会表达意见，但最终的决定权仍属于学校领导。S2-G4-F-ST-G老师就指出："一年只有一次教代会，而你的这些问题又不能累积到年底去反映，你反映给谁啊？何况那么多人，也不可能把所有的意见都看一遍或都采纳，所以老师们提了也白提。"

由于教师缺少基本的话语权，教师的参与流于形式。这一问题在访谈调查中得到证实。例如，S1-F-ST-1老师反映："觉得其实还是外界评论比较多，自己的话语权……评价缺少话语权，老师缺少话

语权，不管是在自身的教学方面，还是在切身的某些利益方面……"

在 S1-F-ST-1 老师任教的学校里，一线教师在教师评价中的话语权几乎被全部剥夺，这应该是 S1-F-ST-1 老师重复强调"话语权"的根本原因。在 S1-F-ST-1 老师的整个谈话中，"话语权"出现 10 次，足见其对话语权的重视。此外，在集体访谈中，受访教师关于教师的"话语权"问题展开了讨论：

S2-G1-M-ST-W 老师：他让老师自己做主体，让基层老师自己提出来也行，基层老师根本就不敢提。

S2-G1-F-ST-L 老师：没有一个代表老师群体发声的，老师也有被家长打的，老师应该诉求哪方面？

S2-G1-F-ST-X 老师：我就觉得真的是无处发表自己的意见，我们的苦只能自己受着……老师的心理是有问题的，它像一个弹簧，领导又给你施压，家长又给你施压，那老师的压力向谁发泄……

S2-G1-F-ST-L 老师：但是没有人在乎，被忽略了。

不过，也有学校相对重视教师的参与。例如，S1-F-ST-5 老师所在学校中，教师能够通过教代会全部参与到学校关于教师评价的制定上，而且学校对教师提出的建议多数能够采纳。S3-G1-F-ST-W 教师谈道："每年都会有讨论，让老师们提意见，你觉得有什么不合理的，可以反馈上去，然后领导会给你一个说法或调整之类的。基本上还是有参与的。"S1-F-ST-5 老师介绍说："我一般就是参与每年教研组内的工作，搜集教师的意见，主要是征求关于评价修订方案的意见，然后在组内汇总，再将意见上报学校，最终在学校行政会上讨论、修订。"

由此可见，S1-F-ST-5 老师可以参与学校教师评价方案的制定与意见征求环节，而且，学校领导对一线教师的意见也比较关注与重视，并形成一定的"意见征询与反馈"路径，即"教师个人—教研组—学校行政会议"。显然，S1-F-ST-5 老师所在学校已经建立了教师参与评价的机制。

其次，调查显示，教师最基本的知情权得不到尊重和维护。由于我国中小学传统科层制管理模式的制约，教师评价缺少监督机制，教师评价的操作流程和评价结果统计并不透明。S1 – F – ST – 3 老师谈及自己的经历:"我以前主动找过,没办法,我都把文件拿出来看我的业绩分,表上的和拿出来的结果不一样。后来我去要,那个人就不再给了。因为另外的人要把业绩弄上去,要评职称啊……"

2. 新教师遭受更多的不公正待遇

教师在评价中基本权利的缺失成为一种普遍现象。按年龄和教龄划分的话,年轻的新教师会遭受更多的不公正待遇。例如,S1 – F – ST – 3 老师谈道:"普通教师很少能参与制定,相比较来说,老教师参与的多……如果是年轻人,校长根本就不跟你说。是将资历、资格、教龄各方面综合在一起的。年轻教师没有话语权。"

作为新教师的 S1 – F – ST – 1 老师也感同身受:"我们非常想参与到事务中去,希望他们听听我们的声音,对一些活动的设置,有没有这个必要,不是你们领导层坐在那里,'啪'一拍板,我们就可以实施了。上面命令一下达,我们就要执行(情绪低落下来)。"

然而,新教师自身的维权意识和主动性相对欠缺。当提及这一话题时,新教师 S2 – G1 – M – ST – W 老师直言:"我感觉我们只有义务。"新教师在学校的教师评价中不仅缺乏参与权和话语权,而且个人的发展机会和空间也会遭到"侵犯"。在实际的教师评价中,由于缺乏教学经验,新教师面临被调离教学岗位,接受重新评价的问题。S2 – G5 – M – ST – Y 老师介绍了身边的一个例子:"比如我一个年轻同事教物理专业,后来让他跟我干。为什么呢,他物理教的,包括学生、老师听课,都觉得不太好……校长就不太欣赏他了,就把他调到我那个部门去了。我是从事信息技术专业的。"

更有甚者,如果新教师在校方首次听课中表现欠佳,就会被校方直接辞退。S2 – G5 – M – ST – B 老师所在学校就存在这样的问题。"我们学校每年聘任,尤其是没有编制的,年轻老师特别容易被辞退。因为现在找工作的太多了。推门听课,感觉你的学生状态不行,就决定下一学年不聘任你。校长偶尔去听一次,如果对你第一印象很差,那么他在这个学校当校长期间,你就不用再考虑在这里工作了。"S2 – G5 – M – ST – B 老师还谈及自己曾经作为新教师的感受:"我前几年没编制的时候也很害怕,一到聘任的时候就心里发慌。(笑)我们学校教一二十年的老师也很紧张。"

在教学经验和个人阅历方面，新教师存在一定的欠缺，但他们有极大的发展空间。正如 S2 - G5 - M - ST - Y 老师所言："教师这个行业，跟医生是一样的。年头越长，积累经验越丰富。"显然，教师评价应该考虑到新教师的特殊性，给予他们更多的关注与关怀。然而，事实上，我国中小学教师评价标准的制定缺乏一定的区分性，在很大程度上不利于新教师的成长。正如 S2 - G5 - F - ST - Z 老师所言，"感觉有点急功近利了，那些有后劲的老师没机会展示自己。"

（二）教师对评价的认知不受重视

调查显示，对教师认知的忽视也成为目前中小学教师评价的主要问题。这主要表现在教师对评价的反馈意见以及教师自身的教学理念不受重视等方面。

1. 教师关于评价的反馈意见遭到忽视

调查结果显示，有 28.2% 的教师认为自己关于评价的意见反馈难以受到学校的重视与认可。同时，对"学校处理教师意见方式"的调查发现，一部分学校对教师的意见并不重视（21.9%）。

在访谈调查中发现，教师关于评价反馈意见的受重视程度因校而异。例如，S3 - G1 - F - ST - W 教师指出："每年都会有讨论，让老师们提意见……我也不知道领导是否在意教师的想法。但如果很多人都觉得这个制度或规定有问题的话，那么将其反映上去，领导不可能不考虑吧。"

不过，绝大部分受访教师认为，教师对评价的认知难以得到应有的重视。例如，在市区小学教授语文的 S2 - G1 - F - ST - X 老师指出："这个（教师评价）是自上而下的东西，老师到底想要一个什么样的培训、考核，没有人来问我们，或者问也只是如昙花一现、蜻蜓点水一般。"同样，在郊区小学负责音乐教学的 S1 - F - ST - 1 老师也谈道："老师的想法传达不上去，因为没有渠道，没有平台。"

调查发现，教师评价制度对教师认知的忽视是一种普遍存在的现象。这一问题进一步揭示出，目前中小学教师评价在对教师认知的关注与重视方面缺少一定的制度保障。

2. 教师评价制度对教师自身教学理念的轻视

调查发现，中小学教师评价主要侧重于对教师教学成绩的考核，对教师自身的教学理念并不重视,这在一定程度上抑制了教师教学创造力的发挥。这一问题导致大部分教师囿于统一、固化的教学模式。

"每个学科都会有一本课程标准,要求教师根据这个去背课。我们只是一个实施者,没有人会关心,这堂课你的思维,你对这堂课的教学目标设计和理解是什么。"S1-F-ST-1老师谈道:"比如我在音乐方面,有一个想法,大家说很好,你去试试,我试完之后给谁看。校长知道,但他不懂这些。所以,老师们闭门造车的比较多。"

另外,从集体访谈中得知,大部分学校主要推行在全国范围内盛行的教学模式,相对忽视校本教学模式的开发。

S2-G3-F-ST-L老师:有魏书生的,有郭思乐的,有道德的,有高校课堂,现在觉得,一会儿弄道德课堂,一会儿弄高校课堂,一会儿又搞生本课堂,都是一个模式。有时候,一个学期一个模式,现在啥模式都没有。

S2-G3-F-ST-Z老师:现在有生本模式。

S2-G3-F-ST-L老师:生本模式我觉得推行不了,推了一学期就不再推了,然后就换了。另外一个专家又讲了一个什么新型的模式。

可见,目前中小学更加注重对外来教学模式的照搬照用,在一定程度上,这为学校评价教师的教学效果带来了便利,却忽视了教师自身的教学理念,制约了教师的专业发展。

(三)教师评价难以满足教师的合理需求

调查发现,当下大部分中小学教师的基本物质需求、对尊重与关爱的需求难以得到满足①,因此他们对自身的生存状态并不感到满意。

---

① 这里主要依据马斯洛对人类需求的两大分类,即基本需求(basic need)和成长需求(growth need)。其中,基本需求包括生理需要、安全需要、归属与爱的需要和尊重需要;成长需求包括认知需要、美的需要和自我实现需要(详见车文博《人本主义心理学论评》,首都师范大学出版社2010年版,第157—158页)。通常,基本需求是成长需求的基础,只有基本需求得到充分满足,高层次需求才有实现的可能性。

1. 忽视教师的基本物质需求

数据表明，教师评价的实际效果主要是加强对教师的管理（34.4%），在促进教师合作（18.8%）、增加教师工资（3.5%）等方面却收效甚微，这在一定程度上难以满足教师的基本需求，以致部分教师认为教师评价毫无效果可言（"其他"的内容主要是"并未产生太多实际效果"和"毫无效果"，占1.5%）（见图3-14）。

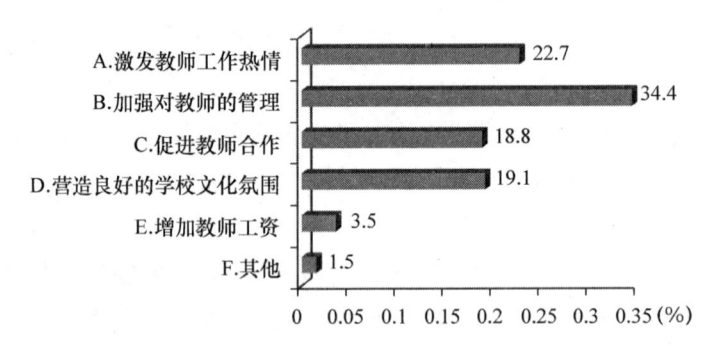

```
A.激发教师工作热情         22.7
B.加强对教师的管理         34.4
C.促进教师合作            18.8
D.营造良好的学校文化氛围    19.1
E.增加教师工资             3.5
F.其他                    1.5
```

图3-14　教师评价所产生的实际效果的比例分布

可见，教师判断教师评价效果优劣的标准更倾向于是否满足自身利益。这一点在访谈调查中得到证实。一线教师最为关切的就是教师评价、职称评定与绩效考核制度三者的利害关系。这是因为教师评价的结果直接影响教师的绩效工资分配与职称评定，这两项关涉着教师自身的根本利益。然而，目前我国中小学教师职称评定与绩效工资制度所存在的弊端导致教师的基本需求难以得到满足。

2. 忽视教师对尊重与关爱的需求

由于教师职业所具有的特殊性，教师不仅渴望自身的物质需求得到满足，同时还渴望得到他人的尊重与关爱。然而，调查发现，目前中小学教师面临着一定的道德困境，主要涉及对师德的评价。这可以从访谈调查中获知。

S1-F-ST-3老师指出：课上很多讽刺学生的，真的是很严重的，骂学生。他们体罚是这样的，老师不打，叫学生打，学生特别认真，小学生非常听老师的话，而且非常使劲。

S2 – G2 – M – ST – Y 老师也谈道：我们学校出现过非常严重的师德现象，班主任在班里面搞乱收费，事儿闹得非常大……

可以发现，中小学教师的确存在各种违背职业道德的问题。然而，这毕竟是少数教师的师德败坏，却给整个教师队伍带来很大的负面影响，导致教师职业在社会上难以得到应有的尊重，承受着很大的心理压力。

（四）教师评价抑制教师的专业发展

调查结果显示，在我国绩效工资政策实施的背景下，管理型教师评价制度抑制了教师的专业发展，主要涉及教师评价内部机制设置方面所存在的问题，包括评价标准制定、评价内容、评价形式、评价方法以及评价结果反馈等方面。

1. 评价标准制定模糊，缺乏区分性

调查数据显示，共有 68.3% 的教师认为教师评价标准制定不清晰，这一问题在访谈调查中得到进一步证实：

S2 – G2 – M – ST – Y 老师：我觉得评价还是制度化比较好一些，尽量少掺进去一些个人因素，要考虑不同学科的特点。

S2 – G2 – M – ST – Y 老师：我们学校主要是以艺术为主的，整个学校学理科的氛围非常差，物理这个学科取得成绩本就不容易，但是评价的时候他不管你这点……

显然，受访教师反映的最突出问题就是评价标准制定受人为因素的影响过多，评价标准的制定过于统一、缺乏一定的区分度，标准的细则比较模糊，缺乏一定的明晰性、实践性。这些问题的存在不利于教师教学的创新，一定程度上阻碍了教师的专业发展，尤其对于一些薄弱学科的任课教师而言。

2. 忽视对教师教学表现的过程性评价

对教师评价内容调查的结果显示，教学成绩所占比例最高（26.8%），其次是教育教学表现（26.5%）、工作态度与品质（22.8%）、师德修养（22.3%）、"其他"（1.5%，主要指活动参与度和出勤率）。显然，目前中小学教师评价内容主要是教学成绩。在教师的表现中，更倾向于教师参与活动的程度、工作量的多少等方面，而对课堂教学评价的重视较为欠缺。受访教师对此也有一定的困惑：

S1-F-ST-1 老师："各种评价也有好处，但到最后，成绩还是最好的体现方法……"

S2-G1-F-ST-X 老师："听课没有办法听出一个班的成绩。虽然现在说是素质教育，所以教师得分不管是差零点几，领导还是会看的。"

S2-G5-M-ST-B 老师："教得好不好，很难评出来。一般就是工作量。比如说现在的校长特别重视宣传，目前教育信息网有发稿，我们发稿一篇加多少分。"

从一线教师对评价内容潜在问题的认识与感受中可知，当下中小学教师评价过于强调教学成绩，这对于教学质量的提升有一定的负面影响。从长远来看，忽视对教学的过程性评价不利于教师的专业发展。

3. 评价方法的操作性不强，缺乏持续性和系统性

调查结果显示，目前教师评价中主要的评价方法是绩效考评（52.0%），其次是课堂听课法（31.0%）。通过访谈得知，最常见的评价方法是领导"推门听课"。"推门听课"这一评价方法具有一定的合理性，有利于督导教师的教学表现。然而，在实际的评价中所存在的一个问题是，由于领导的主观性和目的性较强，"推门听课"要么成为监控、评价教师的一种管理方式，要么只是"走走过场"，并未从专业角度对教师教学给予有效指导。

S1-F-ST-6 老师指出：有听课，不过听不听都没什么影响，好像听课是教育局给学校领导下发的任务，要求每学期必须听多少节课。

S2-G3-F-ST-Z 老师谈道：我们学校大，经常被听课，

就是检查性质的。

此外，调查发现，教师评价方法还存在操作性不强，对教师的课堂评价缺少持续性等问题。S1-F-ST-1教师指出："评价没有连续的过程，在中小学缺少跟踪式的评价。用他们的话来讲，跟踪式评价不太现实，跟踪一个老师好像……不是一个完全健全的体系，流程……这件事情并非一个整套的成形的东西。"

可以发现，目前学校教师评价中"推门听课"的随意性较大。当被问及如何改善听课制度时，S1-F-ST-1老师回答道："怎么改？（一直在思考）评课本身对老师来讲，存在形式化，不知它存在的意义，所以就没有想过应该怎么评更合适，因为它跟最直观最重要的成绩是不挂钩的。"

当谈到教师表现性评价这一方法时，受访教师的反应十分相似：

S1-F-ST-3老师：不是很清楚，没有经历过。

S1-F-ST-2老师：不太了解，希望了解一些。

S1-F-ST-1老师：对这个（教师表现性评价）理解并不是很到位，听说过这个词，它到底是个什么呀？……没有对老师的表现性评价。这个完全是空缺的，各个学校都是空缺的。我们首先对这个东西不了解，领导都不了解……对我们来说更是……

由于受教师绩效考核制度的制约，中小学教师评价方法主要以量化测评为主，在教师课堂教学的评定方面缺少操作性、持续性和系统性更强的评价方法。这是中小学教师普遍反映的问题。

4. 缺少评价反馈

调查发现，中小学教师评价主要采取的是量化考核方法，这使得评价结果主要用于评优和绩效工资分配上，缺少质性评价的反馈。这一问题在访谈调查中进一步体现出来。

S1-F-ST-3老师：就是成绩……老师业绩肯定要排。只有一个分数，没有评语。而且精确到小数点后两位。精确度特别高。

S1-F-ST-1老师：不能收到（反馈），就是在当天课结束后，教研组开一个研讨会，没有后期再反馈……

S1-F-ST-6老师：都不想那么麻烦，对于评课都是唱赞歌的，没有人提出实质性的意见。

可见，中小学教师评价主要通过量化考核结果对教师进行等级划分与评先评优，相对而言，对教师的质性评价的重视较为缺乏。

（五）教师评价难以激发教师自我提升的主动性

调查结果显示，在当下管理型教师评价体制下，中小学教师普遍缺乏自我意识和主动性。

1. 教师自我认知与提升意识较为欠缺

首先，教师自我认知的重要性尚未引起教师的足够重视。"教师对评价结果的看法"的调查显示，有34.3%的教师选择"不发表看法"，有18.6%的教师选择"私下议论"，另有9.8%的教师表示"没有看法"，这三种方式所占比例之和为62.7%。这表明，教师自我认知的重要性并未引起教师的重视。而且，虽然一些教师有自己的想法，但表达自我观点的意识较为欠缺。

其次，教师自我提升的意识较为欠缺。这种现象在中小学教师群体中普遍存在，尤其是农村教师。例如，在农村初中任教的S1-F-ST-3老师谈到这一情况："课堂表现很重要，老师和学校领导都知道。但是，老师们都不希望别人来考评课堂，他们认为那是他私有的领地，也不欢迎领导推门听课……如果提出缺点的话，老师会意见很大的。"可见，这些教师并不注重提升自己的教学质量，相对缺乏提升自身专业发展的意识。

2. 教师缺乏获知评价结果与自评的主动性

首先，教师获知评价结果的主动性较为欠缺。对"教师获知评价结果途径"的调查表明，教师主要根据"学校张榜公开"（47.1%）等形式获知评价结果，相比之下，教师自己主动查询的人数较少（7.4%），表现得较为被动。

进一步分析发现，学校类别与教师获知评价结果途径之间有显著性差异。小学教师经有关人员口头告知评价结果的较多，相比之下，初中教师通过校园网、电子邮件和自己主动查询等方法获知评价结果的较多（见表3-46）。

表3-46　　不同类型学校教师获知评价结果的比例分布　　　　（%）

选项	学校张榜公开	校园网上显示	电子邮件告知	有关人员口头告诉	自己主动查询	其他
小学	51.8	7.7	13.4	21.9	3.2	2.0
初中	43.8	10.0	13.9	17.1	9.6	5.6
九年一贯制学校	39.0	9.8	14.6	14.6	19.5	2.4
合计	47.1	8.9	13.7	19.1	7.4	3.7

可见，较之小学教师，初中教师获知评价结果的方法更具多样性，这表明初中教师获知评价结果的意愿与主动性更强。从访谈调查中进一步得知，初中教师这一举动的目的主要是评优与职称评定。例如，在初中任教的S1-F-ST-3老师谈道："教师主动找他（学校领导）。我以前主动找过……我都把文件拿出来看我的业绩分……后来我去要，那个人就不再给了，因为另外的人要把业绩弄上去，要评职称啊。还有的年轻的，分比较高，比较拼，但是不评职称，有的要评职称的就把他的压下去……"

其次，教师缺乏自我评价的主动性，实际中教师的自评多是来自外部压力。调查发现，大部分教师的自评方法主要是自我分析与反思（74.2%）。在一定程度上，这一形式能够对教师起到督导作用，有助于教师提高自身的教学水平。

然而，在访谈调查中进一步发现，教师自评在实施中暴露出一定的问题。受访教师对此展开讨论：

S2-G3-F-ST-Z老师：经常写自我反思。每次上完课都要写，学校要求的。

S2-G3-M-ST-W老师：每节教案上面都得有反思。

S2-G3-F-ST-Z老师：不光那个，每节课的教案后面，还有整个教学过程都有反思。

S2－G3－M－ST－W 老师：关于反思，如果教师敬业的话，反思会写得非常好。但如果是硬性规定，大部分老师写得纯粹是应付检查。

S2－G3－F－ST－Z 老师：老师没有时间。除了教学，就是活动，比如说参加活动、整理档案啊。

可以发现，中小学教师自评并非教师的主动需求，更多的是为了满足学校评价制度的要求。而且，在不同学校对教师自评的要求存在较大的差异性。学校的行政部门只是从外部给教师施加压力，并没有激发教师进行自我评价的内在动力。如果教师对自己的评价只是为完成学校安排的任务，并不是为了提升自我的教学、促进自身的专业发展，那么教师很容易产生懈怠的情绪。这种情况在 S1－F－ST－3 老师任教的学校里出现了：

S1－F－ST－3 老师："我们学校叫老师写课堂反思，老师全是从网站上下载（无奈地叹气）。虽然那些老师上课的时候很认真，但下课之后就不管了，责任心还是不强……"

显然，部分农村教师的自我认识具有一定的局限性，导致其在自我评价、自我反思、自我提升等方面的主动性比较欠缺。从一定程度上讲，一些农村教师存在的这些问题制约了自身的专业发展。

以上问题进一步揭示出当下中小学教师评价缺乏制度保障和人文关怀，这是我国教师评价制度自身固有的弊病。同时，教师自主发展方面所存在的问题也暴露出来。可以看出，教师提及的相关问题均涉及教师评价中最直接的利益相关者——教师，因此，这更进一步揭示出教师评价中所存在的突出问题，即对"教师"的忽视，包括评价机构和人员对教师的忽视以及教师对自我的忽视。

四 教师提出的评价改进建议

被调查教师在反映当下教师评价问题的基础上，提出了相关改进建议。教师希望评价能够遵循公平、公开与公正的原则，体现出科学性和人性化等特点。而且，教师希望校方允许、鼓励包括一线教师在内的利益相关者参与教师评价活动，尤其要关注并重视一线教师的态度与看法。

（一）维护评价的公平性

本书对问卷中开放题的回答内容进行了统计，主要是被调查教师对教师评价提出的改进建议。共有80名教师对这一题目作答。其中，教师评价的公平、公开与公正等原则被提及的次数最多（34次）。显然，教师评价原则是一线教师最为关注的内容，也进一步揭示出当下中小学教师评价所存在的突出问题，即评价缺乏公平性、公开性和公正性。

> 学校对教师的评价要公开、公正、公平，注重教师及工作态度，教学成绩比重可少占一些，同时让广大教师、学生、家长参与进来。
>
> 教师评价应公平、公正，促进教师的自身发展，不能以个人爱好为基准。
>
> 教师评价不能局限于形式；不能成为某些人的"工具"；应公平、公正，尊重事实。
>
> 教师领导应科学化，排除领导意志的影响。
>
> 不能以年龄、资历进行评价！
>
> 对教师的评价需要公开过程，而不是公开结果，特殊情况应注明原因。

由上可知，被调查教师主要强调的是教师评价制定环节的公平、评价实施过程的公开、评价结果的公正与透明。同时，从被调查教师提出的改进建议中得知，保证教师评价体现公平、公开与公正原则的前提是，教师评价应避免人为因素的干扰，强化教师评价的科学性与制度保障。

（二）倡导评价的人文性

被调查教师认为，当下教师评价制度极为欠缺的是对教师的人文关怀。因此，被调查教师提出，在评价目的与标准的设定、教师的参与、评价形式与评价方法的选择等方面增强教师评价制度的人性化。

1. 以教师发展为主要评价目的，制定区分性的评价标准

教师关于评价目的和评价标准设定原则的建议如下：

> 促应多于评，奖应多于罚！
> 评价目的不分等次，要多鼓励教师发展、创新。
> 将评价与教师评优、评先、职称评定分开，以减少其功利性，加强对教师自身成长的作用。
> 学校应及时关注教师的身心健康发展，不能一味地以教师的教学效果来评价教师，应从多方面来评价。
> 希望领导们能在制定评价制度时，更多关注一线教师中最辛苦、工作强度最大的教师。
> 评价标准应更科学、合理，激发教师职业积极性。
> 标准要由教师制定，要公开，严禁领导说了算，严禁暗箱操作。
> 评价标准系统化，有一定的稳定性，让教师有据可依，有规可循，切忌无序评价，无章评价。
> 标准要具体明确，方便操作。

从被调查教师提出的改进建议中可知，中小学教师评价应弱化评价的管理功能，以促进教师发展、鼓励教师创新为主要目的，增强对教师群体身心健康的关注，激发教师工作的热情。在评价标准制定方面，被调查教师认为，要增强评价标准制定的公开与透明度，增强评价标准制定的科学性，包括评价标准的稳定性、明晰性、可操作性，同时，应强化评价标准制定的人文性，即制定有区分性的评价标准。

2. 关注教师对评价的认知，鼓励教师参与评价

被调查教师提出，应允许一线教师参与教师评价活动，关注并重视一线教师的态度与认知。

> 希望能让教师多参与，评价的形式尽量多样化，全面化。
> 全体教师参与进来，结合校领导意见。
> 希望教师评价更合理、更全面，积极听取采纳广大教师的建

议，及时对评价细节做出更改。

发挥教师的积极性，应由大部分教师同意，达成一致意见。

重视被评价教师本人的意见和观点，关注教师未来发展，做到公平、公正。

在访谈中，受访教师也提出教师评价应该给予教师更多的关注。例如，S2-G2-F-ST-Z 老师提出："在我们学校里，英语方面的老师相对语文、数学老师会少一些，我就是希望学校能够重视一下我们这些薄弱力量，对老师的关注多一些……"同时，教师评价应该关注教师的情感与心理，把握评价的尺度。例如，S1-F-ST-3 老师指出："教师评价不要太严格，否则老师容易起逆反心理，效果反而不好。"

3. 弱化对教学成绩的考核，突出对师德与课堂教学的过程性评价

针对教师评价内容与方法的选择，被调查教师提出了相关建议。

我认为，教师评价更应重视日常教学，深入课堂，从教中评价教师的教学技能、师生合作的能力、教师的调控能力、教师对学生的全面培养等。

我觉得不应该以学生的成绩好坏来评价一个教师是否优秀，因为学生的素质不同。应从多方面加以评价，如德、智、勤等方面。评价应该对教师有促进作用，不能让教师有情绪。

评价应是多元化的，教师的工龄也应成为评价的一个方面。

可以看出，被调查教师对只重视教学成绩的教师评价制度表示不满，希望评价内容更加多元化，主要侧重于对师德与教师的课堂教学表现做出评价，突出评价的过程性和持续性，以促进教师发展为主要的评价目的。在访谈中，受访教师也针对当下中小学教师评价在评价内容方面所存在的问题提出改进建议。例如，S1-M-ST-4 老师谈道："在我国社会背景下，教育跟政治相关，教师评价也应回归原点，注重对师德的评价，不仅要看教师的成绩，还要看他参加学校课程开发的能力，

能和绩应该是相连的,是一致的,有多大能耐做多大事情。"

(三) 完善教师评价制度

从调查结果得知,当下中小学教师评价制度过于陈旧,评价理念相对滞后,与日渐更新的教育教学实践存在脱节现象。由此,被调查教师针对教师评价制度的改革提出了一系列建议。

1. 建立教师评价的长效机制

调查发现,教师对学校教师评价制度实施提出的建议是,教师评价应该具有一定的规律性,形成制度化。对"教师评价应定期进行"的调查结果是,选择基本同意、较多同意和完全同意的比例之和为92.7%。被调查教师还认为,应突出教师评价的过程性和持续性,避免评价制度与实践的脱节。关于"教师评价要经常性的完善"的调查显示,选择基本同意、较多同意和完全同意的比例之和为98.7%。

从访谈中发现,导致中小学教师评价问题丛生的一个主要原因就是教师评价缺乏制度保障。这一问题被多位受访教师提及。

S2-G1-F-ST-X老师提出:"上班这么多年,我到现在都不知道,关于教师评价,国家或学校有没有专门的机构负责,还是属于教育局的职能范围,有没有成形的机构?好像没有听说有这种机构……老师不知道这块儿(指评价),就算有反馈……有问题就反映到校长那里,没有什么长效的机制。"

可以看出,S2-G1-F-ST-X老师发现了教师评价机制所存在的问题,对教师评价专门机构的缺乏这一问题非常关注,希望通过设立专门的评价机构,为教师提供参与评价的渠道。同时,这也有利于保证教师评价的持续性和稳定性。

2. 改善与教师评价相关联的职称评定和绩效考核制度

职称评定与绩效考核制度制约着教师评价的目的和结果用途,牵涉到教师自身的根本利益,因此,教师对改善职称评定和绩效工资制度的愿望比较强烈。

S2-G2-F-ST-L老师:职称评定在中小学有一个问题比较突

出，就是他所教的和他要评的学科不匹配……放宽这个专业，或者允许跨专业来评定，很多老师可能会甘心一些……

S2 - G2 - M - ST - X 老师：特别是职称评定，你不用管我教的是哪一科，不用管我定的是哪一门，只要我得到的奖状就应该都能用……

可以发现，中小学教师职称评定指标过于滞后，造成教师所教学科与所评学科之间的脱节问题，进而引起教师的不满。显然，从教师的视角来看，改善教师职称评定制度是完善教师评价体系的关键环节。

同时，S1 - M - ST - 4 老师从宏观视角提出改善教师评价制度的思路："应从整体上提高教师的待遇，让教师职业在整个社会不同职业中享有很高的地位，这时教师就会珍惜自己的职业。同样做老师，内部不好比拼，如果收入提高，干不好就会被淘汰，教师之间不存在竞争，这时教师不再看成绩，就会珍惜这个职业而不是这个单位。应将提高教师群体的社会地位作为解决思路。"

3. 完善教师评价反馈制度：评价结果的公开与反馈

调查结果表明，中小学教师评价存在的一个突出问题就是评价结果缺乏透明度，质性的评价反馈较为欠缺，且难以及时反馈给受评教师。针对此，被调查教师提出相关的改进建议。

> 教师评价要从多方面对教师进行评价，评价后的结果要反馈给被评教师。
> 希望学校公示教师评价结果。
> 对教师的评价结果公开化会更加促进教师的进步。

在访谈中，受访教师针对这一问题也提出了改进建议。例如，S2 - G2 - F - ST - L 老师指出："……还有就是，在制定政策时……先反映问题再制定方案，然后再接受反馈，这个反馈跟先期的反馈都非常重要。"

可见，一线教师对评价结果的反馈环节尤为重视。而且，一线教师是教师评价最直接的利益相关者，他们对教师评价的认知与建议对于教师评价政策的制定具有极大的参考价值。

（四）教师自身表现的改进

调查结果表明，教师在增强自我意识和主动性方面也有较高的期望。在调查问卷开放题中，被调查教师谈及对教师自身表现的改进建议。

> 教师评价有利于教师自身的发展，教师应进行合理的自我评价。
>
> 教师能通过自我评价，有意识地听取有关人员（学生、家长、同事、领导等）的建议。
>
> 对实施的个人计划进行适当的调整，以便更好地促进自我的发展。

可以发现，一部分教师较为重视通过评价提升自我意识和自主发展的能力。显然，一线教师反映的问题以及提出的建议对于改进教师评价政策和增强评价效果等具有一定的借鉴意义。

第四章　教师视角下教师评价问题的探究

基于上一章对教师评价现状的调查，本章主要对调查发现的问题所产生的表象加以探析，并从文化、政治、社会以及教育等多个视角对调查问题背后隐藏的深层原因进行学理分析。

第一节　问题产生的直接原因

本书通过对调查结果的分析发现郑州地区中小学教师评价所存在的诸多问题，包括教师的"无权"、教师自身的认知不受重视、教师的合理需求遭到忽视、教师专业发展受限、多数教师缺乏自我意识和自主性等方面。

一　评价对教师权利的轻视

作为教师评价的利益相关者，教师在评价中享有一定的权利。然而，调查结果显示，一线教师在教师评价中的基本权利难以得到维护，尤其是新教师，会受到更多不公正的待遇。在中小学教师评价中，教师基本权利的缺失成为一种普遍现象，导致这一问题出现的原因有多种。

（一）人际关系的影响：校长缺乏对教师的信任

调查发现，在学校教师评价活动中，教师能否行使自己的基本权利主要取决于校长。通常，校长个人主观因素是导致教师"无权"的一个重要因素。校长对教师的信任与认可程度直接关系到对教师的赋权问题。

调查结果显示，在中小学教师评价中，学校领导是主要的评价方案制定者，所占比例最高，为55.1%。在评价者人选上，学校领导所占比例同样最高，为32.9%。在评价形式的选择中，领导评价的百分比（28.1%）均高于同事互评（23.7%）、学生评价（22.1%）等其他几种评价形式。由此可知，在中小学教师评价中，学校领导发挥着关键的作用，对教师权利的发挥具有一定的制约作用。关于"教师评价受校长重视程度的影响"的调查显示，共有74.2%的教师表示赞同这一观点。

在访谈中，校长对教师评价的影响也成为受访教师谈论的重点话题。

S1-F-ST-3老师指出："领导信任谁，他就找谁，他比较看重那几个人。就算有问题，他也会去问那几个人的。"

S1-F-ST-1老师也主动谈道："对老师来讲，更希望得到直接领导人的认可，就是校长。在学校里，当他对你认可的时候，其他人就对你认可，并且他也容易把你推出去……"

S1-F-ST-1老师指出："也看人，他如果比较在意老师的话，给你一些话语权，就会比较好一些，如果他比较专制的话，就会稍微欠缺一些。"

由此可知，校长的主观因素对教师评价极易产生消极影响，一旦校长与教师之间的权力失衡，在一定程度上会造成教师"无权"的后果。显然，教师在评价中的无权问题进一步揭示出校长与教师之间的信任问题。

（二）教师自身因素的影响

关于教师在评价中的"无权"问题不仅受制于校长个人的主观因素，同时也会受教师自身因素的影响，包括教师的资历、学历、职务和任教科目等方面。

教师资历影响教师的权利分配。例如，S1-F-ST-3老师谈道："普通教师很少能参与到学校评价制定过程，老教师参与得多。老教师以前是领导，比较有威信，比如他以前教课和讲课比较好，职称很高。"所谓"老教师"，是指在资历、资格与教龄各方面占有一定优势的教师。他们在教师评价方面对校长有一定的制约作用。相反，年轻教师没有与校长谈话的"资格"。

除了资历外，教师的学历也是一个影响因素。S1-F-ST-3老师认为："学历高点的教师肯定有发言权。但是本科和专科就没有差别了，专科和研究生肯定会有差别的。比如说，一个学校有一两个博士，肯定要参考他们的意见。但是，以前的师范专科，肯定要牛一些。"

此外，教师是否担任职务，以及任教科目的主次之分等也是导致教师"无权"的原因。例如，S1-F-ST-3老师指出："学科方面肯定是语数外三个关键的，其他都是没有话语权的。还有班主任的话语权是很重的。其他老师有意见也没办法。"

显然，中小学大部分教师在评价中难以享有基本的权利，这主要归因于缺乏来自校长的认可与信任，以及教师个人发展的程度。由此可知，当下教师在评价中"无权"问题的症结主要在于教师评价缺乏制度保障。

二 评价中对教师重视不够

调查显示，中小学教师评价存在的一个突出问题就是忽略教师对评价的认知。其原因主要包括不完善的评价机制忽视教师认知的重要性，评价者缺乏对教师的欣赏与认可。

（一）不完善的评价机制忽视教师认知的重要性

在访谈调查中进一步发现教师意见不受重视这一问题及其原因。

S2-G4-F-ST-H老师："我们不用找校长，校长天天在大门口迎接我们，所以有什么话都能说。有相当一部分问题他也没办法解决，他就会告诉你，这个要找教育局。要什么东西，大家赶紧凑凑。"

可以看出，教师认知不受重视这一问题的根源主要在于教师评价制度自身的不健全。自我国实施中小学教师绩效工资政策后，校长的权力进一步缩小，因此，在评价政策制定方面，我国中小学校长也是听命于上级教育行政部门的。这可以从担任副校长的S1-M-ST-4老师那里获知："这归因于教师评价制度文化，是体制在对教师进行评价，不是某个人评价教师。学校教导处专门负责组织考试、评价教师。校长只是过问一下，并不起实质性作用。教代会规定的制度在先。"

在一定程度上，基于各自立场的不同，普通教师与学校领导对"教师评价是否重视教师认知"的看法具有明显差异。普通任课教师主要从自身经历与感受出发谈论学校教师评价所存在的问题，即影响教师评价的主要是人为因素，关键是校长；而学校领导主要从宏观层面分析学校教师评价潜在的问题，即制约教师评价的主要因素是评价制度。虽然普通教师与学校领导分析问题的立场不同，但双方最终的落脚点却完全相同，即没有立足于对教师的关注、欣赏与关怀之上。

（二）评价者缺乏对教师的欣赏与认可

任一学科的教师在长期的教学实践中都会逐渐形成自己的教学观和教学模式。教师的课堂教学理应凸显教师自身的特色，教学模式应该多元化，这样才能促进教师在教学上的创新。然而，调查发现，大部分教师囿于统一、固化的教学模式，教师自身的教学理念不受重视，且难以实现。

> S1－F－ST－1老师指出：最开始的（评价）模式就是已经给你制定过了，你就按这个模式走，大家都按这个模式走……告诉我们都是权威人士制定的，是专门针对这个问题、这个学段，制定出来的一些目标。
>
> S1－F－ST－3老师提到另一个问题：在工作场上，说多了话，某些领导有些小心眼的话，可能就……

在这里，S1－F－ST－1老师提及的"权威人士"主要是指教育行政人员，因其对教学实践自身以及实践中所存在的问题缺乏了解，致使教师评价方案的制定与实践脱节，在一定程度上限制了教师个人教学理念的实现。而且，教师评价在学校内部的实施层面，以校长为主的学校领导主观因素的制约也是导致教师的认知不受重视的重要原因。显然，从教学的专业性角度来讲，教师评价的主要负责人缺少对教师的关注与认可，缺乏对教师的尊重与欣赏。

三 教师的合理需求被忽视

与其他职业相同的是，教师具有最基本的社会需求。同时，教师职业有自身的特殊性，因此又具有更高层次的成长需求。从调查结果得知，中小学教师的基本需求难以得到满足，这进一步揭示出中小学教师评价等相关制度缺少对教师的人文关怀。

（一）缺少对教师生存状况的关照

在市场经济社会背景下，与其他行业相比，中小学教师职业较低的经济收入使得教师面临着极大的生存压力。然而，中小学教师评价发挥的主要是外在工具作用，更侧重于对教师的问责，而忽视教师的发展。与之相关联的绩效考核与职称评定制度同样缺少对教师生存状况的关切以及对教师内在生命的尊重与关爱。

这一问题可以从多位受访教师的经历中获知。例如，S2－G2－M－ST－X老师指出："特别是职称评定，这个评价，你不用管我教的哪一科，不用管我定的是哪一门，只要我得到的奖状就应该都能用，我付出的劳动和心血，为啥不能用呢？比如我在计算机方面获得很多奖，全部是废纸，因为定的数学，结果下一步我只有去改，改了以后还得再等半年，对我来说很遥远……"

可见，当下教师评价和职称评定制度的陈旧给教师的工作和个人发展带来很大的阻碍。显然，教师评价、职称评定等相关制度改革的一个指向应是增加对教师群体的关注和关怀，增加制度自身的人性化。

（二）缺乏对教师心理的爱护

首先，师德问题给中小学教师带来很大的困扰。在访谈中，多位教师谈及自己对师德的看法：

S2－G5－ST－B老师：师德最起码就是你上课不能迟到吧，不能无故旷工，如果出现这种问题，我们学校称为教学事故，下学年直接就不予聘任，或延期三个月调离。

S2－G1－F－ST－X老师：尤其是现在一些媒体，它们很无聊，抓住一些小事，比如师德方面，就想博眼球，然后社会上有些人很浮躁，他们就跟风传播，一传十十传百。

S2-G4-M-ST-D 老师：我教学这么多年，真正来说，师德败坏的是极少的，从社会行业上，我自己感觉到，其实老师的职业道德水平应该在整体平均线以上，绝大部分老师没有什么问题。有时候，新闻媒体给人一个误导。在一段时间里，它很集中地给你报道这种事件。

显然，师德问题成为教师评价中出现的一种怪相，少部分教师职业道德的败坏对大多数无辜的教师造成负面影响，致使整个教师群体不得不面对社会大众的质疑，遭受道德的惩罚。在一定程度上，师德问题让教师难以获取基本的尊重和关爱。

其次，农村家长问题给教师的心理和情感带来极大的创伤。关爱学生、促进家校合作是中小学教师的分内之事。然而，如果家长一方不能配合，会对教师造成很大的挫伤。在访谈调查中，受访教师普遍提及的一个话题就是农村家长问题，这主要表现在两个方面，即农村家长教育观念的守旧与个人素质的低下。农村家长的这些问题让农村教师感到颇为苦恼和无奈。

S2-G2-M-ST-X 老师：城市小学很多任务，家长要承担一大部分，但是在农村小学，老师基本承担完……家长也不重视，很多家长都……

S2-G3-F-ST-L 老师：（叹气）开了家长会也没效果，现在都不开家长会了。把家长叫过来，他根本就不理你那一套。你要说多了，他觉得你啰唆；你要是说得轻了，他则满不在乎。家长好像都不重视教育。

如果说农村家长的教育观念只是让教师感到失落，那么他们的个人素质问题又对教师的安全造成了威胁。S2-G1-M-ST-W 老师谈道："家长的素质更是参差不齐……有个小事儿，就打110，说'某某老师怎么怎么样我们孩子了，你过来把老师抓走吧'。所以说，只对老师进行单方面的评价绝对是有问题的。"

可见，农村家长教育观念相对陈旧、责任心较差，以及个人素质较低，在一定程度上会影响教师与家长、学生三者之间的合作关系。同时，教师也难以获得安全、社交和尊重等方面的满足感，教师自我实现的需求更是无从谈起。

四 教师评价与教师管理混同

教师评价本应兼顾教师问责与教师发展，然而，在我国中小学教师绩效工资政策实施背景下，教师评价制度采取的主要是"自上而下"的管理型评价模式，在一定程度上将评价与管理模式混同了。由此，教师评价更侧重于发挥对教师的问责功能，致使教师群体处于"高压"的工作状态下。相对而言，教师评价对教师发展的重视程度减弱，进而忽视了评价的过程性，导致评价双方缺乏沟通与交流。

（一）"一岗双责制"限制了评价双方的交流

首先，中小学主要通过"一岗双责制"强化对教师的考核与管理。调查发现，繁重的行政工作和频繁的课外活动让教师不堪重负，在很大程度上影响了教师的教学工作。在访谈中，受访教师围绕这一问题展开了讨论：

S2-G3-F-ST-Z老师：老师没有时间。除了教学，就是活动，比如说参加活动、整理档案啊……很多新上岗的教师干着干着就觉得教师职业（叹气）没有吸引力了。

S2-G3-F-ST-L老师：这只是额外工作，整理档案只是其中的一项，平时的活动也很多。现在的老师都不一样了，都不搞教学了。

S2-G3-F-ST-Z老师：我觉得都是形式。我感觉主要是活动太多，事情太多，真正用于教学上面的，好像……校本课程、课堂展示，家长开放日呀，把你折腾的，真是……（叹气，语气里显露出疲惫和无奈）

显然，"一岗双责制"导致教师评价内容选取的片面化，过于强调教师成绩与荣誉的获得，忽视了教师教学的重要性，进而引起一线教师的不满。究其原因，是受自上而下型的教育管理模式的影响，我国教师评价政策的制定环节，缺乏对多方利益相关者的社会调研，评价政策制定者并不重视利益相关者的态度和看法，尤其缺乏与一线教师的沟通与交流。这进一步揭示出，中小学教师评价制度的制定与监管过于短视和机械化，加之学校在实施层面对评价制度的照搬照用，在一定程度上违背了教育的基本价值，制约了教师的发展。

（二）教师评价缺少对话型的反馈机制

调查发现，中小学教师评价主要侧重于量化考核方法的使用，并不重视对教师的质性评价，更不用谈及通过对话形式将评价结果反馈给受评教师了。在访谈中，受访教师反映了这一问题。

> S1-F-ST-3老师指出：校长跟老师没有对话。有意见的去找他说话。教师主动找他。
>
> S2-G4-M-ST-D老师介绍道：校长不会跟所有的老师谈话，只会跟个别的谈。前一段一个老教师可能需要照顾孩子，而她又是班主任，7点40分不能进班，查勤的时候还没到班，缺勤比较多，就直接被校长叫去谈话了。

可见，实际上校长主动约谈教师的时候很少，而且通常是批评式的谈话形式。相比之下，我国中小学教师评价制度缺乏的是，从提升教师教学质量的专业视角开展的对话型评价反馈模式。这会导致教师难以获知自身教学的实际状况，长此以往，教师的自我反思能力很难得到提升，教师的专业发展也受到了限制和阻碍。

五 教师自身的主动性不足

当下中小学教师评价制度主要遵循"自上而下"的评价路径，难以从内部视角激发教师寻求自主发展的动力。对教师评价制度依附性的增强，导致教师缺乏自我的认知意识以及通过评价提升自我的主动性。

（一）教师评价模式制约教师自觉性的发挥

中小学教师评价制度更侧重于对教师的监督与考核，评价者与受评教师之间主要是上下级的指导关系，这一评价模式弱化了教师的自觉意识，限制了教师主动性的发挥。在教师评价活动中，由于教师习惯于被评价和被管理，自身争取被认可的意识较为淡薄。例如，对"教师认识未能得到关注后的做法"这一问题的调查结果显示，有39.1%的教师选择"不太在意"，另有25.1%的教师选择"发发牢骚"，比例之和为64.2%。这表明大部分教师采取不作为的方式。

（二）传统观念限制教师参与同行评价的主动性

在美国等国家教师评价中，同行评价在促进教师之间的合作，提升教师教学效能方面发挥着重要的作用，也普遍受到教师的欢迎。然而，我国中小学教师普遍缺乏采用同行评价的自觉意识和主动性。本研究调查发现，教师并不注重他人对自己的态度与看法（7.8%）。显然，教师与他人的合作意识较为淡薄。在访谈中，多位受访教师也介绍了学校教师评价中同行评价的实际应用情况：

S1－F－ST－3老师：同行评价不好说，感觉有小团体因素在里面，评价结果未必客观公正。

S2－G3－F－ST－L老师：同行评价效果不太明显，流于形式，不好意思。做得都不错，都可以。

S2－G3－F－ST－Z老师：一个学校就那几个人，你要是写不好，就……

S2－G2－M－ST－X老师：像教师评教师，说白了，基本上是靠关系，总的来说，教师互评还是相对公平的，但是个人关系的分量还是很重的。

显然，学校教师评价中的同行评价更多的是流于形式，并未起到提升教师教学水平、强化教师合作关系的积极作用。从教师的讨论内容里可以得知，这一问题的主要原因在于受我国文化中"面子"与"关系"的影响，教师普遍避讳同行之间的互评。在一定程度上，教师个人观念限制了教师接受并参与同行评价的主动性。

第二节　问题形成的深层根源

本书调查发现的诸多问题进一步揭示出中小学教师评价制度存在的弊病，即教师评价制度的不健全和人性化的缺失，以及缺乏对教师自主发展的激励。基于此，本节主要立足于文化、政治、社会以及教育等不同视角，对中小学教师评价的症因作更深层次的分析。

一　儒家集体主义文化的影响

我国集体主义文化主要源于儒家"群己和谐"的思想。儒家集体主义文化对我国中小学教师评价具有极深的影响。集体主义具有"求同性"的特征，长此以往，会导致教师个体对集体的依附性逐渐增强。

（一）集体主义的"求同性"

"和者，阴阳调，日夜分而生物。"（《淮南子·泛论训》）"和者，天地之所生成也。"（《春秋繁露》卷十六）和谐观是中国传统儒家文化的核心要素，主要包括"天人合一"的天人和谐、群己和谐的社会和谐、推己及人的人际和谐以及修身正心的身心和谐。[①] 其中，群己和谐主要指个体与社会群体关系的和谐，它涉及人与社会之间的关系，因此也是儒家传统文化极为推崇的和谐思想，它催生出"集体"这一概念，使权威高于一切个体，处于神圣而不可侵犯的地位。

集体主义主要受早期"群体本位"的影响。自古以来，集体主义文化浸润着我国国民的血脉，它是一种几乎与人类历史一样古老和悠久的精神。霍夫斯泰德（Geeert Hofstede）提出的五维文化模型中就包括个人主义—集体主义。[②] 按此划分，中国儒家传统文化属于集体主义文化范畴。特里安迪斯（Triandis）又将集体主义文化分为横向集体主义文化（Horizontal Collectivism）与纵向集体主义文化（Vertical Collectivism），分

[①] 罗本琦、方国根：《中国传统文化的和谐精神》，《探索与争鸣》2009年第7期。

[②] 吉尔特·霍夫斯泰德、格特·扬·霍夫斯泰德：《文化与组织：心理软件的力量》，李原、孙健敏译，中国人民大学出版社2010年版，第24页。

别强调同情合作、集体凝聚力。① 可见,我国集体主义更具有纵向集体主义文化的特点,要求个体遵从集体规约、服从权威。

受"和谐"思想的影响,在中国的集体主义文化中,良好的人际关系与组织和谐是优先考虑的因素,维持人际关系和谐远比完成任务重要得多。② 因此,在我国,与社会、集体保持和谐的关系是人们交往的基础。为了和谐,个体多是牺牲自己的愿望与爱好。

(二)教师个体的"依附性"

在教师评价方面,个人主义文化强调进步,努力成为一名好的老师(a good teacher),相反,集体主义至上的文化强调归属,做一名好的、平等的小组成员(a good member)。③ 在集体主义价值观的影响下,教师作为学校的一部分更多的是依附于整体。在学校中,教师的服从意识总是非常强烈的,服从观念已经渗透进我国传统知识分子的骨髓,即使是当代教师的身上也留有服从的明显痕迹。

另外,在我国集体主义文化背景下,自我与他人之间又是互相依赖的。④ 由于公众始终将集体精神凌驾于教师个体之上,教师的个人意愿总是屈从于集体。长此以往,会导致另一个问题的出现,即教师对集体的依附性增强,而教师个人的独立性和创新性会明显下降。在国人意识中,与众不同通常会被视为标新立异而非美德,"顾大局""随大流"才属正常行为范畴。若未经集体认可,就进行尝试性创新,极易被视为特立独行而不被认同。

受这一传统观念的影响,我国大部分教师缺乏展示个性的胆识,在"从众"与"出众"的选择上,大多会倾向于前者,更不要谈"超众"了。即使要改变,也是遵循我国体制内部"自上而下"的规制。尽管这并非合乎教师个人意愿,然而,由于长期习惯这种制度,

---

① Singelis, T. M., Triandis, H. C., Bhawuk D. P., et al. (1995), Horizontal and Vertical Dimensions of Individualism and Collectivism: A Theoretical and Measurement Refinement, *J. Cross Cultural Research*, 29 (3): 240–275.

② Allan Walker, Clive Dimmock (2000), "One Size Fits All? Teacher Appraisal in a Chinese Culture," *Journal of Personnel Evaluation in Education*, 14 (2): 165.

③ Chow, I. (1995), "An Opinion Survey of Performance Appraisal Practices in Hong Kong and the People's Republic of China," *Asia Pacific Journal of Human Resources*, 32 (3), 67–79.

④ 叶浩生:《文化模式及其对心理和行为的影响》,《心理科学》2004 年第 5 期。

加之教师自主意识不强，容易接受自上而下的行政安排，也不会产生太大的抗拒心理，这可被称为"集体无意识"①。

二 中小学学校制度的制约

从教师视角揭示出的中小学教师评价问题的另一根源在于学校制度的制约。以下主要从我国中小学管理体制、组织结构和权利结构方面对中小学教师评价的突出问题加以分析。

（一）行政化管理体制的弊端

"我国中小学在正规管理系统内的生存环境是较逼仄、繁杂的。"② 我国中小学实行的依旧是行政化管理模式，这一模式的特征主要是教育行政机构直接控制、干预学校活动，尤其是教师的教学。教育行政部门对学校活动的过度干涉所带来的后果就是学校缺乏自主权，教师缺少主体性。在访谈中，受访教师也谈到这一问题：

S1-M-ST-4老师：校长权力变小。校长评价教师的阻力会更大，因为教师认为现在国家支持我们，国家工资基础大，教师拿到工资少，会认为是校长扣的钱。（实施绩效工资政策之前）原来不是这样的，不是按照人均多少给，而是一笔总的资金额，由校长来分配。之前学校自主权大些，经费支配方面权力大些。

无知的管理及其无限的等级体系决定着权力和依附、发展和落后、成功和失败的归属。③ 因此，如果教育行政机构过多地干预学校事务，会导致学校超负荷运转，那么双方将处于"失衡"状态（见图4-1）。

---

① 冯骥才：《中国人丑陋吗?》，柏杨：《丑陋的中国人》，人民文学出版社2008年版，第1页。
② 叶澜：《"新基础教育论"——关于当代中国学校变革的探究与认识》，教育科学出版社2006年版，第330页。
③ ［英］弗雷德·英格利斯：《文化》，韩启群、张鲁宁、樊淑英译，南京大学出版社2008年版，第124页。

```
         ↓                学校
教育行政机构         ↗
―――――――――――――――――――
```

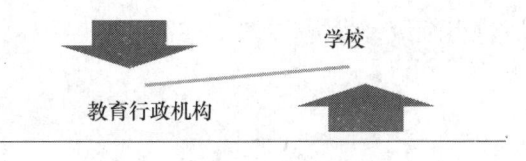

图 4 – 1　中小学管理体制

教育行政部门对教师的教学与发展也存在着过强的控制，例如对教师教案、课堂教学、职称评定等方面的检查与评定。教育对教师教学的过度干涉，导致教师在教什么、如何教等方面难以融入自己的教学理念；教师将主要精力用于应付上级部门的检查与考核，导致其在教学和科研的提升方面缺乏足够的空间、时间与精力。

我国中小学行政化的管理体制同样影响到教师评价。调查结果显示，教师评价标准的制定者主要是学校领导和教育行政部门，教师被看作被评价的对象，因此缺少基本的参与权、话语权和知情权。"学校这种管理体系预设教师无知、愚笨、懒于参与，教师只是整个体系的'小卒'，教师回报的则是冷漠与懒散。"① 中小学管理体制的这一陈旧模式还存在其他问题。例如，在很大程度上，教师评价政策制定者认识的局限性会影响学校教师评价的改善与教师的发展。

（二）"科层制"组织结构的影响

我国中小学的组织架构体现了一种等级制度，是由校长、中层领导、教师组成的金字塔式科层结构（见图 4 – 2）。在科层制的学校中，校长是领导者，负责全校的事务。因此，除课堂教学之外，教师能否参与学校活动并在其中发挥作用主要取决于校长。学校的科层制效仿的是工厂的组织结构模式。在学校，校长扮演"工头"角色，教师犹如车间流水线上的"监工"。②

在学校教师评价中，校长是主要的负责人，教师只能充当被评价对象。在一定程度上，中小学科层制的组织结构限制了教师的权利使用与能力发挥。在这种背景下，教师难以参与学校事务，更没有机会

――――――――――
① 刘云杉：《从启蒙者到专业人》，北京师范大学出版社 2006 年版，第 192 页。
② Childs-Bowen, D. & Moller, G., Scrivner, J. (2000), "Principals: Leaders of Leaders," *NASSP Bulletin*, 84 (616): 27 – 34.

为学校的发展建言献策，发挥作用。

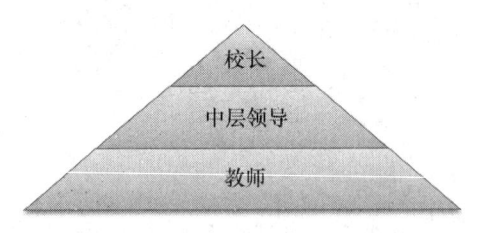

图4-2　中小学科层制组织结构

可见，中小学科层制的管理结构忽视"教师"的存在，教师既不能享有这一职业所应有的"小权利"，又难以履行服务于学校发展的"大义务"。虽然教师有许多好的"点子"，但由于受到行政管理者的反对而难以实现。① 实际上，教师的好主意通常最接近问题的本质。然而，在学校的层级结构中，教师位于最底层，教师的好主意最容易被中层领导和校长否决。这是因为在一个等级制体系中，教师与校长的利益与目标各不相同。通常，校长值得信任，但教师不能被信任。②

（三）权力结构的制约

中小学权力结构对教师评价具有一定的制约作用，这主要归因于我国儒家传统文化的高权力距离、校长与教师权力分配不均等方面所产生的影响。以下对儒家思想中高权力距离以及校长负责制对教师评价的制约加以说明。

1. 儒家思想中高权力距离的影响

权力距离指的是，在一个国家的机构和组织中，弱势成员对于权力分配不平等的期待和接纳程度。权力距离指数能够告知国人之间的依赖关系。在高权力距离国家，下级对上级有很大的依赖性。低权力距离国家则与之相反。③

---

① ［美］珍妮·H. 巴兰坦：《教育社会学：一种系统分析法》，朱志勇等译，江苏教育出版社2005年版，第349页。

② ［美］托马斯·J. 萨乔万尼：《校长学：一种反思性实践观》，张虹译，上海教育出版社2004年版，第159页。

③ 吉尔特·霍夫斯泰德、格特·扬·霍夫斯泰德：《文化与组织：心理软件的力量》，李原、孙健敏译，中国人民大学出版社2010年版，第49页。

高权力距离主要受儒家学说中等级观念和权威崇拜思想的影响。儒家思想强调的是所有人、所有事情只有一个目的，即在生活中各得其位、"安分守己"。① 儒家思想突出人际关系的重要性，如果所有人都清楚自己的目的和位置，并完美地履行自己的职责，那么人们就会和谐地相处。

和谐可以带来人们对各自适当行为的有意识练习以及高权力距离。儒家和新儒家思想中社会高权力的一个主要特征是对资历和等级制度根深蒂固的尊重。在学校，这意味着领导者理所当然地受到应有的尊重，这取决于学校等级结构中领导者所处的优越位置，并非由其专门知识所决定。同样，年长教师自然会受到他人的尊重，尤其是男性教师。此时，年龄的重要性要大于年长教师所处的位置。这些价值观念塑成领导者与普通教师之间的关系，影响到教师评价的实施。

学校高权力距离的一个结果是，很难见到教师参与学校层级的决策制定和管理任务，相反，专权式领导风气却很盛行。② 教师难以参与学校教师评价的制定与实施则是如此。然而，教师仍会倾向于遵从领导的意见。这是因为即使双方产生分歧，即使教师心存不满，也应当给足领导面子。

我国高权力距离文化造成学校员工之间出现不平等关系，领导意味着高层的管理权威。对于基层教师而言，挑战高层权威不合情理。因此，我国学校教师评价大多停留于敷衍的层面，并不能反映教师的真实情况。这是因为集体主义观念在国人心中根深蒂固，伤及关系则意味着破坏和谐。

2. 校长负责制的限制

我国实施的校长负责制规定，中小学校长掌握学校的最高权力。1985 年，国家颁布《中共中央关于教育体制改革的决定》，提出中小学开启校长负责制。1993 年，《中国教育改革和发展纲要》又进一步确定中小学校长负责制。校长负责制的提出有其特殊的历史背景。随

---

① Allan Walker, Clive Dimmock (2000), "One Size Fits All? Teacher Appraisal in a Chinese Culture," *Journal of Personnel Evaluation in Education*, 14 (2), 170.

② Walker, A. & Dimmock, C. (1998), "Hong Kong's Return to Mainland China: Education Policy in Times of Uncertainty," *Journal of Education Policy*, 13 (1), 1–21.

着历史的推进,当时实施的校长负责制已不再适应我国现代中小学的改革与发展形势。

如今,国家依然重视义务教育学校校长队伍的建设。2012年12月,教育部又出台《义务教育学校校长专业标准(试行)》。该专业标准在对教师的教学评价、关心教师成长方面对校长提出了明确的要求。在一定程度上,该专业标准的出台进一步稳固了校长在学校的核心权力,同时也揭示出校长与教师之间的"上—下"级关系。

校长是学校的"掌门人",而教师的权利仅限于自己的课堂教学与班级管理。当教师的课堂教学活动受到校长干预时,教师唯一享有的权利也会受到侵犯,进而出现双方权力失衡的现象。在这种情况下,权力被视为"零和博弈"。

权利通常包括职业权利和个人权利。职业权利属于正常范围,源自职业角色和所担职务,而个人权利涉及个人能力,极易受个体主观因素的影响。[①] 调查显示,在中小学教师评价中,校长的主观因素对教师评价具有很大的影响。例如,S2 – G2 – M – ST – Y 老师谈道:"我觉得领导评价占的比重太大,不光是不了解问题,还有跟谁关系远近的问题,以及送礼这些现象。"

由于受校长负责制的影响,校长普遍缺乏赋权观念。在教师评价工作的安排中,校长通常只是将其委派给某一部门或其信任的个别教师。其中,校长的赋权掺杂着多种人为因素,包括校长个人的喜好以及复杂的人际关系等。可以说,校长负责制帮助中小学校长稳固了自己的权力。根据"零和博弈"理论,教师在评价中的权利几乎趋近于零。显然,校长负责制与中小学科层制是导致校长权力"过大"、一线教师几乎"无权"的根本原因。

三 教师职业角色的限定性

从我国历史发展轨迹来看,教师职业角色具有一定的制约性,这主要归因于历史发展的局限性。不同历史发展阶段对教师职业提出了

---

① Katzenmeyer, M. & Moller, G. (2009), *Awakening the Sleeping Giant: Helping Teachers Develop as Leaders* (3rd ed.), Thousand Oaks, CA: Corwin Press, p. 29.

不同的要求，致使教师职业发挥的主要是社会功能，教师内在的生命价值却难以得到彰显。长此以往，会导致教师声望与地位下降、教师职业范围窄化等多种问题的出现。这也是当下中小学教师评价问题丛生的根源之一。

（一）教师职业声望与地位的下降

自古以来，我国教师职业发挥的主要是社会功能，以工具价值的体现为主，其内在生命价值并未得到重视。教师职业的工具价值妨碍了人们包括教师自身对其内在价值的反思与发现，更谈不上对该职业的内在尊严与欢乐的发现与体验了，这是社会、时代造成的历史局限。[1] 可见，历史的局限性是导致教师缺乏对自我职业关注意识的一个重要原因，也只有社会和时代的进步才是打破这一局限的关键，并为教师的内在觉醒提供外在条件。

到目前为止，教师职业的专门化程度仍然较低。同时，由于受经济和社会等多种复杂因素的影响，在这个普遍追求物质利益和经济效益的社会中，教师的薪水低于其他职业的专业人员，但在短期内又难以创造更多的物质财富和经济利益，因此教师的身份越发不受重视，更难享有较高的尊严、地位和待遇，成为社会的一个弱势群体，在生存与压力之间疲于奔命。

显然，教师职业的"窘况"也是这个经济化时代的产物。缺少物质和精神上的支撑，教师职业的属性也发生了变化，从肩负神圣使命的崇高事业变成一种谋生的普通职业。在生计与生存面前，教师应有的奉献精神不得已而"退场"。这应该是我国教师职业地位下降的严重后果。长久看来，"教师"的缺失对我国教育事业的发展是一种挫伤。

教师的权威身份也很低，仅在课堂上和面对学生家长时有所表现。在学校，教师唯一能够自主掌握的或许只有自己的课堂教学。不过，当下教师的课堂教学并不自主，仍然接受着"远程遥控"指挥。在教学材料的准备和课堂活动的设计上，教师必须符合国家统一制定

---

[1] 叶澜、白益民、王枬、陶志琼：《教师角色与教师发展新探》，教育科学出版社2001年版，第4、6、8、9页。

的教学大纲的要求，并以学校统一的教科书为主导。在教学的范围、内容甚至进度上，教师须做到整齐划一，如果落后于统一的教学计划，教师的教学水平和课堂组织能力会遭受质疑，在很大程度上会影响教师教学的评价结果乃至教师个人的前途。

在学校教师评价中，虽然教师是主要的利益相关者，却游离于评价活动之外，享受不到这一职业应有的权利，反而承担着过重的负担。教师既要面对提高自身教学质量和学生成绩的要求和压力，又要完成教学之外的工作量。我国教育体系实行传统的科层制管理模式，却又完全借鉴西方量化考核的方法，这对受评教师而言是不合理、不公平的。"我的同事和我有感觉，对中国知识分子而言，如果条条框框很多，他是会有足够的智慧去抵抗，会用各种方式变相地抵抗，表面上接受，但内心会抵触，实际上没有起到教师评价的作用。"①

（二）教师职业范围的窄化

古代教师的首要任务是"传之于道""授之于德"，其次才是教授知识和解答学生的人生困惑。孔子是我国第一位私人教师，他教学的基本任务是向弟子们解释六经（又称六艺），即《易》《诗》《书》《礼》《乐》《春秋》等古代文化遗产，这是我国周代封建王朝前期贵族教育的基础。早期儒家之后的历代封建王朝，尤其是自西汉董仲舒提出"罢黜百家，表彰六经"的治国策略之后，教师的任务基本局限于对儒家思想的传授上。

韩愈所指的"道"主要是孔孟之道，即修身、齐家、治国、平天下。例如，孔子言称的"志于道""朝闻道，夕死可矣"。这里的"道"是指提高人们精神境界这一真理。② 其次才是"授业"，主要指儒家经典"六艺"。相对而言，由于政治原因，我国古代教师教学囿于"传道、授业、解惑"，在思想上难有创新和突破。至今，我国教师的任务并未超越"传道""授业"和"解惑"，甚至出现窄化的现象。

现代社会教师的职业范围鲜有"传道"这一历史使命，对"道"

---

① 摘自受访 S1 - M - ST - 4 老师的访谈内容。
② 冯友兰：《中国哲学简史》，涂又光译，北京大学出版社1996年版，第41页。

的自身修炼和传承是一种缺憾,尤其是在我国应试教育体制的制约下,教师职业甚至出现"育分不育人"的现象。现代教师的任务更是限于"授业",停留在知识层面的讲解与答疑上。从弗·兹纳涅茨基(Florian Znaniecki)对知识人的社会角色分类中可以看到,"学者"包括"真理发现者""知识创造者""知识传播者"等,却只把教师划归到"知识传播者"的"教育者"这一子类型中。[1] 显然,教师被看作拥有知识但不创造知识的"知识人"。其原因主要是近代社会出现科学知识大发展和大分化的趋势,学科划分更为细化,教学内容更加专业化,专业的分工更讲求效率。[2] 与我国古代教师的职业性质相比,现代社会中教师职业的局限性和狭隘性更为明显,教师自身的创造力更显不足。

同时,由于学校更趋于市场化和国际化,追求"经济"效益和提升竞争力,教育系统多项新计划的实施增加了教师的工作量,过于严格的学校问责制又增加了教师的课外职责,长此以往,教师职业会出现"去专业化"[3]现象。这又与提倡促进教师专业发展的改革目标相违背。教师经受太多的管理控制、密切监测,并在市场化和非教育工作中利用他们的资源,从而造成教师职业专业化的丢失。显然,我国对教师职业的定位过于短视和工具化,这与长期的教育价值观相冲突。

四 教师对自身职业认识不足

"反省是走向进步的开始。"[4] 从本书调查结果可知,在教师评价活动中教师的自身意识和主动性较为欠缺,进一步说明教师对自己的价值追求、自身职业性质以及职业地位下降缺少反思,这主要表现在

---

[1] [波]弗·兹纳涅茨基:《知识人的社会角色》,郑斌祥译,译林出版社2000年版,第104页。

[2] 叶澜:《教师的魅力在创造》,于漪主编:《教育魅力:青年教师成长钥匙》,华东师范大学出版社2013年版,第4页。

[3] Cheng, Y. C. (2009), "Teacher Management and Educational Reforms: Paradigm Shifts," UNESCO Prospects-Quarterly Review of Comparative Education, 39 (1), 70.

[4] 柏杨:《丑陋的中国人》,人民文学出版社2008年版,第22页。

教师个人的价值观发生偏移、职业观狭隘等方面。

(一) 教师的价值观发生偏移

长久以来，中国儒家传统文化中的"群己和谐"思想和集体主义观念深深影响着国人，不过，中国传统的"义利之辨"并未完全否定利益。在不同时代的儒家思想中，尤其是先秦时期以孔孟为代表的早期儒学，在对社会关切的同时，也表达着对个人的强烈关注。中国近代的功利学说继承和发展了传统的"利益优先"原则，这为现代人合理接受个体利益提供了可能。

在现代社会，西方个人主义和物质主义思想的渗入对我国教师的价值观和职业观带来很大的冲击。欲望的无限扩张和满足，个体情感的满足，个体越来越注重顺应自然欲望的满足。① 在这种外来思想的冲击下，个体更倾向于强调自我实现、竞争、物质利益等方面的需求。因此，在我国市场经济背景下，社会各行业以追求最大化的经济效益和物质利益为首要目的。教师行业也深受影响，教师个人的价值观出现摇摆和偏移现象。

不可否认，需要是人类生存与生活的最初缘由。然而，人的贪欲又是无限的，当受到外界的物质诱惑时，会越过基本需要而走向贪婪。尤其在西方物质主义盛行的今天，教师个体的精神世界和物质世界会不断发生矛盾和撞击。当自身缺少教育信念的支撑时，教师职业极有可能会沦为一种谋生手段，那么通过这一岗位获取丰厚的利益回报会成为大多数教师追求的目标。而且，当下教师深受攀比文化的影响，主要表现在与其他职业进行比较，对自身职业性质缺乏清晰的认识方面。不仅如此，教师群体内部的攀比现象也极为突出，更多的是在学生成绩高低和物质利益多少等方面做比较。

正如彼得·圣吉所言："今天整个人类社会是处于失衡的状态，不仅与自然系统失衡，人与人之间也是一个失衡的关系，个人与自己的关系也处在一个失衡的状态。"② 当教师内心的物质追求和精神守

---

① 冯洁：《论"集体主义"概念在近代中国发展的历史脉络和内在逻辑》，《理论月刊》2012年第9期。
② 《顾明远VS彼得·圣吉：一场东西方智慧的跨界对话》，《中国教师报》2015年第1期。

护的需求发生矛盾时，教师职业与其他行业之间出现失衡，教师自身也处于一种失衡状态，教师个人的价值观极容易发生偏移。同时，受中国儒家传统文化"和谐"观和"集体至上"思想的影响，教师又会在追求物质利益与精神"奉献"的思想夹缝中徘徊，难以超脱自我思维的限制。

教师职业有自身的独特性，它并不与物质生产直接相关，而是一种与人的精神世界及其整个生命发展密切相关的职业。当教师自身缺少内在的教育信仰和信念支撑，缺少对自己的审视与反思，缺少正视自身不足和改正错误的勇气，缺少提升自我的信心和意志时，也就难以平衡自己在义与利之间的选择，难以超脱世俗，致使自己的思想狭隘，眼界受限。

(二) 教师对职业认识的狭隘性

教师对职业的认识具有一定的局限性。首先，教师并未认识到自身职业地位下降的原因。在我国历史上，教师发挥的主要是社会工具功能，相反，教师自身的地位难以受到关注和重视。显然，历史的传统在教师意识中留下深刻烙印，导致教师群体的职业自我意识难以觉醒。[①]

如今，我国中小学教师疲于应对外在压力，只是局限于教学内容和技术等微观层面的改进上，缺乏对教师职业性质、自身职业观以及自己道德修养的审视，由此教师并未认识到教师职业地位下降的根本原因。而且，与医生、律师等其他职业相比，教师职业并不被认为是一个专业。"教师难以将自己的工作当成创造性劳动，因而总觉低人一等。"[②] 教师职业被认为是对人类既有文明成果的复制与传播。与其他行业相比，教师职业缺少自身的创新性和创造力。

其次，教师欠缺应有的职业使命感与责任感。在不同历史年代，每一代的教师都会面对时代赋予的新使命，并通过教师担任的角色体现出来。在古代社会，教师被认为是"道"与"业"的传授者；在工业化时代，教师被当作车间的"监工"和技能的"培训师"；在市

---

① 叶澜、白益民、王枬、陶志琼：《教师角色与教师发展新探》，教育科学出版社2001年版，第9页。

② 叶澜：《教师的魅力在创造》，于漪主编：《教育魅力：青年教师成长钥匙》，华东师范大学出版社2013年版，第2页。

场经济社会，学校又如"教育公司"，教师成为其中的"职业人"。可以看出，教师职业特征和教师角色受制于时代的要求，存在一定的局限性和狭隘性。教师的职业观也因此受限，即教师只是知识传递者和技能的传授者。

　　教师职业是一种道德事业和创造性事业。因此，中小学教师自身应该认清教师职业的性质，真正认识自己，对自己进行内在的审视、行为反思与合理的自我定位，而不是囿于现行教育体制和陈旧的教育观念。而且，中小学教师不应囿于物质世界而不能超脱，不应因盲目追求物质利益和荣誉而失去基本的职业操守和教育信念。中小学教师应保持自身的职业热情和理想以及对崇高教育信仰的追求。

第五章　改进中小学教师评价的理论思考

本章在对已有教师评价理论潜在问题和前期调查结果的反思基础上，重点介绍人本主义的相关理论，包括以第四代评估为主的评价学理论、关怀伦理学、积极心理学和自主发展理论，并据此提出以教师发展为宗旨的"基于教师自身视角的教师评价理论分析框架"。

第一节　教师评价的追求：教师发展

教师发展具有广泛的外延与内涵，其中的"发展"是指人在最一般意义上的发展，涉及人的提高、完善、进步与变化。① 这也正是本书中教师发展所指的含义。在本书中，教师发展包括教师的专业发展和教师的自主发展。教师专业发展侧重于给教师施加外力，教师自主发展强调教师的内在动力。以下主要对教师发展的前提性条件、教师发展的动力和保障作进一步阐述。

一　人本主义的理论要求

在构建基于教师自身视角的教师评价理论分析框架的前提下，本书主要选取并重点介绍以第四代评估为主的评价学理论、关怀伦理学理论、积极心理学理论等基于人本主义的相关理论，并对其核心要点和共性加以分析。

---

① ［美］简·卢文格：《自我的发展》，韦子木译，浙江教育出版社1998年版，第31页。

(一) 评价学理论

评价学理论具有丰富的内涵，本书主要选取第四代评估、元评价和区分性教师评价三种评价理论作简要介绍。

1. 第四代评估

"第四代评估"是在针对评价的管理主义倾向等问题凸显的基础上提出的，它超越了纯粹的实证主义科学范畴，涵盖了道德、政治、文化等多个因素。我国教师评价受西方新管理主义影响，出现了一系列难题，第四代评估理论对于破解这些难题具有极大的指导作用。

"第四代评估"的核心要素有两个：一是响应式聚焦，即在利益相关者参与的基础上决定要解决什么问题和收集什么信息；二是建构主义方法论，即在建构主义范式的本体论和认识论假设的基础上实施整个研究程序。① 显然，与已有评价理论相比，"第四代评估"具有两个思想上的转变。一是评价重点关注利益相关者的主张、焦虑和争议，将其作为组织评价的焦点元素；二是由以调查引导为主的传统范式转向建构主义范式，强调"人的建构"和"建构者之间互动"的重要性。这两个转变是对第四代评估内涵的最好诠释。

从认识论的视角来讲，第四代评估是评价者对受评对象的认识，而不只是对其客观情况的描述，评价结果是评价者头脑中所反映的受评对象的真实状态。因此，在一定程度上，第四代评估又是一种心理建构。从价值论的角度而言，第四代评估赋予受评对象以价值，强调价值的多元化，提倡在评价中听取多方利益相关者的意见和建议，尤其是处于弱势地位的利益相关者的焦虑和主张。因此，第四代评估理论是本书构建"基于教师自身视角的教师评价理论分析框架"所借鉴的核心理论。

2. 元评价

20世纪60年代，"元评价"这一概念在美国兴起。当时美国学术界开始关注评价活动的质量，许多评价者提出应该对不同质量的教育评价的特征、标准、程序以及结果进行再评价。相对而言，我国对

---

① 埃贡·G. 古贝、伊冯娜·S. 林肯：《第四代评估》，秦霖、蒋燕玲等译，中国人民大学出版社2008年版，前言第5页。

元评价理论的探究要晚于美国等西方国家，主要是对国外有关元评价理论的引入和借鉴。

"元评价"通常又被称为"原评估""再评价"。元评价主要是对教育评价的科学性、有效性和现实性等作出价值判断。① 元评价的对象是"评价"自身，主要是以语言陈述的方式对"评价"的理论形态进行整体、系统的分析。较之评价，元评价是一种更高级的逻辑形式，具有反思的意识、超越的视界、独特的分析方法、整体性和系统性的概念。因此，元评价理论对本书构建基于教师自身视角的教师评价理论具有一定的启示作用。

3. 区分性教师评价

20世纪90年代，在反思已有教师评价的弊端、倡导发展性教师评价的教育改革背景下，区分性教师评价理论应运而生。1992年，美国威斯康星州一所小学的校长和教师第一次尝试开发了这样一种教师区分监督过程，教师们在合作性的随堂指导团队、自我导向性的团队、大学专业发展团队这三种发展团队中有自主选择的机会。②

区分性教师评价是一种针对不同教师的实际情况和需求，通过明确的教学标准、差异的评价程序以及专业的评价者来保证教师素质和工作绩效的监督模式。③ 这里的"区分性"指的是"差异性"，但不是对教师的分等，而是指在评价中应尊重多元价值和教师的个性化差异，依此对教师工作进行价值判断。④

区分性教师评价的理念在我国评价政策制定中也有所体现，例如，2002年《教育部关于积极推进中小学评价与考试制度改革的通知》规定："评价标准既应注意对学生、教师和学校的同一要求，也要关注个体差异以及对发展的不同需求，为学生、教师和学校有个

---

① 王汉澜：《教育评价学》，河南大学出版社1995年版，第422页。

② Retting, P. R. (1999), "Differentiated Supervision: A New Approach," *Principal*, Vol. 8, No. 3, 36–39, http://eric.uoregon.edu/trends-issues/instpers/selected-abstracts/teacher-supervision.html.

③ Danielson, C. (2001), "New Trends in Teacher Evaluation," *Educational Leadership*, 58 (5), 13.

④ 梁红京：《区分性教师评价》，华东师范大学出版社2006年版，第25页。

性、有特色的发展提供一定的空间。"实际上，这是对区分性教师评价的诠释和反映。区分性教师评价的核心在于关注教师个体的差异性，促进教师的个性发展，这对于本书构建基于教师自身视角的评价理论分析框架具有极大的指导作用。

（二）关怀伦理理论①

美国斯坦福大学教授诺丁斯（Noddings, N.）提出："关怀是人对其他生命表现出的同情态度和严肃的考虑。"② 此外，关注"关怀伦理"这一研究领域的还有美国纽约市州立大学的哲学教授弗吉尼亚（Virginia Held），他在包括诺丁斯在内的多位哲学家的理论建构基础之上，提出自己关于关怀伦理的分析框架。他认为，关怀既是实践的价值或实践活动，又是一种价值或一系列价值的价值观。关怀伦理理论则强调对经验的反省，帮助人们理解关怀中的价值以及如何以关怀为标准才能拒斥暴力和强制。③

受后现代主义思潮的影响，关怀伦理重在强调差异性、多元化以及对人的情感关注等方面。同时，关怀伦理又受到存在主义的影响，重在强调"人"的存在与自由，以及建立平等的、协商型的"我—你"关系。诺丁斯与弗吉尼亚提出的关怀伦理理论具有共通之处，对本书关于教师评价理论分析框架的构建具有一定的指导意义。

（三）积极心理学理论

积极心理学理论倡导心理学的积极取向，研究的重点是"人"的积极心理品质，关注"人"的健康、幸福与和谐发展。④ 可见，积极心理学是一门探究使个体生命更有价值和更有意义的实践心理学，旨在关注人的积极力量和幸福。

---

① 国内多数学者将诺丁斯提出的"care"译作"关心"，由于诺丁斯提出的关心理论与弗吉尼亚的关怀伦理理论的宗旨是相通的，即强调人与人之间的互动、关爱关系，因此本书将其统称为"关怀伦理理论"。
② ［美］诺丁斯：《学会关心：教育的另一种模式》，于天龙译，教育科学出版社2011年版，第30页。
③ ［美］弗吉尼亚·赫尔德：《关怀伦理学》，苑莉均译，商务印书馆2014年版，第5—6页。
④ ［美］卡尔：《积极心理学：关于人类幸福和力量的科学》，郑雪等译校，中国轻工业出版社2008年版，译言。

积极心理学所涉及的主题包括积极的主观体验,例如幸福、感激、成就等;积极的个人特质,例如个性力量、天分、兴趣等;积极的机构,包括家庭、学校、社区等。① 积极心理学的幸福观和积极自我理论在促进教师发展,包括维护教师的自尊,提升教师的效能感,教师自我评价和自我调节等方面具有一定的指导作用和现实意义。

(四) 自主发展理论

自主发展理论主要侧重于个体主观能动性方面的自觉发展。在这里,主要介绍的是马斯洛构建的自我实现理论和国内学者金美福提出的教师自主发展论。

1. 自我实现理论

自我实现即"成为你自己",它具有两层含义,即完满人性的实现(友爱、合作、求知、审美、创造等)和个人潜能的自我实现。② 自我实现理论来自马斯洛提出的自我实现心理学,它的核心观点是需求层次论(need hierarchy theory),包括基本需求(又称缺失需求)和成长需求(生长需求)(见图5-1)。

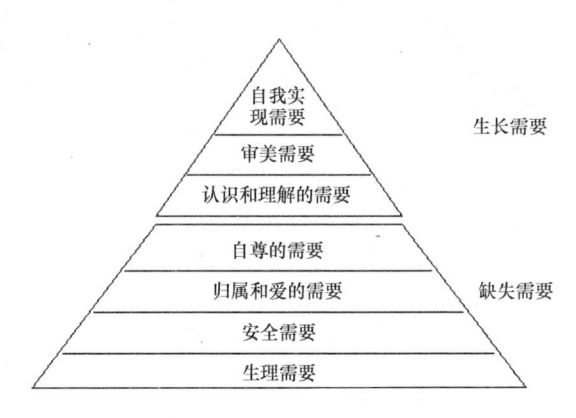

图5-1 马斯洛的需求模式

资料来源:车文博《人本主义心理学论评》,首都师范大学出版社2010年版,第161页。

---

① [美] 克里斯托弗·彼得森:《积极心理学》,徐红译,群言出版社2010年版,第13页。

② 车文博:《人本主义心理学论评》,首都师范大学出版社2010年版,第140页。

2. 教师自主发展论

这一部分主要参阅、借鉴的是金美福提出的"教师自主发展论"。该理论围绕"教师自主发展的发生原理"这一核心问题，对古今中外教师发展案例的相关资料加以分析，使这一理论获得基本的事实依据，并使理论研究直面现实，由此提出"建构基于事实的教师自主发展论"。[①] 可以说，金美福提出的"教师自主发展论"自成体系，能够找准教师自主发展在理论与实践层面的契合点，具有一定的科学性和说服力。

教师自主发展理论的最终指向是教师个体的生命意义与生存价值。这一理论的立意与本书的研究旨趣相吻合，因此对于构建基于教师自身视角的教师评价理论分析框架具有一定的启示意义。

表 5-1　　　　　教师发展相关理论对比表

相关理论	核心观点	关键词
第四代评估	价值多元（利益相关者的"主张""焦虑""争议"）；赋权；共同建构（协商与合作）	赋权；回应；协商；合作
元评价	是一种更高级的逻辑形式，强调评价的反思性、超越性、整体性和系统性	反思；超越；整体性；系统性
区分性教师评价	强调（1）尊重教师的主体性和差异性；（2）评价者与受评教师之间相互尊重、民主协商、真诚合作	差异性；协商；合作
关怀伦理理论	强调关怀者与被关怀者的互动与关爱关系，唤醒人们责任共担意识，要求密切关注被关怀者的感情、需求和思想。关怀不仅是一种态度，一种实践，一种价值（观），还是一种自主的表达	关爱；互动
积极心理学理论	遵循"以人为本"的研究宗旨和整体人生观。更倾向于用一种开放、欣赏的研究视野探寻"人"的积极品质和潜能。激发"人"的积极力量（积极心理、品质）和追求幸福（幸福和主观幸福）的潜能	积极心理；积极品质；幸福；主观幸福

---

① 金美福：《教师自主发展论：教学研同期互动的教职生涯研究》，教育科学出版社 2005 年版。

续表

相关理论	核心观点	关键词
自我实现理论	需求层次论是自我实现心理学的核心要素,主要包括基本需求和成长需求。自我实现位于需求层次模式的最顶端,以满足个体基本需求为基础	基本/成长需求;自我实现
教师自主发展论	强调发挥教师的自主性,包括教师的主观意志和教师的自觉性、主动性	个体性;自主性(自觉、主动性)

从表 5-1 中可以发现,第四代评估等理论所具有的共同特征,包括立足于"以人为本",强调人的整体性、主体性和差异性,旨在突出对"人"的尊重、关爱、赏识与鼓励;强调人与人之间的相互作用,人与人之间的互动与关爱关系,在实践中的民主协商与合作;各方的责任共担意识、个体的自主性发挥和自我实现的追求,等等。总之,第四代评估等理论凸显出"人"与"人际互动"的重要性,因此对于本书具有一定的指导意义和借鉴作用。

二 自主发展的教师专业成长

教师发展的途径通常包括外在的师资培训和教师的自主发展。这里的"自主"是相对于"他主"而言的。"他主"是外因和条件,而"自主"是内因和根本。自主发展是教师自我调整和完善的过程,这一形式会逐渐成为教师的一种生存方式,从而体现出自主发展的过程性和持久性,对于实现教师评价的公平性和教育性而言具有一定的积极作用。

关于教师自主发展的具体内容,罗杰斯提出的"个体自我概念发展"包括个体的自我认定、自我评价和自我理想[①]三个方面,主要强调的是个体人格的自我发展方式,而非阶段性的划分,这对于教师的自主发展具有指导性意义。我国学者金美福提出教师自主发展论,重在强调发展形式的过程性与持续性。其中,"自主"指的是教师的个体性与内在性、教

---

① 车文博:《人本主义心理学论评》,首都师范大学出版社 2010 年版,第 240 页。

师的自觉性和主动性两个维度;"发展"强调教师的自我超越。

可以发现,金美福提出的"教师自主发展"与罗杰斯提出的"个体自我概念发展"在内涵与特征方面具有一致性,即"个体性与内在性"对应"自我认定",强调个体的自我存在意识;"自觉性和主动性"对应"自我评价",强调个体的行动表现(能动性);"自我超越"对应"自我理想",强调个体对自己未来的期望与追求。本书将其概括为教师自我意识和自主性的提升以及教师对"自我实现"的追寻三个层次。这是教师自主发展的具体内容和努力方向。

(一)教师自我意识的提升

在教师评价中,教师自主发展始于提升自我的认知意识。教师自我认知意识主要体现在这几个方面:教师角色在评价中的重要性,教师的态度、观点对评价的影响,教师自我反思意识,教师自身的权利和义务(教师的发展与责任),对自我职业性质的认知(知识传承和理念创新),等等。提升教师自我认知意识是实现教师自主发展的一个关键步骤。然而,受传统文化的影响,我国教师队伍中存在着一种孤立现象,尤其是不同年级和学科的教师相互之间多是隔离的。而且,受传统集体主义文化的影响,大部分教师又怯于凸显自身,渴望依附于组织,过一种和谐的组织生活。由此,科学、合理地排解教师的"孤立",增强教师的"组织认同感"显得尤为重要。在一定程度上,转变教师的观念,明确教师自身的责任有利于提升教师的自我认知意识。

教师的自我意识表现在与其他利益相关者的合作过程与关怀关系上,即相互的自主性。[①] 相互的自主性是关怀伦理学中的一个概念,它涉及自主与关怀的关系。因此,教师的自主意识不仅体现在自身方面,还在于教师在合作中是否具有相互自主意识。与传统的个体自主性相比,相互的自主性对个体提出了更高的要求,要有与他人的合作意识和相互关怀的意识。通常,教师在评价中的相互自主性体现在与同事、学生的合作中。

一方面,教师要有对同事的关怀意识,以促进同事的个人发展为

---

① [美]弗吉尼亚·赫尔德:《关怀伦理学》,苑莉均译,商务印书馆2014年版,第83页。

目的,对其教学过程进行客观评价,并适时提出合理的意见和建议。另一方面,教师也应发挥自身的主动性和积极性,诚恳邀请同事对自己的教学进行点评与指导。当教师能够激发自身的主体意识时,才有助于提升自我的反思能力和教学水平。

教师的合作自主性意识体现在关注学校教师评价的实施状况,与同事一起为教师评价体系的良好运作提出科学、合理的建议和意见方面。事实上,学校教师评价中会出现一种不合理的"抱团"现象。教师小团体只是对学校官僚式管理模式的抱怨、批判,并未发挥积极作用和正向功能。显然,教师的合作自主性具有两面性,教师应该倾向于发挥合作自主性的积极影响。

教师的相互自主性还体现在与学生的沟通与交流过程中。诚然,由于双方角色的对立性和年龄的差距,会出现师生双方难以真正了解对方,难以建立相互关怀、信任的合作关系。那么,这就需要教师增强自己的合作意识,做到真正关心学生,认真倾听学生的不同需要,并给予不同的回应。显然,博爱之心、宽容之情是教师提升合作自主意识的前提和关键,在一定程度上也有利于教师体验自我的存在,促进教师的自我成长。

(二) 教师自主性的提升

教师的职业生活是教师整个人生的重要组成部分,教师职业生活的质量会直接影响教师的生命质量。[1] 因此,有学者从专业发展的角度理解并诠释教师自主性,它主要有两层含义:一是指向教师外在的自主性,即教师的教学自主权;二是指向教师内在的自主性,即教师的教学自主性。[2] 这里主要侧重于对教师教学自主性的介绍,主要表现在教师的教学与科研表现、教师的自我反思与自我评价等方面。

首先,教师的教学表现是教师评价的主要内容,这里的"教学"是从广义上讲的,包括教师学习效果、教师的授课质量以及教师的教学反思,教师的教学反思又通过科研形式得以体现,因此教师教学是

---

[1] 叶澜、白益民、王枬、陶志琼:《教师角色与教师发展新探》,教育科学出版社 2001 年版,第 15 页。

[2] 芦咏莉、申继亮:《教师评价》,北京师范大学出版社 2012 年版,第 135 页。

一个"教—学—研"三方面互为条件、互相促进的循环过程。教师"教—学—研"的循环互动可以通过教师的自主发展得以实现。

在一定程度上，教师通过自我反思形成的教学实践理论体现出教师的科研成果。教师遵循的应是"实践—理论—再实践"这一研究路径。显然，教师学习、教学与科研是一个相互影响、同期互动的过程，而且，这将成为教师的专业性生活方式，有利于满足教师职业发展的内在需要。因此，教师加强教学反思对于提升自己的学习和科研能力显得尤为重要。

其次，教师反思是教师自主发展的关键要素。教师的自我反思不仅包括对自己教学活动的反思，还包括对自身教育观、职业观、生活观等方面的省察。对于教师的个人成长与全面发展而言，有效的自我反思能使教师整个人的生命力得到焕发。

教师的自我评价是教师深入内心最隐蔽的领域，用社会价值标准和历史标准评价自己的能力、行为、欲望、意图、信念和理想等方面。[①] 显然，教师的自我反思多是内隐的，而反思的结果则通过自评这一外在形式体现出来。教师自评具有连续性、自发性和教育性等特征，因此，教师自评通过内省的方式更能促进教师的自主发展。而且，自评也是教师自我督导的一种有效方式，有助于激发和维持教师的责任意识。

然而，这里需要思考的是如何使教师自我评价发挥出应有的作用。如果说传统教师评价中的自评倾向于"检讨""揭发"自身教学的不足与失误，那么基于第四代评估理念基础上的教师自评应是一种自我赏识的评价形式。教师不仅要发现自身存在的不足，还要勇于、善于指出自身的优点和潜能。教师的自信与内驱力是提升教师教学表现的关键所在。自我反思与自我评价相辅相成，它们共同促进教师自我意识的提升和自主行为的发展，从而实现教师主体性的发挥。

（三）教师对"自我实现"的追寻

教师自主发展的终极目标是对"自我实现"的追寻，这主要表现在两个方面，即教师超越自我，从而树立崇高的教育信仰；教师在自

---

① 陈新汉：《评价论导论——认识论的一个新领域》，上海社会科学院出版社1995年版，第96页。

我超越的前提下,进行自我创新,包括教育理念、教学知识和教学方法等方面的创造和更新。

首先,教师的自我超越。教师超越自我需满足几个前提条件。一是教师自身的生理与社会性需求应该得到满足,毕竟"生存"是教师的基本需要。二是教师要更新观念,在满足基本需求基础上做到自制,超越低层次的物质需求。节制是教师获得自主的一种手段,犹如自主是获得幸福的一种手段一样。① 毕竟"生存"需求只是教师从事职业生活的基本手段,而不是目的,更不是教师职业的全部。三是教师自身应该具有寻求"发展"的内在动机。教师是一份特殊的职业,这就要求教师充实自己的精神生活,在认知、审美和自我实现等层面具有明确的自我发展意识和目标。"如果在灵魂、精神、希望等方面有所欠缺,那么再多的金钱也无法改变这种贫乏的状况。"②

自我超越需要教师具有坚定的教育信念和对自由审美的追求。教师要有自我提升与自我超越的意识和信念。在明确自身职业信念的前提下,教师应努力追求精神上的自由,并始终维持审美的态度。人的最大敌人是他自己,因此,超越自我往往是人最难做到的事情,但这却是最美的事情。对于教师而言,须使自己摆脱物质、超脱现实,使自己的精神境界得以升华。自由是教师作为知识分子所具有的特性,审美又是教师面对生命成长所应有的能力和素养,是教师对自身职业所持有的一种超功利态度。总之,教师须秉持自我超越的理念,从基于功利主义的"生存型"教师过渡到超功利的"发展型"教师③,在满足自身基本需要的前提下,努力实现自我完善、服务他人与社会的崇高目标。

其次,教师的自我创新。"自我意识到现实性并想超越它,不断地努力于真实的自我创造的人,才是真正的人,才是教师。"④ 教师的自

---

① [法]孔特·斯蓬维尔:《小爱大德》,吴岳添译,中央编译出版社1998年版,第37页。
② [美]叶维尼·凯:《金钱哲学》,朱乃长译,天津人民出版社1997年版,第154页。
③ 叶澜、白益民、王枬、陶志琼:《教师角色与教师发展新探》,教育科学出版社2001年版,第82页。
④ 王正平、郑百伟:《教育伦理学——理论与实践》,上海教育出版社1998年版,第54页。

我超越与创新是相互影响的,教师在自我超越的基础上突破自己,展示自己在教育理念、知识转化和教学方法等方面的创造与革新。在影响教师创造力的诸多因素中,内部动机是一个非常关键的因素。当教师受内在动机驱使而从事教学活动时,就会表现出强烈的兴趣、自信、坚韧和独特的创造力。此外,教师教育观念的更新和教育智慧的体现是教师自我创新的前提。教师的职责不只是传递知识,而是创造知识、化知为智。"智慧"之人不仅"会"思维,更应"智慧地"思维。[①]

教师的自主发展是一种自我超越,是一种精神层面的升华。当教师实现自我超越和创新之时,就会享受人生"高峰体验",即瞬时感受到的豁达、完美的体验。[②]它是马斯洛自我实现心理学的一个重要概念,是自我实现者的重要特征和途径。综上所述,对于教师的自主发展而言,教师的自我(认知、合作)意识是前提,自我表现(自主性发挥)是关键,自我实现(自我超越和创新)是终极目标,这三个要素处于循环发展的互动之中,彼此之间相互制约、互相影响(见图5-2)。

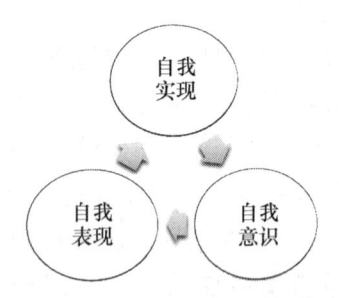

图5-2 教师自主发展循环模式

三 教师视角下的教师评价框架

教师发展不仅需要激发教师个体的自觉意识和自主性,同样需要获得外在的制度保障。因此,在理论层面,通过对第四代评估等相关理论

[①] 郝宁:《积极心理学:阳光人生指南》,北京大学出版社2009年版,第182、183页。
[②] 车文博:《人本主义心理学论评》,首都师范大学出版社2010年版,第184页。

的引用与借鉴，本书拟构建基于教师自身视角的教师评价理论分析框架。

（一）框架构建的基本原则

首先，框架的构建应注重国际化与本土化的结合。一方面，我国教育发展所采取的是"后发外启"型现代化模式，具有"迟发展效应"，如果不做国际性对比，就很难恰当地认识和分析我国教育评价研究的优劣和现有水平。因此，教师评价理论分析框架的构建应该合理借鉴国外教师评价理念、理论和模式。另一方面，在立足国际性的同时，在价值取向上要自觉地追求民族性。[①]因此，应该考虑国内外不同的政治、文化等社会因素，考虑我国教育的独特性，并结合我国教育教学和教师专业发展的实际情况，构建切实可行的教师评价理论分析框架。

其次，框架的构建主要遵循科学性、公平性和教育性。一方面，教育性指的是教师评价的利益相关者，尤其是评价者和受评教师之间应该相互学习、相互帮助、互相交流；另一方面，对于教师而言，应有自我导向的探究与不断学习的精神。在一定程度上，评价也是一种学习方式，具有潜在的教育功能。

最后，框架构建的最终指向是教师发展与问责。根据我国的国情，在教师评价改革中，不能把发展性评价与奖惩性评价置于截然对立的两端，而应将这两种评价制度的优势相结合，在发挥评价的管理与诊断功能的前提下，最大限度地促进教师的发展。

（二）框架的维度划分

本书主要依据访谈调查所获取的原始材料和第四代评估等已有理论体系，构建基于教师自身视角的教师评价理论分析框架。[②] 本书前期的访谈资料主要是从一线教师的视角探寻当下中小学教师评价的现状，最终发现一个突出的问题，即评价外部机构和人员对教师的忽视以及教师对自身认识的忽视。鉴于此，本书借鉴以第四代评估为主的评价学理

---

① 陈玉琨、李如海：《我国教育评价发展的世纪回顾与未来展望》，《华东师范大学学报》（教育科学版）2000年第1期。

② 本书之所以不敢称其为"理论建构"，是因为这与扎根理论的要求相差较大。在扎根理论看来，"理论都是流动变化的，扎根理论中的理论建构不是一劳永逸的事情，需要不断发展"（陈向明）。本书按照扎根理论的路径延展下去，将理论框架中的概念体系与前期访谈资料进行互证。

论、关怀伦理学、积极心理学和自主发展等相关理论,拟构建一个强调"教师在场"的理论分析框架。第四代评估等相关理论提出赋权、回应、关爱、欣赏、协商、合作与反馈等具体的评估策略,这对于理论框架的维度划分具有极大的指导作用和借鉴意义(见表5-2)。

表5-2　基于教师自身视角的教师评价理论分析框架

维度	具体内容
1. 平等与赋权	校长:赋权 教师:参与
2. 关爱与欣赏	满足教师的合理需求(物质需求与精神需求)
3. 协商与合作	重视教师评价内部机制建设(包括评价目的、评价标准等要素)
4. 回应与反馈	关注教师认知量化考核结果和评价质性反馈并重

第二节　评价参与者：平等与赋权

在第四代评估理论中,赋权被作为评价的最终目标。第四代评估是为了给予权力,而非剥夺权力。[1] 赋权表明教师评价起点的公平性。教师赋权运动始自美国霍尔姆斯行政当局(Holmes Group Executive Board)于1986年发表的《明日的教师》教育报告书。[2] 赋权主要针对处于弱势群体的利益相关者而言,能让其参与到评价中来,并且使其得到表达观点的机会。赋权最大的贡献在于保证受评者的主体性,并调动其主动性,避免评价对受评对象在伦理上的侵犯。赋权的过程或许充满困难与麻烦,但最终是有效的。[3]

---

[1] 埃贡·G. 古贝、伊冯娜·S. 林肯:《第四代评估》,秦霖、蒋燕玲等译,中国人民大学出版社2008年版,第147页。

[2] Rogers, D. (1995), Tomorrow's Teachers (1986): A Report of the Holmes Group (Abstract), http://www.Baylor.edu/SOE/SCHOLMESIIT.HTML.

[3] 埃贡·G. 古贝、伊冯娜·S. 林肯:《第四代评估》,秦霖、蒋燕玲等译,中国人民大学出版社2008年版,第166页。

在教师评价中，赋权主要强调保证受评教师与评价者在人格上的平等与合作的伙伴关系，这需要赋予受评教师基本的行政权，包括参与权、知情权、话语权，以及赋予其专业权，主要指教学自主权。

一 赋予教师行政权与专业权

关于教师赋权的重要性早在 20 世纪 80 年代就得到美国学者的验证。他们深刻反思了美国近 30 年的一系列教育改革，尤其是在 20 世纪 80 年代经历的第一次教育改革浪潮，得出的结论是任何缺少教师参与的教育改革终将失败，教师才是解决国家教育问题的关键所在。[①]然而，在我国，教师通常是改革的被动接受者，很难成为教育改革的主体，缺乏基本的权利。这种自上而下的改革路线总是与日常教育中所存在的困难相隔离。[②] 本书调查也发现，"无权"成为受访教师谈及的核心问题，其中教师提及次数最多的就是参与权和话语权的缺乏。

无论是在西方个人主义文化中，还是在我国的集体主义社会里，为促进教育发展，赋予教师最基本的权利是必需的。只有赋权，才能给予人一种自我高效感，才能为探索新资源而敢于冒险，从而激发人的创造性和自豪感。赋权还能使其心生责任感，并信守承诺，为组织做出贡献。[③] 可见，若想使教育改革获得成功，让教师评价达到促进教师发展的目的，就应该赋予教师一定的权利，允许教师参与其中，才能获得教师的支持和拥护。

在教师评价中，首先，赋权的措施就是让受评教师获得基本的参与权。教师具有较高自尊心又极易被真理说服，因此在制定评价方案时，要让教师参与整个制定过程，使其了解评价的意义和评价方案的依据所在。教师群体有自己的文化特性，如果评价活动能与之相容，

---

① Siggins, R. (1996), Teacher Evaluation: Accountability and Growth Systems-different Purposes, *NASSP Bulletin* 70, (490), 51–58.

② 常波：《西方反思型教师教育思潮兴起背景综述》，《外国教育研究》2000 年第 4 期。

③ 埃贡·G. 古贝、伊冯娜·S. 林肯：《第四代评估》，秦霖、蒋燕玲等译，第 166 页。

那么教师就会在心理上接受这一活动，也能采取行动以积极配合评价工作。因此，赋予教师参与权是最基本的但也是最关键的一步。

其次，赋予教师基本的话语权和知情权。依照第四代评估理论，教师在评价中的话语权主要指教师的"主张""焦虑"和"争议"。利益相关者都有权公开讨论自己的"主张""焦虑"和"争议"。而且，无论他们持有何种价值观，同样都有权获得答复。[①] 第四代评估理论提倡价值的多元化，尤其强调利益相关者对评价的认知。一线教师作为评价的受益人，对评价活动的感知具有较强的说服力。尤其是教师对评价中潜在问题的反映，对于评价决策的修正具有一定的参考价值。

教师的知情权主要指获知评价方案制定、评价实施和评价结果的用途等整个评价体系详情的权利。通常，教师最关切的就是获知评价结果及其用途。教师评价结果通常包括量化考核成绩和质性评价内容。其中，量化考核成绩主要用于对教师的奖惩评定，关乎教师的物质利益和荣誉；而质性评价结果主要用于改进教师的教学，对教师的专业发展而言具有很大的促进作用。因此，教师有权获知教师评价制定与实施的详情。

显然，教师的知情权与参与权、话语权等是相辅相成的。在一定程度上，赋予教师基本的行政权对于教师评价流程的公开与透明能起到一定的监督作用。更重要的是，赋权能够增加教师的主体性与合作意识，激发教师的工作热情和潜能，有利于实现促进教师发展的评价目的。

最后，教师应该享有最基本的教学自主权。教学自主权指教师控制和支配自己所教课程和教学情境的权利。它说明教师的教学不受外界的约束和控制，教师能够支配自己的教学活动与教学环境。[②] 在专业领域内，教师只有获得一定的自主权，教师的专业自主性才会得到提高，教师的创造性以及合作与交流的愿望才会得到激发。马克思指出："人类的本质是自由、自觉的活动"。因此，从伦理上讲，人的自由本质的实现可能会产生幸福；从审美意义上讲，它可能会生成美

---

① 埃贡·G. 古贝、伊冯娜·S. 林肯：《第四代评估》，秦霖、蒋燕玲等译，中国人民大学出版社 2008 年版，前言第 4—6 页。

② 芦咏莉、申继亮：《教师评价》，北京师范大学出版社 2012 年版，第 133 页。

感。① 显然，主体的自由存在是教学之美存在的关键。

"教师应以理性、智慧的方式满足学生的需要。那么，最重要的教育改革应是赋予教师权利。而且，不需要以冗杂、具体的知识信息和规章制度去武装教师的头脑，而应引导教师进行自我探索。"② 显然，只有赋予教师一定的专业自主权并引导教师提升自身的专业自主性，不断进行专业探索，才有可能从根本上提升教师质量，才有可能实现学校变革的愿景。

从另一个角度来讲，赋权也是对教师承担责任的一种要求。正如第四代评估理论提出的，评价立足于社会现实，是关于人的选择活动和人的建构，它强调人与人之间的交往与互动。在教师评价中，评价者与受评教师之间的相互作用有助于双方建立良好的关怀关系。如此，他们会成为评价活动中的关系人，彼此的责任共担意识也会随着关系的深入而逐渐增强。正如关怀伦理学所认为的，关爱会唤起人们承担责任的意识。显然，教师不仅要成为赋权对象、接受关爱之人，同时，教师也应成为爱人之人。因此，赋权于教师也是为了增强教师的责任意识，使其对自己、他人以及整个教师评价活动担负起应有的责任。学会关心也须接受责任，并持之以恒地提高自我，这样才能使接受我们关心的人取得进步。③

二 校长"放权"的重要性

我国中小学主要采用校长负责制的权力结构，因此，在中小学教师评价中，校长是给教师赋权的主要领导者。通常，校长自身的教育观念、评价理念、管理风格以及个人关注领域等因素会直接影响校长的"施政"表现，包括对权力的使用和分配。这一情况在对一线教师的访谈调查中可以获知。有学者指出，权力越大的人，越不需要去

---

① 檀传宝：《美学是未来的教育学》，《中国德育》2014 年第 2 期。
② ［美］诺丁斯：《学会关心：教育的另一种模式》，于天龙译，教育科学出版社 2011 年版，第 183 页。
③ 同上书，第 179—180 页。

发现事实，因为强势领导者能成功地用其权力建构自己想要的事实。[①]然而，赋予教师权利是维护学校秩序和实现组织良性运转的基本条件，校长应该以师生发展、学校长久稳定与发展作为施政的首要目标，应该知晓合理利用权力和适当放权的重要性和紧迫性。

学校是一个由以校长为主的行政人员、教师和学生等在相互作用、互动关系中建立的组织机构。美国心理学家彼得森（Christopher Peterson）对目的、安全、公正、人性化和尊严等因素对机构所具有的美德进行了描述。"机构有被接受的道德目标，它通过记忆和赞颂而存在；机构能提供保护，以防不公正的对待和危险；机构能实施奖惩的公平条例，并能持续产生作用；机构内部成员相互关照；机构能充分尊重组织内部任一成员。"[②] 显然，基于学校发展的宏观视角，为校长对权力的使用与适当放权产生了一定的启示作用。

在教师评价中，以校长为主的评价者掌握着评价的主动权，其地位和话语权自然优先于受评教师。因此，若要促进学校教师评价的持续发展，其重要前提应是鼓励教师的参与，由"领导或专家"主导转向建立"平等"的多方合作关系。因此，校长应该在学校范围内适当放权，并赋权给教师。关怀者不仅要有适当动机对他者做出反应，增加关怀，还要依据效果调适他者参与实践[③]（见图5-3）。

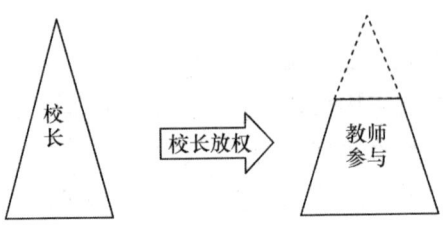

图5-3 校长赋权前后对比图

---

① [美]霍伊、[美]米斯克尔：《教育管理学：理论·研究·实践》，范国睿主译，教育科学出版社2007年版，第211页。
② [美]克里斯托弗·彼得森：《积极心理学》，徐红译，群言出版社2010年版，第215页。
③ [美]弗吉尼亚·赫尔德：《关怀伦理学》，苑莉均译，商务印书馆2014年版，第6页。

当然，考虑到教师个体的差异性和权利分配的复杂性，校长应该合理把握放权的"量"与"度"。此外，由于我国教师评价遵循的是"自上而下"型的管理模式，学校领导者通常把行政权力与专业权力混在一起，这种现象缺乏一定的科学性、合理性，并不利于校长的分权与放权。因此，校长应该将行政权力和专业权力分离，给予教师"参政议政"的机会，让教师参与学校层面的评价决策过程；在教学领域赋予教师更多的专业自主权，重视并合理采纳教师对课堂教学评价模式的看法与建议，体现出区分性、人性化的赋权理念。

可以看出，赋权运动可以转换学校领导者在评价中的传统角色与职能，校长从控制者逐渐变为协作者，校长与教师能够共享权力，共担责任。总之，赋权有利于增进评价双方的沟通与合作，改变校长与教师惯有的"二元对立"型权力模式，有利于形成"提出—回应—反馈"这一良性的、动态循环的教师评价模式。

第三节 评价导向：关爱与欣赏

在本书中，"关爱"也可称为"关怀"，意即关心与爱护，源自关怀伦理理论。活着的人永远是更重要的[1]，这是关怀伦理的核心观念。关怀伦理还重视关怀关系。关怀关系要求相互性，其培养方式是在人类生活相互依存的各种背景中。[2] 欣赏源自积极心理学，指对个体的积极心理、积极品质和潜能的赏识。"积极心理学"中的"积极"二字非常重要，它强调人类生命中的优、缺点都是真实存在的，应该受到同等程度的关注。积极心理学更加关注"人"自身，包括"人"的积极的主观体验和个人特质。[3]

可以发现，关怀伦理和积极心理学的一个共同旨趣就是突出

---

[1] ［美］诺丁斯：《学会关心：教育的另一种模式》，于天龙译，教育科学出版社2011年版，第6页。

[2] ［美］弗吉尼亚·赫尔德：《关怀伦理学》，苑莉均译，商务印书馆2014年版，第83页。

[3] ［美］克里斯托弗·彼得森：《积极心理学》，徐红译，群言出版社2010年版，第1—2、13页。

"人"的重要性,强调对人的关爱与欣赏。同时,关怀伦理还强调对每一个体的需要给予恰当的回应,旨在建立并维护关怀的关系。① 在当下我国中小学教师备受职业倦怠困扰、普遍缺乏职业幸福感之时,关怀伦理和积极心理学的核心理念能够起到正向引导的积极作用。

一 关爱:教师的基本需求

基本需求属于低层次需求,指个体不可缺少的生理需求和社会需求。通常,基本需求很难通过个体的努力得以实现,需要他人从外部环境提供条件得以满足。对于教师而言,其基本需求通常包括物质利益、安全、社交、渴望得到尊重等。

(一) 对物质利益的需求

"人类存在的基本内容主要是生存状态、存在意识与存在方式。"② 调查发现,目前大部分中小学教师对自己的生存状态并不满意,却又无力改变。这是因为"人怀有的希望、理性与冷漠、无理性的客观事实"③ 发生对冲所致。加缪所描述的这种人生"荒诞"也是对部分中小学教师生活的写照。在我国社会主义市场经济体制中,相对于其他职业而言,中小学教师的职业地位下降,教师待遇相对较低,进而导致大部分教师处于心理失衡的状态。因此,教师最迫切的需要就是改善教师队伍的待遇问题,主要表现在职称评定与绩效工资两个方面,这直接关乎着教师的生计和生存,关乎着教师的幸福。

从访谈结果可知,提高中小学教师的待遇是激发教师工作热情,促进教师发展的基础与前提。如果最基本的需求长时间得不到满足,教师就会产生强烈的生存危机感,这对教师的身心健康同样会有损伤。然而,人类的基本需求具有较强的依赖性,主要借助他人所提供的外部条件才能实现,因此,需要为教师建构一种关爱的人际关系和评价环境。如果说教育是一种"爱"的事业,那么教师就是"爱"

---

① [美]诺丁斯:《学会关心:教育的另一种模式》,于天龙译,教育科学出版社2011年版,第6页。

② 柳鸣九:《见证生活勇气的传世作品》,[法]加缪:《西西弗的神话:加缪荒谬与反抗论集》,杜小真译,陕西师范大学出版社2003年版,前言第11页。

③ 同上书,第17页。

的传承者。当教师自身能够感受到较强的职业幸福感时，才会将这种关爱传递给学生。因此，只有把教师看成"人"，给予教师足够的关爱，才会将教育之爱发扬光大。

通常，与强调普遍的道德原则及其应用原则的"正义视角"相比，"关怀视角"更注意满足人们的需要。处于关怀关系中的人有时会有竞争。①在现实中，物质资源毕竟是有限的，当教师的数量和个人需求总量超出资源分配的限度时，就会出现竞争与公平问题。在一定程度上，这也揭示出关怀与公正的关系问题。事实上，教师既希望得到公正的评价和尊重，又渴望自身的物质需求得到满足。显然，教师对评价体制具有一定的依赖性，希望通过外部环境实现自己对公正和关爱的需求。

在实际中，学校领导者与教师的立场具有不同之处。相比之下，领导者通常更重视的是评价的公正，其次才是对教师的关怀。关怀能在缺乏正义之时存在，但缺乏关怀却不会有正义。领导者在能力和时间受限的情况下，决定怎样对被关怀者的各种需要做出回应。而且，领导需要考虑如何将关怀与正义融为一体而又不失各自的优先性，尤其要特别关注"自私的个人"和"人性"这"两极"之间的中间区域。②可见，关怀是最深层的价值，是实现公平与正义的前提。对于教师评价的"掌权者"而言，不仅要追求评价的公平与正义，也需要考虑如何实现对教师的"人性"关怀。

（二）安全、社交、尊重需求

马斯洛指出，人类需要层次是波浪式向前发展的，表现出持续和重叠的特征。不同层次的需要可以同时存在，且对个体行为的支配力量也不同③（见图5-4）。

这进一步说明，人性是复杂的，物质利益不一定是激发个体积极性的唯一动力，印证了西方心理学界提出的"精神比物质更重要"的观点。对于教师而言，即使是基本的物质利益得到了满足，也难以

---

① ［美］弗吉尼亚·赫尔德：《关怀伦理学》，苑莉均译，商务印书馆2014年版，第23、41页。
② 同上书，第22、12—15页。
③ 车文博：《人本主义心理学论评》，首都师范大学出版社2010年版，第168页。

保证获得职业幸福。这是因为，教师职业的特殊性使其在渴望提高自身经济地位的同时，更期望获得精神报偿，包括生理与心理方面的安全感、社交活动中的相互合作与关爱，以及尊重的需要。① 这极易引发教师个体的内在冲突，包括教师成就需求与成功可能性之间、教师的责任感与自尊心之间的冲突。

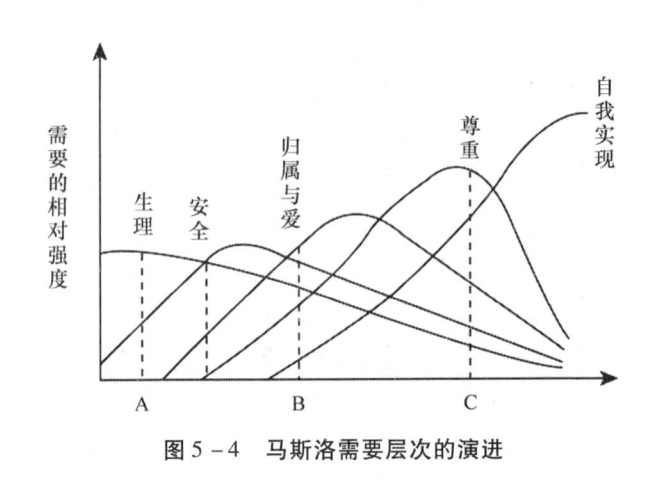

图 5-4 马斯洛需要层次的演进

当下中小学校园暴力事件层出不穷，不仅学生的安全受到威胁，教师也对自己的安全感到担忧。显然，依据马斯洛描述的波浪式需求层次，教师在渴望自身物质利益得到满足之时，同样具有获得安全与尊重的基本需求。这一情况可从访谈调查中获知。例如，S2-G1-M-W 老师提及的农村家长问题："能不能替我们老师传达呼声，能不能采纳制定一项法律方案来约定家长？农村家长的教育水平参差不齐，大金链子、文身，在我们学校这样走（比画），有个小事儿就打110，说'有个老师怎么怎么样我们孩子，你过来把老师抓走吧'，我们学校出现了这种情况。"可见，农村家长的蛮横、霸道行为不仅干扰了教师的正常教学，而且伤害了教师的情感与自尊，甚至对教师的人身安全构成了威胁。

---

① 方忠雄、刘维良：《教师职业生涯发展与心理健康》，首都师范大学出版社2006年版，前言第1页。

显然，教师对安全、社交与尊重的需求更应建立在相互关爱的基础之上，尤其是教师、学生和家长之间的相互关心、爱护和尊重。对此，学校有责任促成"校长—教师—家长"之间的关爱关系，建立良性的家校合作关系。与其他领域出现的简短式关心关系不同，教育中的关爱更需要建立在牢固的信任基础之上。① 这是因为建立良好的沟通模式可以降低激起教师愤怒的可能性，以及家长与学校管理之间的对立。② 因此，学校、教师与家长的合作应该遵循迪马特·布贝克提出的关怀的平等和最小伤害原则。③ 当然，在渴望得到外界认可与尊重的前提下，教师应先做到自重，增强自身的责任意识。

二 欣赏：教师的成长需求

按照马斯洛的需求层次理论，虽然人的需求层次呈现出波浪式和重叠式的特征，但总体上呈现出由低级向高级逐渐发展的趋势。当人类的生理需求和社会需求获得基本满足时，就开始迈向高层次的成长需求。成长需求是马斯洛自我实现理论的核心，包括对认知和理解的需求、审美的需求和自我实现的需求。

个体的自我实现是一种心理上的超越性需求，需要在人性关爱的基础上得到更多的赏识。然而，我国社会存在着一种隐性的消极文化，即倾向于揭发人性的缺陷，无视人性的积极变化，缺乏人性的宽容与博爱。针对此，费孝通提出的"各美其美，美人之美，美美与共，天下大同"④ 的文化共生理念对于纠正人们长期形成的消极心态，培养更加开放包容的多元文化欣赏观⑤具有一定的启示和借鉴意义。

---

① ［美］诺丁斯：《学会关心：教育的另一种模式》，于天龙译，教育科学出版社2011年版，第77页。
② Philip D. Vairo, Sheldon Marcus, Max Weiner（2007），*Hot-button Issues for Teachers: What Every Educator Needs to Know about Leadership, Testing, Textbooks, Vouches, and More*, Lanham: Rowman & Littlefield Publishers, Inc., pp. 136 – 137.
③ ［美］弗吉尼亚·赫尔德：《关怀伦理学》，苑莉均译，商务印书馆2014年版，第22页。
④ 费孝通：《"美美与共"和人类文明》（上），《群言》2005年第1期。
⑤ 张新平：《校长：问题解决者与欣赏型领导者》，《教育研究》2014年第5期。

在教师评价中，这种多元文化欣赏观体现在评价者对教师积极力量的欣赏，包括教师的积极心理、积极品质和教师的主观幸福感等方面，体现在对教师专业能力的欣赏上。教师的专业能力可分为两层，即显性的专业知识和技能，以及隐性的智力财产和文化资本。前者一般可以通过教师教育和专业发展来获得，而后者主要源于教师自小积累起来的个人素质，包括个人态度、价值观、信仰、思维模式等。早在20世纪70年代，国外有学者就提出，有效的教学不仅需要教师明确地传递知识和技能，而且需要他们将宝贵、持久的智力资产和文化资本在潜移默化中传递给学生。显然，在这个全球化和社会转型时代，高质量的智力资产和文化资本会增添更多的长远价值，而知识与技能很快将会被淘汰。[①] 因此，教师教育更应该重视发掘教师的智力资产和文化资本。

在教师评价中，评价者尤其要关注教师的态度、情感与认知，激发教师的积极力量和潜能，赏识教师的个性与教学特色。当教师在评价者的关爱中获得基本需求时，就会产生愉悦感和幸福感，通过自身努力去追求知、美等更高层次的成长需要的可能性就会增加，从而超越对外界的依赖。正如第四代评估理论所提出的："评价的目的不在于证明，而在于改进。"由于教师的职业生活是教师个人生活的主要组成部分，教师的成长需求主要体现在教师的专业发展方面，这将在本书后续章节里进行详细阐述。

此外，本书调查得知，教师评价比较缺乏对新教师群体的重视与关爱。依据年龄和教龄的划分层次，新教师处于教师生涯发展的初始阶段。这一时期是新教师发展的关键期，不仅处于所学理论知识向教学实践经验的过渡时期，而且面临个人角色、校园环境以及人际关系等不同方面的转变。因此，与经验型教师相比，新教师在业务和心理上均表现出不成熟的特征，例如，自身缺乏足够的信心和教学灵活性，但又过于依赖学校权威。然而，新教师对自我发展的需求愿望表现得较为强烈，主要包括对专业发展的认知需求和情感心理需求两个

---

① Cheng, Y. C. (2009), Teacher Management and Educational Reforms: Paradigm Shifts, *UNESCO Prospects-Quarterly Review of Comparative Education*, 39 (1): 75.

方面。按照马斯洛需求层次理论，这主要属于低层次的基础需求，对他人及外部环境的依赖性较强。

新教师是一个具有广阔发展空间的队伍，但又是需要得到校方的专业支持与帮助、渴求更多认可与关爱的特殊群体。在教师专业发展方面，新教师需要得到专业指导教师和团队的支持与帮助；在情感与心理方面，新教师极易表现出较为敏感和脆弱的一面，更希望得到他人，尤其是领导与学生的认可和鼓励。否则，外界不合理的评价将会对新教师的后续发展、岗位留任乃至职业更换等方面产生极大的负面影响。显然，这与戈尔德（Yvonne Gold）提出的新教师需要具有一致性。戈尔德将新教师的需要分为三类，包括情绪—生理的、心理的、身体—智力的。①

因此，在教师评价中，以学校领导为主的评价者应该给予新教师更多的关爱，缓解新教师内心的矛盾与冲突，用欣赏型评价代替诊断式评价，以激发新教师的潜能和信心为主。事实上，一旦顺利度过教师职业生涯阶段的最初心理敏感期，新教师多会最大限度地发挥自身的教学自主性，努力寻求自主发展。只有在教师得到充足的关爱与欣赏时，其工作热情、责任感以及个人潜能才会得到激发，不仅有利于提高教学质量，教师自身也能获得职业幸福感。鉴于个体的基本需求依赖于外部环境与他人的给予，成长需求的满足主要靠个人努力，个体的幸福需要建立在与他人的相互作用基础之上。因此，在教师评价中，就需要建立教师与评价者双方相互协商与真诚合作的关怀关系。

第四节 评价方式：协商与合作

协商与合作是第四代评估理论的核心要素。评价是一个连续、反复、有分歧发生的过程，是一个共同合作、创造现实的过程，是一个教与学的过程。② 第四代评估理论强调评价双方的相互作用，重视相

---

① ［美］麦金太尔（McIntyre, D. J.）、奥黑尔（O'Hair, M. J.）：《教师角色》，丁怡等译，中国轻工业出版社2002年版，第335页。
② 埃贡·G. 古贝、伊冯娜·S. 林肯：《第四代评估》，秦霖、蒋燕玲等译，中国人民大学出版社2008年版，第186—188页。

互之间的协商与合作。不仅如此，区分性教师评价理论也极为倡导利益相关者之间的相互尊重、民主协商与真诚合作。基于此，本书认为，应在允许教师参与的基础上建立评价双方协商与合作的教师评价体制，从根本上促进教师的专业发展。评价者与受评教师在协商基础上达成的共识也有利于教师评价内部机制的调整和良性运转。教师评价内部机制建设涉及评价目标、评价目的、评价标准、评价者、评价形式等具体方面。

一　评价目的与评价标准的制定

协商与合作的评价理念体现在评价目的与评价标准的制定上。具体而言，评价目的应兼顾教师问责与教师发展，同时应制定具有区分性的评价标准。

（一）评价目的：教师问责与教师发展并重

在整个教师评价体制中，评价目的直接影响着评价结果的使用。教师评价目的应该兼顾教师发展与教师问责。教师发展是指教师的全面发展，包括来自外力"施压"的教师专业发展和教师的自主发展。"问责"是指教师的专业责任和育人责任。调查结果显示，中小学教师评价多偏向于终结性评价，评价目的倾向于对教师的管理与考核，而在促进教师发展方面则较为欠缺。

教师评价的本真目的应该是兼顾教师发展和教师问责。因此，若要实现教师评价的有效性，教师发展与问责不可偏废任一方。目前，受应试教育体制的影响与制约，我国教师评价存在的主要问题是教师问责的权重过大，以致忽略了教师个人的情感与认知以及教师的全面发展。由此，在基于教师自身视角的教师评价理论体系中，评价目标重在"纠偏"，应使教师评价的"指针"定位于教师"发展"与"问责"的中间位置，以维持二者的平衡关系。实现这一目标的前提是，教师评价方案的制定者能够关注一线教师的"主张""焦虑"和"争议"，在评价双方之间建立协商与合作的良好关系。

（二）评价标准：区分性评价

评价标准是依据评价目的而制定的、用于对受评对象进行价值判断的客观依据。在教师评价中，受评教师在年龄、教龄、任教科目、教学特色等方面具有一定的差异性，这就使得教师群体的发展水平参差不齐。因此，在制定教师评价标准时，理应考虑到这一现实问题。然而，虽然我国教师评价在理论上强调定性与定量评价相结合，但事实上，由于评价技术存在的问题而使应当量化的标准未实现量化，也未与定性分析合理地结合。① 本书调查也发现，中小学教师评价中评价标准的制定过于统一，忽略了教师个性、教师类别和教学内容等方面所存在的差异性。

早在20世纪90年代，美、英等国在促进教师专业发展的过程中就逐渐认识到，有必要根据教师的职业需求建立一种"适应教师个别差异"的评价体系。②

因为区分性教师评价尊重价值多元和个性差异的原则，且能够达到提升教师素质和教学质量的双重目的，所以越发受到美国中小学教师的欢迎，也逐渐成为美国教师评价改革的热点之一。不难发现，区分性教师评价在美国得以成功实施的一个主要因素是，迎合了美国人崇尚个性、倡导多元化的个人自由主义价值观。

虽然我国受传统文化影响而形成的集体主义文化完全不同于美国等西方国家，但区分性教师评价自身的优点有助于解决我国传统教师评价所存在的弊端，这是我国借鉴国外关于区分性教师评价理念的关键所在。鉴于此，我国中小学教师评价需要制定有区分性的评价标准。这里的"区分性"是指教师的"差异性"，并不是对教师进行分等。区分性教师评价标准制定的依据有多种，从本书访谈调查中可以得知，评价标准应该根据教师的类别、所带年级和任教学科进行划分。

首先，依据教师的年龄和教龄，教师通常可分为新教师、熟练型教师和专家型教师。这些教师在个人特点和需求、教学风格和经验、教学水平和发展空间等方面表现出很大的差异性。这里主要以新教师这一特殊群体为例。

---

① 申继亮、孙炳海：《教师评价内容体系之重建》，《华东师范大学学报》（教育科学版）2008年第6期。

② Danielson, C. (2001), "New Trends in Teacher Evaluation," *Educational Leadership*, p. 5.

通常，新教师的特点表现在教学热情高，教学观念和方法具有创新性等方面，相对而言，在教学经验、授课知识和课堂管理能力等方面有所欠缺；在个性心理层面，新教师又表现出信心不足、情感脆弱、情绪波动较大，尤其渴望得到外界认可等特点。在一定程度上，新教师个人心理和情绪上的缺陷对其教学水平、管理能力和个性展现等方面的正常发挥具有很大的抑制作用。因此，应该从教学和心理两个层面出发，制定适合新教师群体发展的评价标准，在帮助新教师渡过"心理难关"的前提下提升其业务素质和能力，从而增强教师评价的科学性和人文关怀。

其次，评价标准制定还应遵循不同学科、不同年级教学的差异性。从本书的访谈调查中获知，受我国应试教育的影响，中小学通常将学科划分为主要考试科目（主科）和非考试科目（副科）。主科通常包括语文、数学、英语等，其次是物理、化学，除此之外的科目通常被认为是副科。事实上，我国中小学历来重视对主科教师的评价，例如，S2 – G3 – M – ST – W 老师指出："市教育局对初中语数英理化相对重视，对史地政生重视程度比较轻，学校忽略这几科，对这几科的评价没啥参考依据。"

因此，为改善当下教师评价标准制定中所存在的问题，应该针对中小学不同学科、不同年级的任课教师，制定兼具科学性、区分性和人文性的评价标准。前提是评价标准的制定者应关注、重视任课教师的看法与建议。只有在与一线教师协商与合作的基础上才能最大限度地发挥区分性教师评价的效用。同时，教师评价中标准制定的模糊性问题也自然会迎刃而解。

二 评价者与评价形式的选择

受我国集体主义文化的影响，中小学教师更倾向于融入组织以"掩藏"自己。因此，本书认为，应该合理利用我国这种特有的教师文化，迎合教师的心理特征，在教师评价中采用小组评价的形式，强化评价主体之间的协商与合作。因此，在借鉴第四代评估中"团队评价"创设理念的基础之上，本书采用"评价共同体"这一概念。同时，本书遵循第四代评估所提出的"我—你"关系模式，在借鉴国外教师评价360度反馈体系基础上,提出"同心圆评价模式"(见图5-5)。

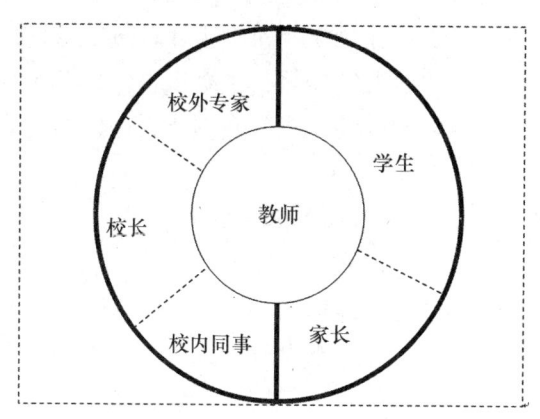

图 5-5 评价共同体——同心圆评价模式

(一) 评价共同体的构成

评价共同体是一个由多方成员组成的评价系统,是根据我国现有的评价体制,参照西方学习共同体及其相关理论而建立的。评价共同体是在学习共同体的基础上提出的。学习共同体是一种能够使不同阶层人员全身心投入,且有能力持续学习的学习型组织。[①] 评价共同体属于学习共同体的一个子系统,其正常运作需要系统内部成员的协商与合作。在本书中,评价共同体的建立旨在汇集系统内部成员的力量,在相互尊重和关心的基础上实现评价双方的协商与合作,最终形成建设性的质性评价信息,并将其及时反馈给受评对象。评价共同体建立的原则主要是,评价过程的个别化和适应性,利益相关者的多元化和互动性,以及评价结果的人性化和质性化。[②]

评价共同体的成员具有多元化的特点,主要包括校长、校内同事、教师本人、学生、校外同行或专家以及学生家长等。然而,与已有评价主体分类不同的是,本书中的"评价共同体"以小组形式对

[①] [美] 克拉克:《学习型学校与学习型系统》,中国轻工业出版社2004年版,第173页。

[②] 陈树生、徐楠、刘莹:《论高中评价共同体的建立与教师角色定位》,《西华师范大学学报》(哲学社会科学版) 2011年第2期。

评价者进行分类，主要分为三组：将校长、校内同事、校外同行或专家归为一组，实施以校长为核心的领导评价；将学生与家长归为一组，以学生为主，家长的作用在于对学生评教进行合理的引导；受评教师进行自我评价。评价共同体是一个有机整体，各个成员之间具有内在的必然联系，他们的互动与相互影响能使评价共同体发挥"自组织"的功能。

（二）"同心圆"评价模式的基本内涵

"同心圆"评价模式是在评价共同体基础上形成的，以关怀伦理学中的"人际关爱关系"为理论依据。关爱关系中的人们为了自己和他人而一起行动，关爱关系的良好状况包含了关系人的良性合作以及关系本身的"良好"。① 其中，"同心圆"由"一点"和"两圆"构成，"一点"即圆心，指的是受评教师，意即教师评价应以受评教师为主；"两圆"是指具有同一圆心的小圆和大圆。小圆主要指教师的自我评价。大圆是指他评形式，包括分别以校长和学生为主的两个评价小组。

同心圆评价模式主要分为两层。第一层是小圆中的教师自评，强调教师的内在性与个体性，其最终路径指向是教师的自主发展；第二层是大圆中的他评形式，强调评价的外部影响，其最终路径指向是教师发展与教师问责。关于教师的自我评价将在后续章节中另行介绍，这里主要介绍"同心圆"评价模式第二层的发生原理。第二层的"他评"形式包括以校长为核心的评价小组、以学生为主的评价小组。

1. 以校长为核心的他评小组

一方面，我国儒家传统文化中的高权力距离与和谐观对教师具有很大的影响。我国中小学采用的是行政化管理模式和科层制的组织结构，以及以校长负责制为主的权力结构。校长和一线教师分别位于学校权力层的顶端和底部，校长掌握着学校的主要权力，是学校教师评价的主要负责人。由于一线教师的无权导致其对权力的依附与崇拜，

---

① ［美］弗吉尼亚·赫尔德：《关怀伦理学》，苑莉均译，商务印书馆2014年版，第12—15页。

与其他评价人员相比，教师更信服校长对自己的评价。基于此，本书建立了以校长为核心的小组评价，使其起到对教师的激励和督导作用。

另一方面，受我国"面子"和"关系"文化的影响，教师相互之间难以坦诚、客观地评价对方，以致同行间的评价更倾向于只讲优点，对缺点却避而不谈。由此，同行评价只是流于形式，难以起到强化教师合作、促进教师发展的作用。

此外，由于反馈会使集体产生冲突或丢失面子，中国人不愿直接给予反馈，更倾向于通过间接方式告（获）知评价。而且，出于复杂因素的考虑，校长也很少以面谈形式将评价结果，尤其是负面信息告知教师。这应该是我国中小学教师评价缺少质性反馈的一个主要原因。

基于对以上因素的考虑，本书认为，首次，应吸收校外同行或评价专家的介入，委托其将真实性评价信息反馈给教师本人。这是因为作为外来人员，校外同行或评价专家对教师的工作环境较为陌生，更能保证评价过程的客观性。[1] 如果学校因客观条件限制而不能达到这一要求，可以在校内选择第三方代替校外评价者的角色。例如，由各学科的中层领导或已经卸任的具有一定资历和威望的年长教师担任。中国文化具有崇尚资历的元素，因此可以设置结构化的指导项目，有资历的教师可以发挥自身作用，给予年轻教师建议，在教学上助其发展。[2]

其次，评价小组成员的任务和职责的合理分配。在领导评价小组内，校内同事的任务是参与课堂观察，做好评价记录，并如实汇报评课内容，以保证评价的客观性、真实性。

校外同行或评价专家的任务主要是：参与课堂观察；做好评价记录，汇总评价小组成员收集的所有评价信息，包括教师的自评报告；

---

[1] Otilia Clipa (2011), "Teacher Perceptions on Teacher Evaluation: The Purpose and the Assessors within the Assessment Process," *Procedia-Social and Behavioral Science*, (29), 158–163.

[2] Allan Walker, Clive Dimmock (2000), "One Size Fits All? Teacher Appraisal in a Chinese Culture," *Journal of Personnel Evaluation in Education*, 14 (2), 174.

作为小组成员代表，在评价反馈阶段，向受评教师如实反馈其教学的真实情况，并提出意见和建议。

校长的职责主要包括：参与受评教师的课堂观察和小组成员之间的商讨；赋予校外教师同行或评价专家反馈评价结果的权利；在小组协商的前提下，行使对受评教师的决策权和管理权，以发挥教师评价促进教师发展和问责的双重功能。

然而，由于校长忙于行政事务，若不能按时履行评价者职责，可以委托其他熟知教学的校内领导代替。相应地，校内同事也可以委托该学科内的同事履行此职责。通常校内同事可以由1—2位担任，包括学科教学领导和普通教师。校外评价者可以由校外同行或评价专家担任，以起到监督和沟通的作用，保证教师评价的公平性、公开性。

综上所述，本书遵循"以教师为本"的评价理念，结合我国中小学已有的教师评价模式和教师的传统观念，设立以校长为核心的小组评价形式，从而体现出"权力的督导与管理"（校长）、"专业的评价与指导"（校内同事）以及"第三方沟通"（校外同行或评价专家）等三方相结合的评价功能。显然，这三方的相互关系须在协商与合作的基础上维持（见图5-6）。

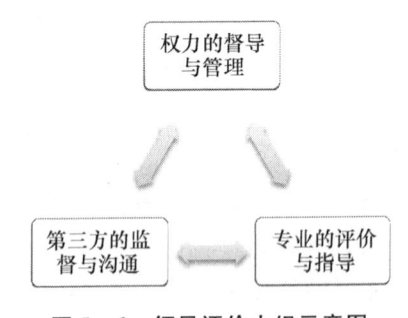

图5-6 领导评价小组示意图

2. 以学生为主的评价小组

这一小组的评价主体包括学生及其家长。根据本书调查结果可知，不同学校对学生评教的重视程度具有明显的差异性，主要原因在于学生自身的年龄、情感、认知等因素会影响评价结果的客观性和公

第五章 改进中小学教师评价的理论思考

平性。据受访教师分析，小学生很难理解教师评价的性质和目的，只是根据个人喜好进行评教；初中学生年龄有所增长，但其主观性较强，难以保证评价的公正性与合理性。

因此，教师评价的关键在于合理设置学生评教的权重以及评教结果反馈的方法。本书认为，有效的改善方法是，评价共同体中的学校领导及第三方在听取学生意见后将其转告给受评教师，如此一来，学生意见会更易被教师本人接受，其效果也好于直接使用学生评价的做法。①

此外，尽管教师对家长评价形式的看法各有不同，但家长在学校教育中所发挥的作用不容忽视。学校的发展需要在家长、教师和学校之间建立起基于协商、信任、共治、团队合作、共同目标的密切联系。②

基于此，本书将学生评价和家长评价归为一组，使其发挥优势互补的作用。其中，受评教师自身也是一个关键因素。教师应该加强与学生，尤其是家长之间的交流与沟通，在增进个人情感交流的同时，让学生和家长熟知自己的教学理念和教学体系。其前提是，教师应遵守职业道德底线，维护教师职业的尊严。当学生对教师及其教学模式产生认同时，就会减少评教的主观性；当家长对教师有更多的了解时，则会给予教师更全面、客观的评价，同时也会对学生评教起到正向的引导作用。当然，这也受制于家长的个人素质和教育观念。由此，这一评价小组中的学生、家长和教师才有可能处于良性发展、动态循环的互动关系中（见图5－7）。

以上是对本书"评价共同体"内涵与"同心圆"评价模式发生原理的阐释。教师评价共同体是参考第四代评估中"团队评价"而建立的。在强调选择和培训评价团队重要性的基础上，古贝和林肯还预测了团队评价潜在的问题，即不同人群的出现可能会给沟通带来不便，导致评价主体之间产生冲突，带来过度的专业化、协调的中断、

---

① 陈玉琨：《教育评价学》，人民教育出版社1999年版，第111—112页。
② Philip D. Vairo, Sheldon Marcus, Max Weiner (2007), *Hot-button Issues for Teachers: What Every Educator Needs to Know about Leadership, Testing, Textbooks, Vouches, and More*, Lanham: Rowman & Littlefield Publishers, Inc., p. 136.

队员间的敌对等多种困难。① 这对于本书中"教师评价共同体"的建立与维护具有一定的警示作用。

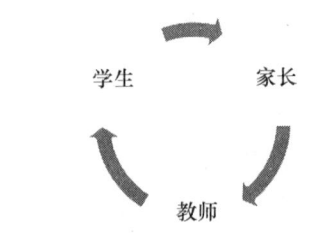

图 5-7 学生和家长评价小组示意图

因此，评价的所有参与者有权分享彼此的理解，在沟通与协商中努力达成共识，实现观念性的平等，将是解决评价难题的关键所在。因此，民主协商与真诚合作是评价主体之间解决困难的主要途径。从关怀伦理的角度讲，评价者应与受评教师建立相互关爱的关系，而且，这应服从于道德的缜密思考和评价。②

三 评价内容与评价方法的选择

教书育人是教师职业的主要任务，因此，师德与教学应该成为教师评价的核心内容。本书调查发现，目前中小学教师评价更侧重于对教师工作量、教学成绩等具体方面的终结性考核，相对忽视对师德以及教师课堂教学的过程性评价。显然，调查结果不仅反映出教师评价内容选择方面所存在的问题，还涉及评价方法的选择与使用的合理性问题。评价内容和评价方法是教师评价的两个关键部分，如何解决其中存在的问题是本书要重点探讨的内容。

（一）教师评价内容应注重师德与教师的教学表现

我国中小学实施的教师一岗双责制不仅增加了教师的工作压力，而且过多的行政工作挤占了教师的正常教学时间，导致教师在教学方

---

① 埃贡·G.古贝、伊冯娜·S.林肯：《第四代评估》，秦霖、蒋燕玲等译，中国人民大学出版社2008年版，第142页。
② [美]弗吉尼亚·赫尔德：《关怀伦理学》，苑莉均译，商务印书馆2014年版，第81页。

面力不从心。在国际上,这种现象被称为教师职业的"去专业化"。这一现象的连锁反应就是,教师评价偏重对教师的工作量、获奖成绩和学生成绩的考核,而对教师的课堂教学过程却不重视。由此,教师评价内容出现偏差。目前亟须解决的是教师评价内容选择的偏移问题,使其转移到对师德与教师课堂教学表现的评价上。

在对师德的评价中,应考虑我国教师群体文化以及教师个体的心理特征,评价指标的制定宜粗不宜过细,尝试采用素质等级量表评价法①,将教师的表现划分为几个等级,使其代替过于详细的量化考核指标。如此,既能为师德评价留出一定的弹性空间,又可以体现量化考核的灵活性。当然,对于等级量表的具体设置有待进一步探讨。限于时间与精力,本书不再对师德评价进行详细论述,而将重心移至教师的课堂教学评价方面。

(二) 增强评价方法的可操作性与持续性

在文献梳理中发现,在美国收效甚好的教师表现性评价非常重视教师的课堂教学表现。教师表现性评价是一种过程性评价,在对教师问责的同时也能提升教师教学质量、强化评价双方之间的协商与合作。显然,这对我国中小学教师评价内容和评价方法潜在问题的解决具有一定的启示和借鉴作用。而且,调查发现,一线教师对当下学校教师评价的弊端多有怨言,但又难以提出改善良策,对在美国、加拿大等西方国家颇受欢迎的表现性评价知之甚少。基于此,本书尝试介绍并推荐教师表现性评价的方法。

教师表现性评价强调评价者与教师之间的民主协商与合作。在此基础上,评价双方在课前预备会议上共同设定教学目标,然后在授课、课后会议等阶段对教师的教学过程进行分析与测评。而且,教师表现性评价能将这一评价形式与整个学区背景相结合,将教师与管理者双方的表现、学生成绩和教师发展相联系。②

这里需要说明的一点是,教师表现性评价与被广泛使用的临床督

---

① 王斌华:《发展性教师评价制度》,华东师范大学出版社1998年版,第23页。
② Shinkfield, Anthony J. & Daniel L. Stufflebeam (1995), *Teacher Evaluation: Guide to Effective Practice*, Boston: Kluwer Academic Publishers, pp. 181–182.

导评价的区别。这两种评价形式所采用的实施步骤相似，然而，临床督导评价的特点在于，强调对教师在专业监督过程中的教学改进，倾向于督导者对教师的"命令式"监督和指导，过于强调教学技能，并未过多考虑教师的成长过程及其所处的不同发展阶段。在临床督导评价中，任课教师多处于被评价地位，通常与督导者缺少平等的合作与交流。

相比较而言，教师表现性评价的优势在于关注并尊重教师个人的成长规律及其专业发展特征，强调通过民主协商的方式实现评价者与受评教师之间的合作，体现对受评教师的尊重、关怀与欣赏，并考虑到教师发展与学生、学校乃至整个学区发展之间的联系，能够突出教师评价的整体性、过程性以及评价利益相关者的互动性。这也是本书借鉴教师表现性评价形式的主要目的。

然而，教师表现性评价是在西方国家典型的个人主义文化背景下提出和应用的，因此，对于本书而言，在借鉴美国教师表现性评价的先进评价理念和模式时，须考虑它与我国中小学教师评价的适切性、可行性。综上所述，第四代评估提出的协商与合作理念有助于提升教师的专业发展水平，它主要体现在教师评价内部机制的建设过程中（见表5-3）。

表5-3　　　　　　　　教师评价内部机制细化表

评价理念	"以教师为本"，赋权于教师，建立评价双方的协商与合作关系
评价目的	教师发展与教师问责（双重目的）
评价标准	科学性、差异性、区分性
评价者	倡导多元评价，建立"评价共同体"
评价形式	建立"同心圆"评价模式："他评"与教师自评相结合，对"他评"人员分组，细化组内成员的职责，强化合作意识
评价内容	师德与教师教学表现应是评价的重点，本书侧重课堂教学表现
评价方法	教师表现性评价：可操作性、过程性、人文性
评价结果	量化考核（用于教师管理）与质性评价反馈（用于教师发展）相结合

第五节 评价过程：回应与反馈

回应与反馈是第四代评估的两个重要元素。回应源自响应式聚焦（responsive focusing）这一概念，即在利益相关者参与的基础上决定所要解决的问题和收集的信息。① 反馈指的是评价结果的反馈循环。教师评价体制赋予受评教师基本权利，关注并回应受评教师对评价的认知，并在评价结束时将评价结果及时反馈给受评教师本人，从而构成第四代评估理论所强调的解释性辩证循环过程。

秉持第四代评估理论的教师评价表现出两个特点，即对受评教师认知的关注；注重评价的过程性和持续性。这一新的评价模式兼具科学性与人性化，能够体现出对科学规律的尊重与遵守，以及对受评教师的尊重与关怀。

一 回应教师需求

布鲁姆（Bloom, Allan）曾讲："真正的教育必须对人们的需要作出回应。"② 美国前教育部长理查德·莱利（Richard Riley）也曾说："若想在21世纪成功地建立高效的教育体系，必须汲取教师的智慧与远识。若未聆听教师的意见，则不能将教学称为改革的重点。"③ 可以看出，理查德·莱利强调的是一线教师的认知对教育改革的重要性。在访谈调查中，几乎全部受访教师对学校领导忽视一线教师对评价的认知感到无奈与愤懑，但同时又期望得到学校领导的关注与认可。显然，无论是教育专家，还是普通任课教师都非常重视评价者的回应。

---

① 埃贡·G. 古贝、伊冯娜·S. 林肯：《第四代评估》，秦霖、蒋燕玲等译，中国人民大学出版社2008年版，前言第5页。

② Bloom, Allan (1987), *The Closing of the American Mind*, New York: Simon & Schuster, p. 19.

③ Valli, L. (1997), Listening to Other Voices "A Description of Teacher Reflection in the United States," *Peabody Journal of Education*, 72 (1), pp. 67-88.

回应是第四代评估理论提出的元素,即响应式聚焦,其关注的焦点主要是利益相关者的"主张""焦虑"和"争议",分别指利益相关者提出的有利于评估对象的方案不利于评估对象的方案以及理智的人不一定赞同的事物状态。① 诺丁斯也认为,回应他人的需要表达了对其关怀的态度。"回应是关心的核心。当关心他人时,应尽可能地关注他人的需要,并给予适当回应。"② 因此,我国中小学教师评价应该重视受评教师对评价的感知,并对其需求给予关心和回应。

那么,如何才能有效地实现对受评教师的回应?这就需要在学校教师评价体系中建立持续、有效的回应模式,为受评教师提供平等的对话机会和表达认知的空间与情境。这也引出第四代评估理论的另一个核心要素,即建构主义解释过程。建构即对事实的创建、解释或阐释,一定是由信息组成的。③ 这里的"信息"是指利益相关者对事物的审视,最终形成对评价的认知。建构强调利益相关者之间的互动,每人都有机会提出自己的观点,也可对他人的看法提出质疑,在互动的过程中使所持观点不同或意见冲突的利益相关者最终能够达成共识。

显然,第四代评估理论的响应式聚焦与建构主义方法论彼此呼应,前者是后者的基础和前提条件,后者又为前者提供解释的空间与情境。其中,建构主义范式的特征表现为过程性和持续性以及利益相关者之间的互动性。这为建立教师评价的回应模式提供了理论基础,同时也相应地提出建立回应模式的要求和保障措施。

当然,教师评价在现实中的实施情况具有一定的复杂性和不确定性,例如,受评教师或许已经形成对评价的认知,但基于对多方因素的考虑而不敢表达自己的真实看法。或许是政治因素所致,例如担心

---

① 埃贡·G. 古贝、伊冯娜·S. 林肯:《第四代评估》,秦霖、蒋燕玲等译,中国人民大学出版社2008年版,第15页。
② [美]诺丁斯:《学会关心:教育的另一种模式》,于天龙译,教育科学出版社2011年版,第13页。
③ 埃贡·G. 古贝、伊冯娜·S. 林肯:《第四代评估》,秦霖、蒋燕玲等译,中国人民大学出版社2008年版,第100—101页。

会引发校内的不良冲突。① 另外，还有一些客观存在的问题值得关注，即受评教师的参与是否具有被动性，他（她）对评价的认知是否合理，是否具有强烈的责任意识，等等。因此，评价者在回应受评教师的意见之前，应该对其认知程度进行考察与辨析，以免受其观点的误导，影响评价者回应的真实性和有效性。

为避免这种情况的出现，评价者应了解受评教师的真实感受，缓解受评教师的压力，这就需要在学校教师评价活动中营造一种充满和谐与人文关怀的氛围，评价者应与受评教师进行平等、坦诚的对话交流，强化彼此信任和相互协作的关系。只有在相互信任与真诚合作的基础上，受评教师才有可能表达自己真实的想法，才能保证评价者对其回应的有效性以及整个教师评价体系的良性运转。

二 反馈评价结果

反馈是第四代评估理论强调的重点内容，即让受评者能够接受评价结果，这才是教师评价的成效所在。古贝和林肯认为，评价的过程是为了"探索"，评价也是一个不断创造的过程。评价是为建立评价者与受评者之间的互动模式，并在评价各方相互作用下创造共同观念。评价最终不是为了"证实"，而是要达成共识。② 第四代评估理论不仅强调评价双方的互动性，还指出评价结果是一种质性反馈。评价不应过度追求"客观事实"，而应转向对人性、社会关系等的关注。③ 显然，在第四代评估理论中，评价结果主要用于促进利益相关者的持续探索和创造。

教师的工作具有一定的复杂性，通常包括多样性的教学任务、复杂的教学过程、灵活多变的教学方法等，因此，教师评价既要重视教师的工作量，又要注重教师工作的质量。其中，获取质性评价反馈信

---

① Tom O'Neill（1995），"Implementation frailties of Guba and Lincoln's Fourth Generation Evaluation Theory," *Studies in Educational Evaluation*，21，8.

② 刘康宁：《"第四代"评估对我国高等教育外部质量保障的启示》，《国家教育行政学院学报》2010 年第 9 期。

③ 埃贡·G. 古贝、伊冯娜·S. 林肯：《第四代评估》，秦霖、蒋燕玲等译，中国人民大学出版社 2008 年版，第 1—2 页。

息对于提升教师教学质量而言尤为关键。然而，从本书调查结果得知，当下中小学教师评价主要偏重量化考核。

例如，考核范围缺乏科学性与合理性，全部涵盖教师"德""能""勤""绩"。然而，诸如师德、教师课堂教学过程等因素自身具有一定的复杂性，并不适合用量化的方式进行考核；考核指标的制定过于统一，忽略不同类型教师的个性、不同年级和学科的差异性；考核指标的制定过于精细，过度的量化给教师带来一定的压力，且考核过程过于依赖评价技术，忽视对教师情感、态度与认知等因素的关注；评价结果主要用于教师的绩效排名、工资发放以及职称评定，用于提升教师教学质量的质性评价反馈成为教师评价的一个缺失。显然，优化评价反馈机制是我国中小学教师评价改革的当务之急。

基于对第四代评估理论的借鉴，我国应该完善中小学教师评价反馈机制，建立平等对话型的评价反馈模式，将量化考核成绩与质性评价信息及时反馈给受评教师本人。教师与教师评价体系始终处于循环往复的动态发展过程中，二者互相影响、彼此制约。教师的认知反作用于评价体系，而评价反馈又可以促进教师成长。[①] 此外，保证评价反馈的连续性和持久性同样是一个重要的问题，它是衡量教师评价是否具有实效性和长效性的标准。只有当教师及时获取有价值的反馈信息时，才会获得自我反思的机会，才会真正重视整个评价过程。[②]

在这里，评价反馈形式主要指校长与受评教师之间的定期沟通与对话，包括书面交流和面谈两种形式。教师需要对话。即使对话没有产生解决问题的办法，也可促成一个良好的开端。对话是双方共同追求理解、同情和欣赏的过程。同时，领导者也需要对话。这是因为对话有助于领导者形成一种决策模式，使其在做决定之前占有充足的信息和资源。[③] 在对话中，校长扮演的角色尤为关键。这是因为与直接

---

① 毛利丹：《教师眼中的教师评价：一个被忽略的研究领域》，《全球教育展望》2015年第7期。
② S. Casey O'Pry Gary Schumacher (2012), "New Teachers' Perceptions of a Standards-based Performance Appraisal System," *Educ. Asse. Eval. Acc.*, 24, pp. 325–350.
③ [美] 诺丁斯：《学会关心：教育的另一种模式》，于天龙译，教育科学出版社2011年版，第129、37—38页。

影响学生成绩的因素相比，校长评价能在考虑更多关于教师自身因素的基础上，为教师提供更具体的反馈信息。①

在对话中，一方面，校长应改变传统的问题诊断式或批评式评价，尤其要突出对教师的优势及其发展潜能的反馈；另一方面，要倾听教师的声音，给教师提供表达自己观点的机会。当教师对评价存有疑虑或提出建议时，校长应及时予以回应，并寻求协商沟通。"对话双方都不试图将自持观点或信息强加于人。相反，双方应尝试共同认识、形成新的共识。"② 协商型的对话反馈是一种问题型解决方法，对话双方探讨的是教学中存在的问题，以及寻求解决问题的途径，并非对受评教师的"人身攻击"。

---

① Douglas N. Harris, Tim R. Sass, "Skills, Productivity and the Evaluation of Teacher Performance," *Economics of Education Review*, 2014（40），183 – 204.

② 戴维·伯姆、李·尼科:《论对话》，教育科学出版社 2004 年版，第 3 页。

第六章　改进中小学教师评价的实践策略

在上一章提出的建立"基于教师自身视角的教师评价理论框架"基础之上，本章遵循"以教师为本"的评价理念，从实践层面对我国中小学教师评价政策提出改进要求与建议。

第一节　增强教师评价体系的合理性

政策的最终形成和执行效果实质上是多方参与主体不断协商、最终达到利益相对制衡的结果。[①] 利益相关者的参与、协商与合作是第四代评估理论的基本要素，在此基础上，需要对我国的中小学教师评价政策进行改进和完善，其首要条件应是树立正确的评价导向，确保评价的公平性，更新教师评价的观念。

一　树立正确的评价导向

教师评价政策的制定涉及多个利益相关者的立场。政策制定者、学校领导与学生家长往往希望通过教师评价来监测教师质量，以提升学生成绩，促进学校发展。一线教师则希望通过教师评价来促进自己的专业发展，提升职业待遇。显然，教师评价政策的制定与实施就是多方利益相关者之间较量与博弈的过程。不同利益相关者各自的立场与视角不同，致使教师评价政策的制定很难达成共识。

尽管中小学教师在教师评价政策制定中缺乏参与权和话语权，但

---

① 韩玉梅：《美国中小学教师评价政策研究》，西南大学，博士学位论文，2014年。

在不合时宜的政策执行过程中,教师会采取抱怨甚至"不作为"的"对抗"举措,导致评价效果最终难以达到政策制定者的预期效果。从客观上讲,这对于评价利益相关者而言不是"双赢",却是"两败俱伤"。由此,当下亟须解决的一个问题是,如何保证既能发挥教师评价的双向功能(教师问责与教师发展),又能在维护评价多方基本立场的前提下缓和其利益"冲突"。这同样涉及我国教师评价目的与价值取向的选择。

第四代评估理论倡导的协商与合作理念对于缓解利益相关者之间的冲突与对抗具有显著的效果,已被多个国家和相关领域借鉴与采纳。对于我国教师评价政策的制定者而言,如果希望改善当下中小学教师评价收效甚微的现状、解决评价双方存在的隔离与对立等现实问题,那么应从观念上平等地看待受评教师,改善教师评价固有的"自上而下"型评价模式,并依据第四代评估提出的评价原则,促使评价双方建立民主协商、相互关爱与对话合作的关系。这应该是我国中小学教师评价的价值取向。

二 确保教师评价的公平性

罗尔斯(Rawls, J.)描述了两种正义准则。一是"人人享有平等的权利……"二是"社会和经济利益向所有拥有公平和平等机会的人开放"[①]。基于此,罗尔斯阐述了教师评价中所涉及的三种道德和正义理论。第一种是功利主义(utilitarian),其中评价体系的设定目标是满足最大多数人的最大利益。这一理论假定对教师质量进行测量与评定,以期满足管理者、同事、学生及其家长等各方利益人的需求;第二种伦理体系是复数的和直观的,其中教师评价体系的设定目的是调整不同的质量规范,主要是关于个人及其依赖的评价背景;第三种是基于公平的正义,它将前两种理论囊括在内。它始于评价活动结束时所达成的一致性。

斯特赖克(Strike, K.)和布尔(Bull, B.)描述了关于公平的

---

① Rawls, J.(1971), *A Theory of Justice*, Cambridge, MA: Harvard University Press, pp. 302 - 303.

两个方面：平等尊重与合理性。① 对所有教师的平等尊重来自于其内在的价值和平等的价值。教师评价不应扰乱、轻视或使用非正式的方法（例如监视）。平等的尊重并不意味着同等待遇，相反，评价目的和结果之间应形成有差别的对待。合理性指评价实践和结果不是任意的或反复无常的。相反，评价应该依据最可能的证据，不包括偶然的、个人的关注，或是无规律的、隐秘的、不及时的评价程序。显然，斯特赖克和布尔主要将有效性作为教师评价体系的核心价值，并未同时考虑有效性与公平这两个因素。

斯特赖克又对教师评价中的道德进行分析，并将平等尊重的理念与评价活动所有参与者的利益最大化相结合，他将教师评价的道德分为八项准则：正当的过程；隐私权；平等权；评价程序对公众的开放性；人文关怀；利益相关者的利益；学术自由；尊重的自主性。将这些准则运用到了教师评价的权利法案（a Bill of Rights for Teacher Evaluation）中。②

公平性要求教师评价立足于对教师整个工作期望的评价，而不是仅对教师任务的某一方面进行测评。这是因为整个教学工作是复杂的，是相互关联的，很难根据学生成绩测评教师是否成功。这反映出中小学教师评价所存在的主要问题：学生的考试成绩会受多种复杂因素的影响，因此仅仅将学生考试成绩作为评价教师的核心数据，并依据此对教师进行判断和比较，对于教师是不公平的。因此，基于学生成绩的教师评价很有可能会歪曲教师的工作努力，即使有利于学生获得更好的成绩，也会以牺牲学生的兴趣为代价。③ 那么，对于学生而言，这样的教师评价同样是不公平的。

不仅如此，从教师的视角仍可以窥测到中小学教师评价中诸多不公平的问题，这在本书的调查中可以获知。通过对问卷调查的开放题目答案的汇总发现，"公平""公正""公开"是一线教师提及次数

---

① Strike, K. & Bull, B. (1981), "Fairness and the Legal Context of Teacher Evaluation," In J. Millman (ed.), *Handbook of Teacher Evaluation*, Beverly Hills, CA: Sage, pp. 301–343.

② Peterson, Kenneth D. (2000), *Teacher Evaluation: A Comprehensive Guide to New Directions and Practices* (2nd ed.), Thousand Oaks: Corwin Press, p. 368.

③ Ibid., p. 139.

多的术语，大部分教师反映的是学校教师评价中存在的不公平现象。

> 希望领导们能在制定评价制度时，更多地关注一线教师中最辛苦、工作强度最大的教师。（县城小学外语老师）
> 学校对教师的评价要公开、公正、公平，注重教师及工作态度，教学成绩比重少占一些，同时让广大教师、学生、家长参与进来。（农村小学语文老师）
> 教师评价应公平、公正，促进教师的自身发展，不能以个人爱好为基准。（县城初中数学老师）
> 对教师评价要公平、公正，不能片面，不能仅根据教学成绩进行评价。（乡镇初中物理老师）
> 希望对教师评价合理公正，评价标准清晰。（农村小学数学老师）
> 评价标准一定要量化、细化、公平、公正、公开，不能只流于形式。（城市初中数学老师）

由以上信息可知，揭示学校教师评价不公平问题的主要是县、乡镇及农村中小学教师。可见，地域差别也是造成学校教师评价不公平现象的主要因素之一。一线教师对教师评价公平与否的判断体现出各自不同的立场和利益。显然，公平是相对的，利益相关者的立场和利益要求不同，对公平内涵的理解也就不同。教师评价的利益双方对公平的诉求是永无止境的，如若任何一方不妥协，那么对教师评价政策"公平"的质疑和争论就永不会停止。

因此，为实现教师评价的相对公平性，评价的利益各方需要在享有共同参与机会的前提下，进行民主协商和对话合作。只有在最优情境下争取利益多方的均衡协商，才能达到技术理性与人文关怀两种价值取向的平衡。[①] 显然，基于第四代评估理论的教师评价体系的建立应体现基于公平性的四种价值，即人格平等、道德自律、公正、互惠

---

① 韩玉梅：《美国中小学教师评价政策研究》，西南大学，博士学位论文，2014年。

原则。①

三 更新教师评价的观念

彼得森认为，教师评价是一个体现高度主观性的过程，他对"什么是好的教师评价"进行了详细阐述：（1）好的教师评价是公平、公正的，能够满足"客户"的需求……评价的形成性功能和终结性功能在评价目的、时间、方法和结果的用途等方面应该分开。（2）好的教师评价应该体现出复杂的社会因素和政治因素。合理有据的教师评价体系本身应是"研究"，其自身应立足并参与到有关评价的有效性和可信性的持续研究中。（3）好的教师评价应具有自评机制。应该在参与者的满意度、教师表现性规范、系统性能要求等层面收集经验数据。（4）好的教师评价应该取得外部评价专家和学识渊博的教育者的信任。（5）好的教师评价应有先进的技术，足以涵盖所有教师的类型和职责。②

由此可知，教师评价是一个价值判断过程，是一个关于"人"的评价活动。因此，一方面，为体现教师评价的公平性，评价政策制定者应该顾及不同利益相关者，尤其是一线教师的感知与需求；另一方面，评价也应通过建立自评机制，引导并规范受评教师教学行为表现的合理性，增强教师的自我提升意识和责任意识。同时，教师评价应适应复杂的社会环境，重视多方利益相关者的观点，强调相互之间的协商与合作。显然，彼得森提出的评价标准符合第四代评估等理论所倡导的评价理念，即科学性与人文关怀并重。这正是我国中小学教师评价改革的走向。

基于第四代评估理论的教师评价倾向于对受评教师的欣赏，发现教师自身的优势与潜力，并重视评价双方良好关系的建立与维护。③因此，为改善当下中小学教师评价所存在的弊端，应该转变评价政策

---

① Peterson, Kenneth D. (2000), *Teacher Evaluation: A Comprehensive Guide to New Directions and Practices* (2nd ed.), Thousand Oaks: Corwin Press, p. 368.
② Ibid., p. 57.
③ 张新平、李国伟：《欣赏型探究及其对中小学教学改革的启示》，《教育科学研究》2014 年第 3 期。

制定者固有的评价观念,即从"奖惩性"评价转向"发展性"评价,从教师"游离式"评价转向教师"参与型"评价,从"命令型"评价转向"对话型"评价,从"诊断型"评价转向"欣赏型"评价。

第二节 完善教师评价体系的政策保障

基于"协商与合作"型教师评价体系的价值导向,我国应该对有关教师评价的政策文件进行适时调整。具体而言,教师评价政策的完善主要从两个层面做起,即涉及中小学教师评价的宏观政策的修订和对学校层面教师评价政策的改善。

一 中小学教师评价宏观政策的完善

目前,我国涉及中小学教师评价的宏观政策主要有《教育法》和《教师法》,虽然其中并未提出更多详细、具体的有关教师评价的条文,但从宏观层面来讲,这些法律把握着我国中小学教师评价政策制定与实施的走向,尤其是《教师法》对教师的工作职责、权利与义务有更加明确、详细的规定。因此,应利用当下对我国《教师法》进行修订的契机,从教师视角出发对其中有关中小学教师评价的条文规定作进一步更新和完善,并制定专门性的中小学教师评价政策。同时,与教师评价紧密关联的还有中小学教师绩效工资和职称评定问题,因此,也应对这两项涉及教师利益的政策进行调整。

(一)修订《教师法》

受西方工具主义的影响,我国教师评价制度存在的一大缺陷就是对"教师"的忽视,包括教师的情感、态度与认知诸多个人因素。与"教师"直接相关的政策文件就是在20世纪90年代制定的《中华人民共和国教师法》(1993,简称"《教师法》"),如今,《教师法》相关条例已经不适应当今教师教育的发展状况。从实施对象来看,《教师法》"适用于在各级各类学校和其他教育机构中专门从事教育教学工作的教师",然而,当下专业分化程度加大,教育阶段性越发明显,这就要求教师在个性特征和专业水平上体现出一定的差异性和区分性。显然,旧版《教师法》的相关条例显得过于统一。

此外，在我国社会主义市场经济体制的影响下，《教师法》关于教师权利与义务的条款已难以满足当下各级教师的不同需求。而且，《教师法》某些条例制定得过于笼统，使得法律的实施缺乏一定的实效性。因此，当下我国民众关于修订《教师法》的呼声逐渐增强，"教师法的修正应急需补充符合当下社会情形和教育需求的条文。建议细化法律条文，适时增补。"①

因此，在《教师法》修订的契机，应该突出对教师的人文关怀，把教师的个性心理、情感态度、认知以及教师的全面发展等方面写入法律，从法律上保障教师的权益，包括尊重教师的人格、维护教师的权利、激发教师的潜能与创造力，并使教师的权益与教师应承担的责任相匹配。

(二) 制定专门性的中小学教师评价政策

如今，教师评价被视作提升教师质量和学生成就的关键步骤和重要手段，因此对它的关注和重视程度日益增加。然而，文献梳理发现，我国教师评价政策面临着两大难题：一是并未被提升到一定的法律层级，只是在《中华人民共和国教师法》（1993）和《中华人民共和国教育法》（1995，简称"《教育法》"）中得到简要阐述；二是缺乏关于中小学教师评价的专门性政策法规，目前颁布的文件只有《教育部关于积极推进中小学评价与考试制度改革的通知》（2002）和《中小学教师水平评价基本标准条件》（2011）。

总体上看，我国中小学教师评价多包含在其他教师资格认定、职称评定和教师奖励等相关政策中，只是作为一个基本的实施环节和步骤，相对缺少对评价者、评价方法和工具、评价程序与操作步骤、评价反馈与监督等方面的整体性、系统性的规定性文件。本书调查发现，我国中小学教师评价更多地依附于教师绩效工资以及教师职务评定等相关政策，其自身并未受到足够的重视。显然，我国教师评价改革所面临的主要问题是，如何发挥教师评价应有的作用。

实践证明，只有将对教师评价的关注度上升到法律层级，并制定

---

① 刘继萍：《修订教师法涉及的突出问题》，法制网—法制日报，http://news.sina.com.cn/o/2015-07-15/063932109163.shtml/2015-9-02。

专门性的评价政策，包括详细、具体、有区分性的规划，才能保证其在全国范围内的推进和最终的实施效果。这可以从英国莱恩河畔纽卡斯尔和索尔福德①等地方教育当局所提出的关于发展性教师评价制度的实施方案中得到一定的启示和借鉴。根据我国教师评价的实际情形，对其实施方案的具体内容略加调整：

面向全体教师，并得到大多数教师的认同，让教师充分意识到自己能从评价中获益。

在教师评价政策实施之前，允许并鼓励教师群体对其进行公开讨论。

在学校评价方案制定过程中，制定者应允许教师参与，并与教师充分协商，其前提是制定合理的参与、协商机制。

学校领导应充分考虑本校特点，保证评价实施的灵活性和针对性。

重视教师的自我评价和课堂听课形式，在此基础上满足教师个人的发展需求。

（三）修订教师绩效工资与职称评定制度

本书调查得知，对教师评价实施效果影响最大的两个因素是教师绩效工资制度与职称评定制度。因其关系到教师的切身利益，而成为他们最为关注的话题。例如，S2-G3-F-ST-Z老师指出，现在奋斗都是为了职称，大家都比较关注职称和晋级问题。S2-G3-M-ST-W老师认为，现在只要学校没啥可做的，只有让干活的老师不吃亏，让其评职称。职称提高了，相应的福利待遇也就提高了。S1-M-ST-4老师认为，在实际评价中，教师之间会有恶性竞争，只比成绩，其他教师会走向另一个极端，"懒得管"，失去绩效评价本有的激励作用。

可以看出，当下绩效工资制度难以激发教师的工作热情，职称评定制度又与现实脱节，导致教师出现职业倦怠诸多问题。显然，教师评价、绩效工资与职称评定制度潜藏着同一个问题，即对"教师"的忽视（见图6-1）。因此，在改进教师评价制度的同时，还应对这两项制度进行修正和完善。

---

① 王斌华：《发展性教师评价制度》，华东师范大学出版社1998年版，第94—95页。

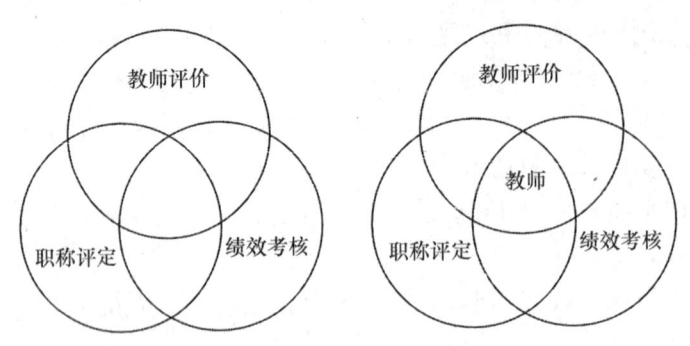

图 6-1 教师评价、职称评定、绩效考核的关系

注：左图说明当下教师评价、绩效考核与职称评定制度中"教师"的缺失；右图说明"教师"在教师评价、绩效考核与职称评定制度中的重要地位不容忽视。

教师评价、职称评定以及绩效工资制度的实施对象是一线教师，因此，相关部门的政策制定者应该对现有政策的实施效果进行反思，并调查一线教师的主观感受和实际需求，将按劳分配与按需分配的原则相结合，对教师职称评定、绩效工资等相关政策加以改善。

首先，促进教师评价与职称评定、绩效工资制度三者之间的良性互动。将教师评价的结果与用途相分离，量化考核结果用于对教师的绩效排名、工资发放和人事管理，满足教师基本的物质需求；质性评价用于促进教师发展，提升教师质量，与教师的职称评定相挂钩。如此这般，才能保证教师评价发挥双向功能，即教师问责和教师发展。一方面，教师问责与绩效工资相关联，涉及全体教师的工资和职责；另一方面，教师发展主要与职称评定相关联，激励追求自主发展的教师。

其次，应在遵循按劳分配原则的基础上对现有的绩效工资制度进行改善。义务教育学校教师绩效工资制度实施的主要目的是，通过对教师工作量、工作成绩等具体方面的考核，保证教师既能按劳所得、多劳多得，又能体现教师待遇的差异性，实现对教师的奖惩和管理。因此，首先应"依法保证教师平均工资水平不低于或者高于国家公务员的平均工资水平，并逐步提高、落实教师的绩效工资"[《国家中长期教育改革规划纲要（2010—2020年）》]。其次还应在政策制定中增强考核标准的明晰性、区分性和可操作性，并提升政策执行者的理解力、执行能力等综合素养，保证考核结果的公平性、有效性。

最后，职称评定制度的制定主要遵循按需分配的原则，鼓励有专业发展意愿和自主发展意识较强的教师，奖励在专业发展方面取得显著成绩的教师，具体的奖励包括职称获得以及相应的物质待遇。教师职称评定制度主要用于提升教师的专业水平，增强教师职业的专业认可度，满足教师的成长需求。因此，教师职称评定制度要避免与所有教师的工资待遇相关联，应采用激励政策，奖励专业发展方面取得成绩的教师。

我国政府在2011年9月颁布的《关于印发深化中小学教师职称制度改革扩大试点的指导意见》中列举了现行中小学教师职称制度所存在的诸多问题，包括"等级设置不合理，评价标准不够科学，评价机制不够完善，与事业单位岗位聘用制度不够衔接等问题"，并指出要完善、建立"符合中小学教师特点的专业技术职务任职评价制度"。在此基础之上，2014年1月和2015年4月，我国政府又连续发布《中小学教师职称制度改革相关细则》，进一步明确"健全职称制度体系"的内容，并对"完善评价标准，创新评价机制"提出具体要求："明年新出台的中小学教师中、高级专业技术职务评聘条件将注重教育教学一线任教的教师"等。

从上述文件中可以看出，我国政府对中小学教师职称评定制度改革的重视逐渐增强，并针对实际中所存在的问题提出建设性的改进措施。然而，文件的规定仍是从宏观层面对教师职称评定改革的"部署"，在如何增强改革措施的操作性，制定更为细化的评定指标、更具体的权重分配、操作性更强的评价方法等方面缺乏详细、具体的规划，而这又是需要进一步解决的关键性问题。

总之，满足一线教师的合理需求应是我国制定中小学教师评价、绩效工资与职称评定等相关政策的前提与关键所在。同时，在绩效考核与职称评定政策的制定中，应顾及我国中小学教师的认知、个性、情感与意志等非智力因素，对评价标准的制定应遵循"宜粗不宜细"的原则，在保证政策制定的科学性基础上，体现一定的人文关怀。

二 学校层面的教师评价政策改善

在宏观政策的指导下,学校层面的教师评价政策也应随之加以改善。学校层面的教师评价主要包括政策的制定与实施,以下主要对评价指标体系的制定、评价主体和评价形式的构成、评价内容和评价方法等方面的改善进行详细说明。

(一) 评价指标体系的制定

学校层面的教师评价指标体系应该立足"以教师为本",从教师的视角改善已有评价指标的制定情况。以下主要对教师评价标准制定的基本原则和具体要求进行详细说明。

1. 评价标准制定的基本原则

教育满意度测评指标是一种具体的、可测量的、行为化的评价指标,是围绕实施对象及其"期待"和"满意"而确定的一系列评价内容。[①] 这也是教育满意度测评指标与教育发展指标的最大区别。可见,政策实施对象的满意度测评是制定评价指标时应该遵守的基本原则,它体现出指标制定的科学性和人文性。本书通过对"教育满意度测评内容"的分析与借鉴,尝试性地提出教师评价标准制定原则,即对一线教师满意度的测评。

(1) 从一线教师的视角探寻教师到底满意"什么样的教师评价"和满意"教师评价应评价什么",即应以教师对教师评价的认知、反馈与需求作为教师评价政策制定的出发点。

(2) 在教师评价政策的制定过程中,应遵循"自下而上"的探究路径,从教师的视角确定教师评价的主要内容,并对评价内容的权重分配进行合理划分,以保证评价政策制定与实施的科学性与人文性。

这里主要介绍一个从教师视角制定评价指标体系的范例,就是新西兰学校实施的教师表现性评价政策(见表6-1)。

---

① 吉文昌:《教育满意度测评方法与原则》,《教育研究》2015年第2期。

表6-1 新西兰学校的教师表现性评价（对教师态度的调查）

选项	同意（%）	不同意（%）
1. 教师评价的一些形式对于建立教学标准是必要的	98.0	2.0
2. 作为专业人员，我有权接受对于自己的表现性评价	95.4	4.6
3. 评价的首要目的就是帮助我明确自身专业发展的需求	88.0	12.0
4. 评价应该有两个目的：促进专业发展和问责	99.0	1.0

资料来源：Tanya Fitzgerald (2001), "Potential Paradoxes in Performance Appraisal: Emerging Issues for New Zealand Schools," In David Middlewood, Carol Cardno (eds.), *Managing Teacher Appraisal and Performance: A Comparative Approach*, New York: Routledge Falmer, p. 120.

由表6-1的数据可知，大部分被调查教师对学校实施的教师表现性评价制度表示认可与接受，总体上讲，新西兰教师是支持学校实施的这一评价政策的，认为这是一种有效的评价方式。可见，新西兰学校的教师表现性评价政策能够获得成功的根本原因在于，它能够做到关注教师对评价的态度与认知，重视教师的参与，而且评价的制定目标与实施效果能够满足教师的需求。[①]

2. 评价标准制定的具体要求

在一定程度上，教师对教师评价的感知与教师评价的客观性是一致的。但存在一个不可忽略的问题，即教师自身的认知会受教师主观因素的影响。这是因为教师对评价的"期待"（例如，对教师评价的过程和结果的期待）和"对比"（教学投入与评价结果的对比，自己与同事的对比）等观念与主观行为的介入，使其感知到的评价事实与客观的评价相矛盾。因此，政策制定者需要辨别一线教师自身认知的合理性，使教师评价满足教师的合理需求。

依据教师满意度测评原则，教师评价标准制定的具体要求应该满足两点，即（1）政策制定者应该制定具体的、可操作的评价指标体系，从而增加教师评价结果的实效性；（2）根据教师在年龄、教龄、

---

① 毛利丹：《教师眼中的教师评价：一个被忽略的研究领域》，《全球教育展望》2015年第7期。

任教学科和年级等方面的差异性，制定有区分性的评价标准。

近几年来，美国评估培训学院创始人瑞克·斯蒂金斯（Rick Stiggins）提出"合理的教师评价"应该具有的评价标准，对建立新型教师评价的标准制定具有一定的借鉴意义。

（1）事先通知教师需要评价的内容，方便教师为课堂观察做好准备。

（2）提前明确教师评价的标准，包括与之相关的绩效及其所占比例。

（3）评价者必须接受适当培训，熟知评价标准和评价程序，有较强的评判能力，能够体现公平性。

（4）在评价过程中，允许教师提出自己的看法与意见，这些不可控因素会影响到评价结果。

（5）评价结果要反馈给受评教师，包括清楚地描述所有具有实践性的评价标准，描述推断效果的细节，解释每个推断对整体评价结果的影响。

（6）教师负责的具体"学术成绩标准"需经过教师和督导提前认可和同意。

（7）评价标准必须和教师正常教学的责任范围相一致。

（8）教师可以提出任何影响评价结果的因素，包括教学方面和教学之外的。[①]

瑞克·斯蒂金斯提出的"合理性评价标准"具有一定的科学性和人文性，进一步说明制定合理有据的教师评价政策是非常重要的。因此，我国中小学教师评价政策制定者应该遵循评价指标制定的科学性、区分性、可操作性，使评价指标更为具体、细化、明确，同时，又要结合我国具体的教师文化，把握评价指标"宜粗不宜细"的原则。

（二）评价共同体的确立

基于第四代评估理论的教师评价体系对评价者提出新的要求和挑

---

① ［美］瑞克·斯蒂金斯：《合理有据的教师评价：课堂评估衡量学生进步》，刘聪伦译，中国青年出版社2015年版，第23—25页。

战，并赋予这一角色新的内容：评价者要从控制者的角色转变成合作者；不是调查者，而是担当教与学的角色；是积极的参与者；不再是被动的观察者，而转变为"变化媒介"的角色。① 这对于评价者角色的定位具有一定的启示作用。在一定程度上，评价者角色定位对评价形式具有一定的制约作用。

因此，在学校教师评价实施环节，评价者的合适人选与评价形式的多样化是两个关键的要素。由此，针对我国学校层面的中小学教师评价政策的改善，本书提出应从教师视角出发采用评价共同体和同心圆评价模式。其中，评价共同体主要由教师、学生、学校领导、校内同事和校外专家等利益相关者组成，同心圆评价模式主要包括小组式"他评"和教师"自评"两种形式。

有学者将教师评价分为三个级别：外部人员参与的评价，倾向于关注课程目标和项目成果的评价；内部人员参与的评价，主要关注的是课程的改进；内、外部人员相结合的评价，主要关注对教师的问责和提升。② 在本书中，评价共同体主要是依据第三个级别建立的。在评价小组中，将校内同事评价、校长评价与校外第三方评价相结合，以体现教师评价问责与发展的双重功能。

（三）教师表现性评价方法的应用

在学校教师评价政策的实施环节，评价方法的选择与合理应用对于评价政策实施效果起着至关重要的作用。本书调查发现，由于中小学教师评价方法缺少区分性和可操作性，大部分教师对此表示不满。相比之下，从美国等国教师评价的发展来看，它们比较注重对教师实际表现行为的评价。美国政府通过立法，推动表现性评价这一方法在教师评价中的推广与应用。这对我国中小学教师评价内容的调整与评价方法的改进具有很大的启示作用。

教师表现性评价的核心要点是通过指导课堂教学，帮助教师提升

---

① 埃贡·G. 古贝、伊冯娜·S. 林肯：《第四代评估》，秦霖、蒋燕玲等译，中国人民大学出版社 2008 年版，第 191—192 页。

② Neil Russell, John Willinsky (1997), "Fourth Generation Educational Evaluation: The Impact of a Post-modern Paradigm on School Based Evaluation," *Studies in Educational Evaluation*, 23, p. 188.

自己。在美国教师表现性评价的使用中,主要将对教师课堂表现的评价作为重心。例如,纽约市新的教师评价系统根据课堂观察结果或教师课堂教学视频评价教师,旨在"创造课堂上真正的问责制"[①]。

关于课堂有效教学的评价标准模式,这里以美国课堂有效教学的评价标准为例。例如,美国加州教师表现性评价系统(PACT)中教学表现评价标准构成包括学习情境、计划、教学、评价、反思、学术性语言等方面(见表6-2)。

表6-2　　　　　　　PACT教师教学表现评价

教学事件中收集的证据	
任务	证据
学习情境(不进行评分)	情境表格
计划(进行评分)	教学设计、材料发放等
教学(进行评分)	教学录像
评价(进行评分)	学生作业样例
反思(进行评分)	日志式反思
学术性语言(进行评分)	从以上任务实施过程中收集

资料来源:卓锋《美国加州教师表现性评价系统(PACT)探析》,《教育测量与评价》2013年第12期。

显然,美国教师表现性评价对我国中小学教师评价内容的"纠偏"、评价方法操作性的强化等方面具有一定的借鉴作用。与传统评价方法不同的是,表现性评价的侧重点是教师的"演示"过程,而不仅仅是对知识"掌握"程度的考察与评价。教师表现性评价的核心要点是通过指导课堂教学,为教师提供反馈,帮助教师提升自己的教学质量。

---

① 罗朝猛:《美国教师评价新政遭遇"肠梗阻"》,《中国教育报》2014年9月17日第9版。

第三节　营造学校实施教师评价的良好环境

调查发现，影响教师评价的因素包括学校地理位置与文化、校长与教师个人。其中，学校文化与校长是影响教师评价的两个主要因素。因此，在学校层面，为保证教师评价的顺利实施，校长应该与教师一同营造良好的文化氛围和评价环境。

一　以校长为主的团队建设

根据对一线教师的调查可知，校长是影响教师评价实施的关键因素。在教师评价中，校长应发挥自身对教师评价的积极作用，转变自身的管理模式与风格，减少个人主观因素对教师评价所产生的负面影响。

（一）发挥校长对教师评价的积极影响

校长也是一个个体，其自身因素会影响对另一个个体的认识与判断。校长对不同教师特点的感知，对学校环境、教育理念、上级政策的理解等都会直接影响其管理教师的具体行为。不同的学校类型，以及校长个人的教育信念、文化背景和工作经验等因素决定着校长对教师评价理念的认识、对教师的喜好程度。从调查结果中发现，校长对教师评价会产生负面影响，主要表现在三个方面，即校长更替存在的问题对学校教师评价的科学性、公平性等方面所造成的负面影响，校长的管理风格对教师情感的影响，以及校长的施政取向对教师发展的制约。[①] 显然，校长个人的主观因素会对教师评价产生一定的负面影响。

此外，校长在教师评价中的作用能否发挥得当，不仅受到校长个人因素的影响，还会涉及来自外部环境的影响。学校领导会不同程度地受到各种张力的挑战，包括来自教师的自主性、教师对表现性评价体系保密程度的信任，教师对评价系统外部甚或学校内部管理人员进

[①] 毛利丹：《校长对中小学教师评价的影响：基于教师的视角》（哲学社会科学版）2015 年第 6 期。

行汇报的要求。校长面临的这一紧张局势体现在教师问责制与教师专业发展之间、教师个人与学校组织挑战之间。同时，在对教师表现性评价的管理中，校长还可能遇到以下困难：

1. 须考虑管理者个人对教师表现的需求，对教师表现的评价以及学校的需求。
2. 须平衡问责制的关注点和教师个人的发展。
3. 须创设评价过程，根据对教师表现的评价确定教师发展的需求，并告知所取得的成果。
4. 须联系个人发展目标和小组目标，最终达到组织要求的战略目标。①

显然，要发挥对教师评价的积极影响，校长应从自身做起，培养自己管理视野的广度和高度，坚持公平与公正的评价原则，秉持促进教师和学校发展的教育理念，更关键的是要体现出改进教师评价实践的魄力与动力。如果校长在评价中能发挥积极作用，则会保证教师评价的有效性，包括肯定学生成绩，承认好的实践，支持教师发展的目标，形成表现力，激励改善弱点，等等。② 无论教师评价是一个充满希望的活动，还是一个棘手的难题，校长都担负着众人的期望和关注。

同时，若发挥校长对教师评价的积极影响，还须外部和谐的政策环境的支持，例如国家政策对地区和学校进行适当的放权。目前，在教师供给、绩效评价和发展的规划与管理中，国际上以校方和地区为本的做法相对普遍，这非常有助于解决地方和校方的不同需求和期望的问题。③ 对于校长而言，则期望学校拥有较多的自主权，例如，明确教师评价各方的作用，有利于强化教师、校长与家长之间的合作与

---

① David Middlewood, Carol Cardno (2001), "The Significance of Teacher Performance and Its Appraisal," in David Middlewood, Carol Cardno (eds.), *Managing Teacher Appraisal and Performance: A Comparative Approach*, New York: Routledge Falmer, pp. 9, 7.

② Kenneth D. Peterson, Catherine A. Peterson (2006), *Effective Teacher Evaluation: A Guide for Principals*, Thousand Oaks: Corwin Press, p. 1.

③ Y. C. Cheng (2009), "Teacher Management and Educational Reforms: Paradigm shifts," *UNESCO Prospects – Quarterly Review of Comparative Education*, 39 (1): 82 – 83.

对话。① 如果校长能够合理、有效地运用自主权，则有利于促进教育的革新，为学校创建民主化、协商型的管理模式和学习氛围，有利于协调学校各方的关系。

(二) 转变校长对教师评价的管理模式

国际上主要采用一种整体的教师管理方法，包括吸引那些拥有强大智力资产和文化资本的教师；建立终身和可持续的教师教育与专业发展框架；鼓励多方利益相关者的参与，并建立区域和国际性的联盟，以加强教师管理政策，提高教师的地位，并为专业化发展和教师教育提供各种资源，等等。② 国际上倡导的这种和谐、宽容、开放的教师管理模式正是我国中小学校长需要借鉴和践行的。具体而言，为保障教师评价的科学性与人文性，校长应该采用赋权与平等对话型的管理模式和欣赏型的评价形式。

1. 采用赋权与平等对话的管理形式

作为评价者，校长的核心目标是为教师评价做好准备。③ 校长应该认识到，一线教师是学校的中流砥柱，对学校发展具有重要的影响。教师参与度的增加是提升教师评价有效性的一个主要因素。在教师评价中，校长在保留决策权的同时，要适当放权给教师，允许并鼓励教师的参与，帮助教师克服公开谈论问题的恐惧心理。彼得森认为，更多的教师参与可以扩展活动，改善数据质量，提供所需视角以及扩大评价结果的使用，教师还可以提供更多的信息、意见、观点、偏见控制以及价值判断。④

同时，彼得森还介绍了校长如何建立赋权型管理模式的具体做法：首先，校长应赋予教师控制数据（即收集评价材料）的权利，允许教师积极地为年度评价提供充分的理由和证据材料，通过制定档

---

① 联合国教科文组织总部中文科译：《教育——财富蕴藏其中》，教育科学出版社1996年版，第153页。

② Cheng, Y. C. (2009), "Teacher Management and Educational Reforms: Paradigm Shifts," *UNESCO Prospects-Quarterly Review of Comparative Education*, 39 (1): 80.

③ Peterson, Kenneth D. (2000), *Teacher Evaluation: A Comprehensive Guide to New Directions and Practices* (2nd ed.), Thousand Oaks: Corwin Press, p. 290.

④ Kenneth D. Peterson, Catherine A. Peterson (2006), *Effective Teacher Evaluation: A Guide for Principals*, Thousand Oaks: Corwin Press, pp. 15, 18, 20, 22.

案,收集关于教师在本年度乃至整个职业生涯中潜在的优点、价值和影响;其次,校长要分享权力,仍要维持教师评价的最终决策权,并根据现有数据核实其制定的评价决策。①

校长不仅要赋予教师参与评价的权利,还应实现与教师的平等对话,以检验校长的管理理念是否与教师的需求相吻合。如果校长不能立足于教师专业发展和教师的实际需求开展评价,那么评价最终的实践效果则会不尽如人意。②

至于教师的需求是否合理,可从社会学视角加以审视:通常,教师需要从校长处获取权威性的保障;需要在其他方面得到校长的帮助,包括需要校长保护自己远离家长的威胁与叨扰,当他们犯了不可避免的错误时,需要得到学校体制的原谅;教师需要参与到复杂的学校生活中,并且没有感到被边缘化;教师希望评价者由专家而不是技术人员担任,等等。③

具体而言,校长可以采取"走动管理"策略,不时到各教室走动、听课,通过与师生的接触,获得有关课堂教学评价的第一手材料。同时,这一形式能帮助校长及时获知教师的认知与需求,有利于校长与教师形成相互信任的关系。需要注意的是,"走动管理"方式并不能完全取代其他评价方法,仅仅起到辅助和督导的作用,不然也会招致教师的不满。④ 当然,对于校长而言,不仅要顾及教师个人的需求,还应从学校发展的高度思考,如何将教师个人需求与学校发展相融合,从而克服二者潜在的矛盾与分歧。

2. 形成欣赏型的评价风格

具有诊断特征的传统教师评价以发现教师教学所存在的问题为主,遮蔽了教师个体的积极力量以及对教师潜能的发掘,在一定程度

---

① Peterson, Kenneth D. (2000), *Teacher Evaluation: A Comprehensive Guide to New Directions and Practices* (2nd ed.), Thousand Oaks: Corwin Press, pp. 353 – 354.

② Nasser Salim Al-ghanabousi, Abdul Rahman Idris (2010), "Principal's Practices in the Performance Appraisal for Teachers in Al-Sharqiah South Zone's Schools in Oman," *Procedia Social and Behavioral Sciences*, (2): 3843.

③ Kenneth D. Peterson, Catherine A. Peterson (2006), *Effective Teacher Evaluation: A Guide for Principals*, Thousand Oaks: Corwin Press, pp. 67 – 69.

④ 王斌华:《发展性教师评价制度》,华东师范大学出版社1998年版,第87—88页。

上制约了教师的发展。因此，以校长为主导的评价者应该更新观念，从欣赏的角度评价教师的工作表现。校长应将自己的关注领域与教师个人发展相结合，在尊重教师个人兴趣的基础上，采取不同的形式发掘教师的潜能。这是因为增强教师评价效果和促进教师发展的动力来源主要是教师本人。有效的教师评价可以让教师得到权威性保证，这可以使教师持续、努力地工作。[①]

具体而言，校长在监测走访和自由访谈中，应给教师提供更多的积极性评价。而且，校长要注意有区别性地评价教师，例如，面对表现良好的教师，应给予明确、肯定的评论，并将其表现介绍给其他教师。此外，校长应该鼓励教师展示自己的"真实性"，即做真实的自己，而不是总强调"教师"固有的角色，等等。[②]

校长与教师的良好关系依赖于校长的灵活、合理、充满关怀的管理模式。例如，校长在处理教师的过失和错误表现时，应尽量给予理解与宽容。实际上，校长与教师的相互关系不只是两个个体之间的关系，而是代表着两种职业角色之间的互动。可见，这种新型的管理模式有赖于教师与校长之间建立良好的合作关系，以此提高教师评价的有效性。

二 学校共同体文化建设

文化就存在于人们日常生活的环境之中，在社会人际交往的本质中，可以清晰地看到文化的缩影。[③] 学校文化存在于校园日常生活的情境中，管理文化、交流文化以及课堂文化成为校园的主体文化，反映了学校领导与教师之间、教师群体之间、教师与学生之间等多层人际关系的互动。学校文化是教师评价实施的特有背景和重要环境，良性的学校文化会给教师评价带来积极的影响，有利于教师的专业发

---

① Kenneth D. Peterson, Catherine A. Peterson (2006), *Effective Teacher Evaluation: A Guide for Principals*, Thousand Oaks: Corwin Press, pp. 87, 88.

② Peterson, Kenneth D. (2000), *Teacher Evaluation: A Comprehensive Guide to New Directions and Practices* (2nd ed.), Thousand Oaks: Corwin Press, p. 347.

③ [英] 弗雷德·英格利斯：《文化》，韩启群、张鲁宁、樊淑英译，南京大学出版社2008年版，第28页。

展。因此,应该在学校文化背景下探究教师评价对教师发展的影响。

(一) 校内合作文化

学校共同体文化的建设主要在于强化校内多种人际关系,在教师评价中,主要体现在教师与领导型评价者、教师以及师生之间的关系上。这里主要介绍前两种人际关系。

1. 教师与领导型评价者的合作

学校管理文化可以体现出学校领导与教师之间的关系。以下案例反映出教师评价中不同类型的学校领导与教师之间的关系。

案例①:教师的"独白"——"好校长"与"严督导"之对比

以下是 D 老师的叙述:

> 校长是这样对我说的:"你的教学还是很受学生欢迎的。我相信你的教学水平,就是缺少些教学经验。如果你能在理论的讲解中穿插一些历年的考题,学生就更喜欢了。如果需要什么资料,你自己可以买,学校给你报销。"校长首先对我的优点进行了表扬和肯定,这给我极大的鼓励和支持,让我感到很意外,我还不知道自己有这么多的优点,非常激动。所以,我更有信心教下去,在接下来的教学中更放得开,与学生、教务老师和校长等人的关系也越来越好。
>
> 我感觉校长说得有理,就是穿插习题,这样一来,课程内容就不枯燥,也更有针对性,更实用。校长的提议不仅增加了我的信心,还在教学方法上给予我指导,感到收获很多。真的很感谢校长。他是一位"懂教育"的校长,是一位关心教师成长的校长。教师得到肯定和鼓舞,自然就提升了教学水平。最后,不仅学生成绩得到了提高,校长、教师和学生之间的关系也十分融洽。

W 老师这样说道:

---

① 这里的 D 老师和 M 老师并不是本书的访谈调查对象,因此并未对其进行编码。

"督导"L老师听完我的课后说道:"我不同意你这样教。你应该学会用自己的智慧来教。"督导对我说了一堆大道理,这两句给我的印象最深刻,直击我的内心。这让我感到疑惑:难道我真的这么笨吗?督导的犀利话语、冷漠的眼神,尤其是那种"咬牙切齿"的语气,直接打压了我的教学热情,让我感到不寒而栗,对自己的教学能力失去信心,对自己的教学信念产生怀疑。

这以后,我在讲台上失去了曾经满满的热情和信心,等督导下次再来时,我表现得更加胆怯和不自信,错误百出,学生看出我的紧张,忍不住捂嘴偷笑。督导对我这次的表现更加失望,甚至反映到了我的领导那里。事实证明,督导的评价给我造成的心理阴影在之后两年的教学中一直存在。

通过以上两个案例,可以看出校长与督导者的区别。第一,评价者个人的评价理念不同,对自身角色和评价任务定位等方面的认识也存在差异。校长把教师当作"自然人",给予教师应有的尊重和关怀。相反,督导者却将教师看成"工具人",仅仅从教学的角度评判教师,忽略了教师的非智力因素对教学质量的影响;校长担任了督导的角色,对教师进行检查和指导,更侧重对教师的指导。督导者扮演的不是监督者和指导者,而是检察官和判官的角色。

第二,评价的侧重点不同。校长注重的是教师的能力、潜力,对教师的教学表现更加宽容。而且,校长会针对教学中所存在的具体问题,提出可操作的改进方法。相反,督导者更善于用固定的评价标准去评判教师,更注重教师一时的表现,不善于挖掘教师的潜能。此外,督导者在教学指导方面的建议比较笼统、模糊,不利于教师的改进。

第三,评价者个人的素养和眼界不同。校长的视野是整个学校,所以在策略上更加重视整个学校的发展,同时也非常注重细节,校长认识到教学在学校发展中的重要性,也认识到教师在学校发展中的关键地位。因此,校长在教学以及教师个人的成长方面给予教师极大的关注和关怀。相反,督导者只是从局部出发,关注的只是自身的本职工作,更偏向于发现教师在教学中的问题。

通过对两类评价者的比较分析可知,学校良性的管理文化需要领导者与教师之间建立一种人格平等、相互尊重与信任、互相理解与关心、协商与合作的关系,这样才有利于促进教师与学校的共同发展。

2. 教师合作文化建设

教师队伍是学校建设与发展的"中流砥柱",良好的教师文化有助于强化教师在心理、观念、行为和价值观等方面与学校文化的融合。在我国,学校教师文化主要表现为教师团体文化。在教师评价中,主要表现为同行评价。

(1) 同行评价的重要性

在美国等西方国家,教师联盟主要采用三种强大机制提升教育质量,其中一个则是实行同行互助与同行评价。这是因为教师在一同工作时,可以从对方的经验中受益,从而有利于提高各自的教学水平。柯什南(Charles Kerchner)等学者详细阐述了同行评价的作用。

首先,同行评价能够为教学带来更好的标准。和传统的、行政驱动的评价相比,同行评价通常享有更多的资源,能创建更全面的教师评价体系。例如,早在20世纪90年代末,美国将同行评价计划用于俄亥俄州(Ohio)的托莱多(Toledo)、加州(California)的波威(Poway),将10—20名新教师和指导教师一一配对,指导和评价新教师成为指导教师的全职工作。对新教师而言,这种强化训练意味着从专家型教师那里获得更多帮助,并能密切关注专家型教师的工作。

其次,同行评价可以突出参与和承诺、技能与技巧的重要性。当指导教师同授课教师相处时,他们能够将教师的课堂作为一个整体,而非孤立地考虑教师实践的细节。这有利于指导教师提出更实用的评价建议。

最后,同行评价可以让教师在建立和强化评价标准的过程中发挥作用。同行评价促使教师反思自身教学和优质教学的含义。通常,行政评审关注教师绩效——教师做得够好吗?而同行评价则聚焦学习和成长——教师如何提高自身的教学质量?[①]

显然,同行评价是关于专业评价的论断,是专业发展的自然产

[①] Charles Taylor Kerchner, et al. (1998), *Taking Charge of Quality: How Teachers and Unions Can Revitalize Schools: An Introduction and Companion to United Mind Workers*, San Francisco: Jossey - Bass Inc., pp. 32 - 34.

物。同行评价有利于增强教师教学的专业性，有利于教师之间建立高效的学习共同体，对于我国中小学教师评价体系与学校教师文化的建设具有极大的启示作用。

（2）同行评价与我国教师文化的融合

在西方国家，同行评价在教师评价中的应用有力地促进了教师之间的合作以及教师个人教学水平的提升。然而，实践证明，同行评价在我国中小学教师评价中并未起到应有的作用。因此，为使同行评价能够在我国中小学教师评价中发挥效用，应将其与我国特有的学校文化结合起来。

近些年来，我国有学者设计并实施了"2+2多选性教师表现性评价项目"，用来改善当前我国教师文化中的教师孤立问题，促使教师群体建立积极、富有成效的同伴互助关系。[1] "2+2" 评价法最初是由微格教学的创始人艾伦（Dwight Ailen）在20世纪90年代根据亚洲、非洲发展中国家的实际情况开发和设计的。1995年，艾伦将这一评价方法用于我国的教师评价。这一评价方法是基于艾伦博士创建微格教学的思想之上提出的，具体内容是：与课堂听课形式相结合；多元的评价主体，包括领导、同事、学生及其家长等可以随机听课，但重要的是对受评教师提出两条欣赏型的"赞扬"和两条切实可行的建议。[2]

与传统的课堂观察方法相比，艾伦博士提出的"2+2"评价法表现出较多的优势。首先，从心理学角度来讲，"2+2"评价法避免对教师的等级评定，从而缓解受评教师的压力，帮助教师树立自信；有利于缓和评价双方的紧张关系和对立情绪以及教师之间的攀比现象，进而增进双方的相互信任与交流，使其共享教学过程与评价结果。其次，在教学方面，这一方法强调"小步子"，重点关注教师教学的一两个方面，并突出优点与建议之间的平衡。这种方法的等级判定功能

---

[1] Weiping Wang（2007），Evaluation of 2+2 Alternative Teacher Performance Appraisal Program in Shanxi, People's Republic of China, Teaching and Teacher Education, 23: 1012 - 1013.

[2] ［美］大卫·艾伦、罗伯特·布兰托：《用"2+2"方法评讲课教师》，万叔武译，《湖北教育学院学报》1996年第1期。

较弱,因此更适合促进教师发展的形成性评价,能够帮助受评教师根据统计结果获知自己教学的优、缺点,更加明确自己需要改进的具体内容与方向,从而强化教师评价的激励功能。最后,这一方法耗时、耗力较少,因此具有一定的可行性和操作性。

"2+2"评价法是根据亚洲国家的国情而设计的,是在揭示传统的等级量化考核所存在的弊端基础上提出的,相对于我国传统的课堂听课形式,它是一种柔性的评价方法,在方法操作上具有一定的合理性与可行性,评价目标明确,评价方法和工具简便易行,有利于增加评价结果的可信度和实效性,为教师之间的互动与反馈提供了机会和保障。而且,在评价形式和内容上体现出对教师的人文关怀。这一方法倡导对受评教师的尊重、欣赏、关怀和鼓励,旨在增加教师之间的互动、交流与合作,强调评价双方之间的相互信任、真诚合作以及信息共享。在一定程度上,"2+2"评价法实现了同行评价与我国教师文化的融合,更易于被一线教师所接受。

(二)家校合作文化

学校文化包含各方的对话、讨论和分享观点。良好的家校合作文化是学校共同体文化的一个组成部分,有赖于学校领导、教师、学生及其家长之间的相互理解、关怀。对于学校领导而言,要关注教师的认知,这对于教师的日常表现有极大的影响;教师一定要感到,在教育过程中,自己是真正的合作者,应为学校政策和决策的制定建言献策;家长也应感到,在学校决策形成和强化学校文化的过程中,家长也是其中的成员之一。[①]

通常,教师批评学校领导的严厉作风,是因为教师感到自己被迫参与学校活动以及对具体政策的支持。针对此,诺丁斯(Noddings, N.)把关怀思想作为学校文化的理论基础,这对于我国中小学领导者而言具有一定的启示作用。学校只有实施基于关怀的管理方式,才有可能改变固有的控制取向,进而营造自由、和谐的校园文化氛围。

---

① Philip D. Vairo, Sheldon Marcus, Max Weiner (2007), *Hot-button Issues for Teachers: What Every Educator Needs to Know about Leadership, Testing, Textbooks, Vouches, and more*, Lanham: Rowman & Littlefield Publishers, Inc., pp. 136 – 137.

具体来讲,学校领导不能忽略管理的细节,例如管理技巧的问题。最好的方式是在同一水平的管理规划中,不应忽视任何一方的参与,而且所有参与者在没有威胁和担心报复的情况下能够表达、分享各自的观点,能够相互接受所达到的目标。①

具体而言,校方应该重视家长在学校文化建设中的重要作用,主动邀请家长参与学校的建设,并重视家长提出的问题与建议。通常,家长被视为局外人,只是为参与集体活动而"装饰门面"。如果学校努力扩大服务范围,那么家长不能被视为陌生人,需要参与到学校教育的具体环节。因此,校长和教师应将家长的参与和建议作为家长群体对学校发展的真正兴趣和关注的积极信号。尽管这种姿态会成为争论的焦点,并引起纠纷和冲突,但家长的建议应该受到欢迎与认可,且对其报以感激和欣赏的态度。

学校良好文化的形成是主体之间相互理解、共同努力的结果,而不是一方被动地"认识"另一方。② 教师要给予家长与自己分享观点和忧虑的机会。尊重和信任是所有良好关系建立的前提条件。教师不只是在学生"闯祸"时"邀约"家长,还要向家长及时传达正面的信息,同家长一起分享好消息。显然,对于家长而言,收到好消息远比遭到批评感到轻松。因此,充满温暖、关怀的家校合作应该成为学校文化不可缺少的部分。

然而,从对一线教师的访谈调查中可知,我国农村学生家长的问题较为突出,教育观念、个人文化素养等因素制约着家长的言行,部分家长不但不能与教师很好地沟通与合作,反而会给教师的教学工作带来很大的阻力。一类农村家长忙于自身事务,无暇顾及学生的教育问题;另一类家长的无理与蛮横直接干扰到教师的正常教学,并对教师个人的安全与尊严构成威胁。尽管如此,为加强家校合作,教师需要勇于面对困难,不应该放弃讨论棘手的事情,但一定要保持冷静、关怀的举止。关于教师如何应对家长的敏感话语和言行,家长—教师

---

① Philip D. Vairo, Sheldon Marcus, Max Weiner (2007), *Hot-button Issues for Teachers: What Every Educator Needs to Know about Leadership, Testing, Textbooks, Vouches, and more*, Lanham: Rowman & Littlefield Publishers, Inc., p. 138.

② 陈向明:《质的研究方法与社会科学研究》,教育科学出版社2000年版,第62页。

座谈会应该是一个重要的解决问题的形式，尤其是当双方受不同的文化和价值观影响之时。总之，充满温暖与关怀的欢迎与沟通应该成为任一学校文化不可缺少的部分。

三 教师评价制度的建设

信度与效度的缺乏是我国中小学教师评价制度自身固有的问题，为进一步解决这一问题，应从根本上对教师评价制度加以改善。中小学教师评价制度的具体改进措施包括建立教师参与机制、评价者培训机制和评价对象引领机制等方面。

（一）建立教师参与机制

第四代评估理论提倡一种全面的积极参与，所有参与人都有权分享彼此的理解，拥有完全的观念性平等。"平等参与"理念也得到其他学者的肯定与支持。例如，斯普林菲尔德（Shinkfield, Anthony J.）等人指出，让多方利益相关者参与到教师评价过程中，可以扩大他们的共同理解和相互接受的基础。[①] 目前，中小学教师评价存在的主要问题是缺乏公平性、公开性，针对此，我国需要建立教师参与型的评价体系。具体而言，教师应该参与教师评价方案制定、评价实施以及评价反馈过程，这正是第四代评估所倡导的"全面参与"。

1. 教师参与评价的重要性

教师有着自己特有的文化，若评价活动不能与之相融合，教师则会对其产生排斥心理。因此，在制定评价方案时，应让教师参与整个制定过程，使其了解教师评价的意义、评价方案的制定依据。同时，尽量使用外显的评价指标，以利于教师的理解。如果教师全面了解评价方案的科学依据，则会坦然接受这一方案。教师在心理上的接受有利于其在评价执行中的积极配合。[②] 很明显，了解教师的意愿、获得教师的认可与支持是评价活动取得实效的关键。这可以通过让教师直接、全面参与评价活动而得以实现。实践证明，违背教师意愿或缺乏

[①] Shinkfield, Anthony J., Daniel L. Stufflebeam (1995), *Teacher Evaluation: Guide to Effective Practice*, Boston: Kluwer Academic Publishers, p. 110.

[②] 陈玉琨：《教育评价学》人民教育出版社1999年版，第111—112页。

教师参与的教育改革从未获得成功。①

彼得森也强调了增加教师参与评价的益处。这有益于教师群体、学生及其他利益相关者，以及教育体制改革。据此，评价可以变得更加精确和全面，在社会性层面，它使得评价利益相关者的相互关系、角色、奖励得以改变；在心理层面，能够提升教师的职业满意度；在政治层面，有利于改善公共决策。② 因此，对于学校领导者而言，应允许教师参与评价的制定与实施，尤其是关于课堂教学的评价过程。这对于学校教师评价和教师教学的改进均有益处。

2. 教师参与评价政策的制定

政策既需要在实践中检验自身是否正确，还须在实践中得到丰富和发展。③ 为了提高评价实施的有效性以及评价结果的可信度，保证评价政策最初制定的科学性与人文性就显得尤为重要。一种很有必要且行之有效的方法就是通过多种形式征集利益相关者的意见和反馈。如果政策在实践中取得预期效果，那么它无疑是成功的，教师也将成为直接的受益者；反之，失败的政策会给教师带来更多的麻烦和负面影响。为此，了解一线教师对评价政策的认知是非常必要的。④

本书调查发现，一线教师渴望自己对评价的意见得到重视，希望建立有效的教师评价政策调查与意见反馈机制。例如，S2－G2－F－ST－L老师谈道："在制定政策时，应先听教师的反馈意见，收集、想好解决办法以后，再决定政策。不应是先将政策制定完了，把政策抬得很高，再突然废除之。先收集意见就可以避免出现这种情况。"可以看出，一线教师对评价政策实施与效果的感受和认知是基于现实的思考，是在此基础上提出针对性的改进建议的，即我国教师评价政策的制定应该遵循"教师反馈—制定方案—教师再反馈—方案调整—

---

① 联合国教科文组织总部中文科译：《教育——财富蕴藏其中》，教育科学出版社1996年版，第138页。

② Peterson, K. D. & Chenoweth, T. (1992), "School Teachers Control and Involvement in Their Own Evaluation," *Journal of Personnel Evaluation in Education*, 6, 184.

③ 辞海编辑委员会编：《辞海》（1989年版）缩印本，上海辞书出版社1990年版，第1653页。

④ 毛利丹：《教师眼中的教师评价：一个被忽略的研究领域》，《全球教育展望》2015年第7期。

政策实施"这一循环路径,进而取代传统的"政策制定—政策实施"这种线性的制定方案。针对我国中小学教师评价政策制定程序的改进,制定者不仅要重视这一政策分析的视角,即一线教师对评价的认知,而且要听取教师对评价政策所提出的相关反馈意见和建议,这是反映当下教师评价政策实施现状的有力证据,具有极大的参考价值。

不过,在教师评价政策制定过程中听取利益相关者的反馈也存在着不可避免的问题,即参与主体认知的主观性和局限性。因此,评价政策制定者应该保持一种批判的态度,对其进行辩证的分析。一方面,一线教师的多个"声音"也是对评价政策满意程度的最真实反应,在一定程度上,能揭示出教师评价政策自身所固有的问题。另一方面,为求证教师认知的真实性与合理性,制定者应该采取针对性的解决措施。

一个有效的解决方法就是,在政策制定环节可以听取包括校长、家长、区教育局代表等多方评价者的反馈。如此一来,可以使处于不同立场的利益相关者的观点实现相互求证。同时,政策制定者可以根据当下问题解决的实际能力,有目的、有侧重、分阶段地制定教师评价政策,以保证政策实施的可行性与有效性。具体而言,在我国中小学教师评价政策制定过程中,可以采取社会调研、举行论证会等形式,鼓励多方利益相关者,尤其是一线教师的积极参与和"发声"。同时,为保证教师评价政策的社会调研与论证等形式的有效性和持续性,需要建立相关的保障和监督机制。

例如,美国马萨诸塞州通过举办论坛会召集利益相关各方代表,对新教师评价政策提出批判性反馈和意见。该州定期举行的"论坛会"、多个专业组织组成的"政策执行顾问团"以及由各级领导者组成的"外部顾问团"的相关参与主体、监督人员各尽其职,从专业和权力支持、资源保障等多个方面起到有效的推进和监督作用。[①] 美国马萨诸塞州的先进理念值得我国学习和借鉴,但这里需要注意的是,因为中西方文化差别和国情的不同,所以要结合我国的实情,将重点放在关于一线教师对评价的认识与意见反馈之上,在对教师评价

[①] 韩玉梅:《美国中小学教师评价政策研究》,西南大学,博士学位论文,2014年。

3. 教师参与评价政策的实施①

教师评价政策的制定与实施是相辅相成的。通常，教师评价政策的实施主要在学校内部进行，且"以校为本"的教师评价政策与教师的关系最为密切。因此，应该允许教师参与评价政策的实施过程，以便评价者能及时了解、获知教师的看法与满意度，并收集教师对评价实施的反馈信息。

评价专家肯尼斯·彼得森和凯瑟琳·彼得森介绍了教师参与评价的具体措施："教师参与的增加可以是教师自己的教育案例，或是关于其他教师的评价体系；教师可以改善自我评价；多种数据来源和可变数据来源的使用有助于教师挑选搜集有用的数据，以及那些用于终结性评价体系的数据。"②

具体而言，在学校教师评价方案的执行中，教师应参与课堂教学评价标准的制定。一线教师对教材、学生的接受程度以及课堂的实际情形最为了解，因此有充足的理由允许教师参与课堂教学评价标准的制定与完善过程，从而保证教学评价标准制定的科学性、真实性与合理性。

教师的参与形式还包括同行评价、教师学习小组等。通过这一形式，教师可以帮助同事，使其综合了解学生需求和课堂教学的实际情况。同行评价是一个判断教师教学内容与质量的有效方法，能更准确地评价教师的教学与效果。教师可以通过这一形式帮助同事了解学生需求和课堂教学的实际情况，也有利于对自身教学的反思与改进。教师还可以参与学习小组，与同事开展专业性的对话合作，并展开行动。

此外，教师应该通过档案袋评价等形式积极参与到对自己的评价中，对自我教学实践进行反思。教师的自评对于其高质量教学的生成

---

① 毛利丹：《教师眼中的教师评价：一个被忽略的研究领域》，《全球教育展望》2015年第7期。

② Kenneth D. Peterson, Catherine A. Peterson (2006), *Effective Teacher Evaluation: A Guide for Principals*, Thousand Oaks: Corwin Press, pp. 5–6.

是必不可少的。① 然而，教师自评的前提与关键是受评教师应该转变对自己角色的认识以及了解自评的重要性。在协商型的教师评价体系中，受评教师已不再是单纯的评价对象，而是评价体系建构者的主要成员之一，扮演着参与者与设计者的角色。

4. 教师参与评价反馈②

教师角色的被动性是当下教师评价存在的一个弊端。通常，教师很少有机会向校长展示他们在一年里的表现，仅仅进行课堂上的观察是不够的。因此，评价政策制定者应设置评价结果反馈环节，给予教师与学校领导进行面谈的机会，从而增进双方的相互了解，在一定程度上体现出教师评价政策的公平性与人文性。

（二）建立评价者培训机制

在协商型教师评价体系中，随着评价者角色与职责的转变，评价者也应该接受专业性培训。对评价者的严格要求是教师评价实施的关键，也是一线教师的需求与期望。为避免评价者主观因素对评价结果的影响，提升其专业素养和评价能力，评价者应该接受关于教师评价理念更新、评价技能与方法操作、与教师的合作与对话等方面的系统性培训。

1. 理论层面的培训

评价者专业素养的培训。在实际中，评价者会受自身评价能力与价值观念等多种因素的影响，进而影响评价结果的客观性与公平性。为减少这种情况的出现，需要加强对评价者的培训，增强评价者的责任意识，使其秉持客观、公正及充满人文关怀的评价理念。这是评价者应具有的基本素养，也是评价者维护自我信誉的关键，是取得受评教师信任与合作的基础。在评价者个人素质方面，应提高评价者维持评价公平的自觉性。③

教师评价相关理论的培训。如果评价者缺乏对课堂管理、师生关系、教学方法等相关理论的掌握，那么评价者评课的专业性和客观性

---

① Barbara B. Howard & Wendy H. McColskey (2001), "Evaluating Experienced Teachers," *Educational Leadership*, 58, 51.

② 有关教师参与评价反馈环节的具体内容将在下文中的"教师评价反馈机制建设"部分进行详细阐述。

③ 王斌华：《发展性教师评价制度》，华东师范大学出版社1998年版，第30—33页。

则会欠缺，且评价结果会有失公正。因此，应在有关教学设计、课堂管理等理论方面对评价者进行培训。

2. 评价技能的培训

教学的复杂性主要表现在与教育、心理学理论、测量实践的联系上，评价过程包括对一系列相关复杂数据的考虑，要求对其实施大量的专业判断。① 因此，在提升评价者专业素养与相关理论的基础上，应将培训的重心放在评价者的评价技能方面。

首先，培训要提升评价者收集材料的能力。为获得最终的评价结果，评价者必须收集相关证据，包括用教师自编的和标准化的测验量表测量学生的成绩，观察教师和学生的行为、态度，家长的意见，经费开支等方面的材料。②

其次，培训要提升评价者使用评价标准的能力，使其在技术、专业上获得理想的评价结果。例如，在对教师课堂表现的评价中，评价者应掌握收集多种有关评价标准数据的方法，包括访谈新教师、观察教师的课堂以及检查学生的学习档案袋等。③

再次，培训的重点是提高评价者对评价方法的使用技能。这里主要指课堂听课法，具体包括制定培训计划（培训活动的目的、时间表、具体安排、所需资料和设施等），确定有效教学的评价标准，对听课步骤进行讨论等方面。④ 通过培训，评价者应该掌握科学的课堂观察法，使自己成为经验丰富、有感知力、敏锐的观察者，从而提升自己的观察能力和指导技能。

在课堂听课培训方面，美国辛辛那提公立学校启动的教师评价体系（Teacher Evaluation System，TES）是一个很好的例子。它主要侧重于对教师课堂表现行为的评价，担任评价者的学校领导、同事都要

---

① Shinkfield, Anthony J., Daniel L. Stufflebeam (1995), *Teacher Evaluation: Guide to Effective Practice*, Boston: Kluwer Academic Publishers, pp. 68–69.

② [美] 盖奇、伯利纳：《测量和评价的基本概念》，丁证霖译，见陈玉琨、赵永年选编，瞿葆奎主编：《教育评价》，人民教育出版社1989年版，第134—135页。

③ Shinkfield, Anthony J., Daniel L. Stufflebeam (1995), *Teacher Evaluation: Guide to Effective Practice*, Boston: Kluwer Academic Publishers, pp. 77–78.

④ 王斌华：《发展性教师评价制度》，华东师范大学出版社1998年版，第186—190页。

完成密集型培训课程，然后，他们须根据教学视频对教师的实际教学进行评分，并保证分数的准确性，以核查评价人员相互之间的信度。每次课堂观察之后，评价者须为教师提供书面反馈，并同教师进行至少一次面谈，以讨论评价结果。最后，在学年末评价者分别对教师多次课堂教学实践进行总评，并将评价结果告知教师本人。① 显然，美国这一学校实施的教师评价培训制度兼具科学性和人文性，能使评价获得良好的效果，这对我国中小学教师评价的评价者培训制度的建立起到一定的启示和借鉴作用。②

最后，培训应提高评价者的面谈技能。谈话是一种复杂的方法，它要求评价者提前做好准备，明确提出问题，具备一定的教育智慧和专业素养，并熟知相关事务的本质。③ 面谈技能包括多个方面，其中，倾听技能、谈判技能与咨询技能是影响评价双方关系与面谈效果的主要因素，是评价者需要掌握的关键技能。最后，评价者培训的形式可以多种多样，包括讲座、视频学习、角色扮演等。

在这一方面，美国田纳西州对评价者培训的要求比较严格，要求所有评价人员接受至少一周的集中性专业培训，之后才能对中小学教师实施评价。④ 又如，英国萨摩塞特地方教育当局在发展性教师评价试点方案中对中小学校长、负责教师评价的评价者、任课教师实施"分级培训"的模式。⑤ 在一定程度上，英国这一分级模式有利于提高学校领导、主要评价人员和一线教师等各方利益相关者的责任意识与合作精神。不过，由于分级培训模式需要投入大量的时间和费用，会面临诸多实际问题和困难。因此，在保证培训的效果和质量前提下，应在培训规模设置、分级培训频率等方面进行科学、合理的规划。

---

① Eric S. Taylor, John H. Tyler (2012), "The Effect of Evaluation on Teacher Performance," *American Economic Review*, 102 (7): 3628–3651.

② 毛利丹：《教师眼中的教师评价：一个被忽略的研究领域》，《全球教育展望》2015年第7期。

③ [苏] 胡多明斯基、博尔特诺夫：《评价的依据和客观性》，诸惠芳译，见陈玉琨、赵永年选编，瞿葆奎主编《教育评价》，人民教育出版社1989年版，第691页。

④ 蔡敏：《美国中小学教师评价及其典型案例》，北京大学出版社2009年版，第118页。

⑤ 王斌华：《发展性教师评价制度》，华东师范大学出版社1998年版，第96页。

（三）建立评价对象引领机制

与评价者培训相对应的是评价对象引领机制的建立。美国联邦政府建立的改革支持网络（Reform Support Network，RSN）形成了"了解（I know）—应用（I apply）—参与（I participate）—领导（I lead）"四个评价步骤[①]，用于引导一线教师，从而激励教师发挥主观能动性、参与教师评价改革。这对于我国建立中小学受评教师引领机制具有一定的启示作用。基于此，可以从评价观念、自主发展、互动关系等方面对受评教师加以引领。

1. 评价观念上的引领

对受评教师的引领应始于评价观念的更新。评价是一件严肃的事情，因为它会体现出一种导向。因此，教师评价体系应该从评价观念上发挥它的引导功能，最终让教师乐于接受对自己的评价。

首先，让教师熟知评价的性质、目的、作用以及教师评价的具体构成元素，包括评价内容、评价标准、评价者、评价形式、评价方法以及评价结果等方面，及其对教师专业发展的影响。

其次，让教师认识到评价具有教师发展与教师问责的双重功能，引导教师正确看待评价，积极参与评价，并与评价中的其他参与者建立良好的合作关系，以激发教师在评价中的责任意识。

2. 教师自主发展的引领

对教师自主发展的引领主要体现在增强教师的自我反思与自评能力上，这是提升教师自主发展的关键所在。有学者指出，不同的自我评价形式可以表明评价者理性程度的差异性。通常，以他评为基础的自我评价是理性程度最低的评价形式；通过与他人比较而进行的自我评价，是理性程度居于中间的评价形式；通过自我分析而实现自我评价，表明评价者的理性程度相对较高。同时，教师在进行自我分析时，要学会把握评价的价值尺度，以排除各种相互矛盾的观点，进而抓住主要问题和问题的主要方面。[②] 显然，通过自我分析来实现自我评价具有一定的合理性，因此，评价者应该引导教师进行合理的自我

[①] 韩玉梅：《美国中小学教师评价政策研究》，西南大学，博士学位论文，2014年。
[②] 陈玉琨：《教育评价学》，人民教育出版社1999年版，第143、147页。

分析。

然而，教师不可避免地会受自身主观因素的影响，很难对自己的教学表现做出更深入、更专业的分析，极易使评价结果出现误差。因此，有必要为教师自我评价提供针对性的引导与训练，以保证教师自评的客观性与科学性。这里可以借鉴伊万尼克（Edward Iwanicki）提出的"合同方案"（Contract Plans），即专业增长型教师表现性评价方法（A Professional Growth-Oriented Approach to Evaluating Teacher Performance）。

伊万尼克提出的"合同方案"要求评价者对教师的教学进行评估，并提供改进计划、对教学具有影响的反馈意见。伊万尼克认为，教师评价的前提是帮助教师明确评价的导向，这需要评价双方分担责任。对于评价者而言，应明确评价的方向，并对受评教师给予合理的引导，激发教师的责任意识，使教师能够为评价活动持续担责。

伊万尼克提出有关这一评价过程的设想是：首先，评价者应该减少发号施令，以监督的方式聚焦于"引导、支持和监测教师的专业成长"；其次，评价者为评价双方的合作负责，开发测评教师个人表现的有效自评法等重要技能；最后，评价者帮助教师认识自我评价的重要性，并提升教师实施自我评价的意识和责任感。[1]

3. 利益相关者之间的互动引领

教师通常会有自己的教学设想和规划，因此评价者有必要对其进行充分的了解，这就需要受评教师共同参与到具体的评价过程中。因此，有必要建立评价双方的良性互动机制。通过教师的参与，引导教师与评价体系之间的双向交流，促使教师发挥自觉性和主动性。评价者对教师的引领主要包括增强教师的参与意识，提升教师善于协商、合作以及公平竞争的个人品质。[2]

首先，学校要为课堂观察、评价者与教师之间的互动提供资源上的支持，包括设备、时间等方面；评价双方应建立良性的合作关系；

---

[1] Shinkfield, Anthony J., Daniel L. Stufflebeam（1995）, *Teacher Evaluation: Guide to Effective Practice*, Boston: Kluwer Academic Publishers, pp. 249–250.

[2] 王斌华：《发展性教师评价制度》，华东师范大学出版社1998年版，第52页。

评价者应事先了解教师自身的教学设想、规划和要求，并邀请教师参与课前讨论、课后反馈与协商等具体的评价环节。只有评价被看作是"同你一起"（with you）而非"对你"（to you）时①，教师评价才会显得自然、公开、公正，才容易被一线教师所接受。②

其次，在评价的面谈环节对受评教师进行合理引导。这就需要评价者具备引导评价面谈的能力，保证评价双方对话的顺利进行以及面谈结果的质量。评价者可以制定具体、清晰的步骤，例如，关于评价面谈的目的、结构与程序，受评教师的优点与不足及其改进的措施，等等。

此外，尤其要对新教师进行合理引导。评价经验不足的教师会感到评价是一件困难的事情，因为他们缺少阅历，且教学实践尚未得到全面展开。然而，一旦聘用新教师，就要给予他们特殊的关照，包括合理地评价他们（尤其是给予其精神安慰），排除展开良好教学的障碍，尽可能地满足他们达到最佳教学的需求。③ 给新教师成长的空间是一项测评、支持新教师的良好政策。不必急着给新教师施以高压，相反，适当的延缓却是可取的。对新教师的帮助和评价不仅是为了使其第一年的教学更加愉快和有效，而且是为了使其养成积极的职业态度。

（四）优化评价"回应与反馈"机制

获取评价结果是教师评价过程的最后步骤，但也是关键环节。教师评价结果的用途通常包括质性反馈与分等两方面。目前，在我国，将评价结果反馈给教师本人这一点并未得到重视。相反，为方便对教师的管理与绩效考核，有关部门更强调根据评价结果对教师进行分等。④ 可见，优化教师评价反馈机制是我国教师评价改革面临的一个重要问题。

---

① David Middlewood（2001），"The Future of Managing Teacher Performance and Its Appraisal," In David Middlewood, edited by Carol Cardno（eds.）, *Managing Teacher Appraisal and Performance: A Comparative Approach*, New York: Routledge Falmer, pp. 180 – 195.

② 毛利丹:《教师眼中的教师评价：一个被忽略的研究领域》,《全球教育展望》2015年第7期。

③ Peterson, Kenneth D.（2000），*Teacher Evaluation: A Comprehensive Guide to New Directions and Practices*（2nd ed.）, Thousand Oaks: Corwin Press, pp. 269 – 271.

④ 毛利丹:《教师眼中的教师评价：一个被忽略的研究领域》,《全球教育展望》2015年第7期。

在第四代评估理论的影响下，我国中小学教师评价需要建立协商对话型的评价反馈机制。调查结果显示，教师希望得到及时的回应以及正式的评价反馈。在这里，评价反馈机制的建设包括对教师的回应以及教师评价的信息反馈两个层面。

1. 建立回应模式

回应模式建立的目的是对教师自身的感受、认知以及对评价的满意度等方面给予明确、及时的反应，这就需要通过对话的形式加以实现。这是因为交谈是评价方法的一种，它有助于了解对方在态度、兴趣等方面发生的变化。① 在教师评价反馈环节，通常先由教师进行自我评价，并允许教师发表自己对评价实施过程的看法，然后评价者对此给予回应。对于评价者来说，必须克服与教师之间的"心理障碍"，建立相互理解与信任的关系，营造共同协商与对话的良好气氛。

通常，评价双方交谈的内容主要以教师的课堂教学为主。因此，评价者应对教师自身的教学风格、特长以及教师对任教学科的掌握程度有所了解。只有这样，才能提高对教师回应的质量，体现对教师的尊重与关怀，有利于增强评价双方的相互信任。

2. 优化评价反馈机制

教育系统中的"反馈"指的是将教育成果返回系统的始发点，即教师和学生。② 我国中小学教师评价反馈机制应该包括量化成绩和质性反馈两个部分。其中，考核成绩主要用于对教师的问责，对话型的质性反馈用于促进教师的发展。较之量化评价，这种质性评价的优势在于突出评价的过程性。虽然质性评价在内容上缺少统一性，但其程序性的标准相同，从中可以获取真实、详细、多样化的信息，有利于增强评价结果的可靠性与有效性。③

在教师评价质性反馈环节，根据本书提出的"评价共同体—同心

---

① [美]泰勒：《怎样评价学习经验的效用？》，见施良方译、陈玉琨、赵永年选编，瞿葆奎主编《教育评价》，人民教育出版社1989年版，第266—267页。

② [日]桥本重治：《教育评价的意义与特点》，钟启泉译，见陈玉琨、赵永年选编，瞿葆奎主编《教育评价》，第141—142页。

③ Peterson, Kenneth D. (2000), *Teacher Evaluation: A Comprehensive Guide to New Directions and Practices* (2nd ed.), Thousand Oaks: Corwin Press, p. 118.

圆"评价模式,由评价第三方负责评价结果的反馈。前提是,评价者应该具备基本的专业素养和面谈能力,遵守人格平等与相互尊重的职业规范,并保证反馈信息的真实性与全面性。建立评价反馈机制的目的在于,通过评价双方的交流与协商,确定受评教师的改进方向与专业发展目标。最重要的评价活动是人际交往的,而非技术性的。[1] 因此应该创造较多的对话机会,以促进评价双方的协商与合作。

优化我国教师评价反馈机制的一个关键性问题是维持评价反馈的持续性。当下的教师评价在反馈环节缺少后续跟踪,例如,S1-F-ST-1老师谈道:"好几个老师跟督导组一起探讨。人多,思维发生碰撞,那一瞬间碰撞出来的东西非常好,但是,后期的回顾没有。"

评价反馈虽然是教师评价的最终环节,但对于实现教师问责与教师发展的双重评价目的而言,却是一个非常关键的步骤。评价双方的"对话"形式与内容又是这一环节的核心部分。以下是关于评价双方面谈的参考框架,有助于评价者对受评教师的合理引导(见表6-3)。

表6-3 教师评价面谈参考框架

1. 教师的主要岗位任务和职责。
2. 教师回顾自己(一学期/一年)的工作:最(不)满意的是什么?如何才能使这些方面做得更好?
3. 限制因素:哪些因素和限制条件妨碍教师获得预期目标?如何改变?
4. 获得帮助:学校哪些改革将有助于教师改善自身工作表现?学校评价相关人员所承担的职责应是什么?
5. 教师(下学期/学年/未来三年)的工作目标是什么?
6. 教师的专业发展机会:是否愿意获得在职培训?需要接受哪种培训?增长哪方面的知识和技能?在以往培训中,哪一种对自己最有收益?自己能否为其他教师开设在职培训课程?
7. 其他。

---

[1] David Middlewood, Carol Cardno (2001), "The Significance of Teacher Performance and Its Appraisal," in David Middlewood, Carol Cardno (eds.), *Managing Teacher Appraisal and Performance: A Comparative Approach*, New York: Routledge Falmer, p. 9.

第四节　激励教师在评价活动中的自觉参与

基于第四代评估理论的教师评价体系要求为评价双方提供平等、关爱、合作与对话的人文环境和法律保障，同时又要求教师提高自己参与教师评价活动的自觉性。以下主要从唤醒教师的自我意识、强化教师的行动表现等方面进行介绍。

一　唤醒教师在评价中的自我意识

自我意识是自我反省和把自己当成物体对待的能力。[①] 教师自我意识主要侧重于教师的个体性和内在性，强调教师对自我的认定。教师个体是学校文化建设的重要且强大的实体，改变教师个体的态度和表现是学校文化中的根本变化。[②] 因此，这就需要通过评价来提升教师的自我认知能力与合作意识，发挥教师内在的积极力量，在合作中提升自我表现。

（一）提升教师在评价中的自我认知能力

"文化"指人们具体的生活方式，由此人们才拥有自我的意识。[③] 教师要培养自己的文化自觉[④]，就应发挥自身的积极力量，发掘自我的潜能。调查结果显示，教师认知的重要性尚未引起教师自身的足够重视，而且教师的自我认识具有一定的局限性。因此，提升教师自我认知意识是解决教师评价实际问题的重点之一，也是实现教师自主发展的首要步骤。

1. 教师应认识自身角色在教师评价中的重要性

教师在评价中扮演着被评者的角色，因此从利益相关者视角出发，受评教师具有发言权。前提是，应该保证教师对评价认知的合理

---

① ［美］珀文：《人格科学》，周榕等译，华东师范大学出版社2001年版，第268页。
② Weiping Wang（2007），Evaluation of 2 + 2 Alternative Teacher Performance Appraisal Program in Shanxi, People's Republic of China, Teaching and Teacher Education, 23, 1012.
③ ［英］弗雷德·英格利斯：《文化》，韩启群、张鲁宁、樊淑英译，南京大学出版社2008年版，前言第1页。
④ 许苏民：《文化哲学》，上海人民出版社1990年版，第305页。

性与科学性。教师在强化自我认知意识的同时，还要提高自我反思能力。通常，教师的自我反思主要表现在教学反思上。教师的课堂教学是评价的主要内容，教师教学质量的提升是评价的主要目的。

因此，教师应该重视和提高对自身教学的反思意识和能力，这样才能从根本上提升教学质量，增强评价者对自己的认同感，而且，教师自身对教师评价的感受与看法才有可能得到外界的重视。

2. 教师应知晓自己在评价中的权利与责任

受评教师是教师评价的利益相关者之一，因此在评价中享有基本的权利，包括参与权、话语权、知情权、教学自主权等。不仅如此，教师还应增强自己的维权意识。教师评价涉及不同利益相关者的立场与利益，对于受评教师而言，只有自己主动获知并争取自身应有的权利，才有利于维护并实现教师评价的公平性。

受评教师在教师评价中不仅享有基本的权利，还应承担一定的责任，包括态度上的积极配合，在行动上，主动提供所需参评材料、参与评价活动、提出自己对评价的意见与建议等。可以看出，教师的权利与责任互为条件、相互影响，有助于教师评价实现教师问责与教师发展的双重目的。

3. 教师应熟知自身职业的性质

教师应对自身的职业具有客观、清晰的认识，包括职业性质、教师角色和职业任务。现代社会的教师角色主要包括组织者、交流者、激发者、管理者和革新者[1]等，而且，现代社会对教师任务的要求已经超出传递知识的界限。教师既要承担创新知识的使命，还要提升学生的道德人格境界。简言之，教师肩负着专业提升和育人的双重责任。教师只有把自身职业作为事业经营，把教育作为科学来探索、创新，才能创造有价值的人生。[2] 因此，教师自身应该对教师职业具有清晰、全面的认识，对自己有一个明确的定位。只有加强对自身职业的认同感，才能提升自己的教学质量和人文素养。

---

[1] ［美］麦金太尔、奥黑尔：《教师角色》，丁怡等译，中国轻工业出版社2002年版。
[2] 金美福：《教师自主发展论：教学研同期互动的教职生涯研究》，教育科学出版社2005年版，第3页。

在提高自我认知能力方面，S3-G1-F-ST-S老师详细介绍了自己的读书原因与心得："（我看的）关于育儿、专业的、业务的书，都有。我们学校推荐的专业书没有很侧重某一方面，在学校干着觉得比较烦了，就想开阔视野，看得不多就撵不上学生了。只钻自己（教学）这一块儿的话，他们上课说的，你根本就跟不上。自己看得也能用到教学上，自身的例子对他们来说是最吸引人的，他们可想了解老师之前的故事了。包括育儿方面的，也可以对他们讲一讲，'这么小的小朋友都可以做到，你们怎么做不到呢，这怎么要求你自己呢！'"

可以看出，S3-G1-F-ST-S老师具有较强的自我意识，能将日常教学与个人兴趣相结合，积极、主动地寻求自我发展的路径和方法。然而，调查还发现，并非所有教师都具有提升自我认知的意识和能力，主要原因是教师自我认识的狭隘性限制其自主发展的能力与自我精神境界的提升。可见，教师提升自我认知能力需要自身的开悟与践行。

（二）增强教师在评价中的合作意识

人之发展从生到死乃是一个辩证的过程，它从认识自我开始，然后打开与他人的关系。[①] 教师不仅需要提升自我认知能力，还应增强与他人的合作意识，使其成为自己的一种生活方式。以下主要从教师在评价中与同事、学生的合作两方面加以阐述。

1. 与同事的合作

教师在评价中的合作意识体现在与同事的互动关系中。合作需要通过双方的交流与对话来实现，因此，可以通过建立教师之间的交流文化来增强教师的合作意识。这可以通过相互听课与互评来实现。教师应对同事的教学过程进行客观评价，并适时提出合理的意见和建议。同时，教师也应发挥自身的主动性和积极性，诚恳邀请同事对自己的教学进行点评，并从中汲取经验。真正的积极力量是要在利己和利他间达到一种平衡。[②]

[①] 联合国教科文组织总部中文科译：《教育——财富蕴藏其中》，教育科学出版社1996年版，第86页。

[②] 郝宁：《积极心理学：阳光人生指南》，北京大学出版社2009年版，第16页。

听课是学校教师评价常用的一种方法，通过对教师的教学行为和学生反应的观察，可以最真实地了解教师的教学效果。教师的听课有两种情况：一是完成学校规定的任务，二是提高教师自身的教学水平，这一现象更多地体现在新教师群体方面。另外，听课的形式有多种，最常见的是推门听课，此外，学校应安排多种听课活动，包括校内的公开课、示范课，以及校级之间的优质课比赛等。多种听课活动可以为教师提供相互交流的机会。

听课不仅指本校内部教师之间的相互听课，不同学校的教师之间也可以进行互相听课与互评。共享与共识是文化的根基。① 因此，教师的交流文化应体现出开放性和包容性，应增加校与校之间的交流活动，而不是局限于学校内部。如此一来，在提升教学质量、加强人际关系方面，双方都会受益。

教师之间的交流除了听课形式之外，学校还可以建立师徒制、采取教研室集体备课等方式增加教师之间的交流。例如，S1－F－ST－1老师谈道："每个学科每个学段都有教研组，每周有一个教研会，先备课，大家都把课备好，有问题讨论一下。例如，我如何上课这一问题。最后出现一个共同的模式。下周照此上课，再按照'备课—讨论'模式上课，如此往下循环。比如你有创新的地方，就指定你讲课，让听课老师评课，肯定好的地方，指出不好的地方，加以改正。这一点比较人性化，比较科学一些。"

可见，通过互评式交流，教师能够相互了解自己的优、缺点，这有利于提升教师的自我反思能力。教师之间通过建立良好的交流文化，增加彼此的合作意识，这既是一种提升，又是一种挑战，更是一种责任。文化可以增强个体的反思意识，促进双方的合作，文化也能使人自省。②

2. 与学生的合作

诺丁斯指出："师生彼此关心、相互需要。师生关系的连续性极

---

① ［美］乔尔·M. 卡伦、李·加思·维吉伦特：《社会学的意蕴》，张惠强译，中国人民大学出版社2011年版，第93页。

② ［英］弗雷德·英格利斯：《文化》，韩启群、张鲁宁、樊淑英译，南京大学出版社2008年版，第33页。

易建立，但这也是最重要的。"① 师生之间也是一种合作关系，教师需要增强相互的自主意识，主动与学生建立良性合作关系，即"教师关心学生—学生回应教师"。

师生之间的合作形式之一就是互评。教师可以洞察到学生的内心，可以给予学生其内心所需的包容与帮助，但这并不代表学生能够同样理解和包容教师。这是因为学生自身条件限制其合作自主意识的发挥。这意味着，教师会花费更多的时间去建立相互信任的师生关系。这对于教师来讲又是值得的，因为师生关系会影响学生学习某一课程的热情。

同时，在师生关系上，教师应增强自身的合作自主意识。教师只有将其个人角色全部投入人际关系中，渗入"我—你"关系（I - you relationship）中，才会成为真正的自己，从而体验到自我的存在。人总在关系中实现价值和人生超越。②

二 强化教师在评价中的行动表现

作为人与自我的内心对话，个体的自我认识与其实际活动有密切的联系，而这通常以和外部世界的相互影响为前提。③ 显然，对于教师自主发展而言，更为关键的是要在具体的实践行动中提升教师的自主性。

（一）主动参与教师评价

生活在社会中的个体应当承认自身的主动性。个人的行为不仅要符合社会身份的要求，还要善于适应变化的形势。④ 教师评价具有教师发展和教师问责的双重目的，因此，教师的角色与功能也随之发生转变。教师不只是被评价的对象，还具有评价主体的身份，是评价共

---

① ［美］诺丁斯：《学会关心：教育的另一种模式》，于天龙译，教育科学出版社2011年版，第82页。
② 车文博：《人本主义心理学论评》，首都师范大学出版社2010年版，第148—149页。
③ ［苏］伊·谢·科恩：《自我论：个人与个人自我意识》，佟景韩、范国恩、许宏治译，生活·读书·新知三联书店1986年版，第366页。
④ 费孝通：《文化的生与死》，上海人民出版社2009年版，第15页。

同体的成员之一。一方面,教师享有参与教师评价的基本权利。另一方面,教师自身能够积极、主动地参与评价活动。

第四代评估理论提出,每个利益相关者都要认真面对、思考外部信息的输入,需要认真对待那些不同甚至冲突的观点。① 因此,对于受评教师而言,应主动与评价利益相关者进行交流与沟通,包括学校领导、同事、学生,以获取真实、有效的评价反馈信息。在这里,教师的自觉性和主动性显得尤为重要。

同时,教师要主动提出有利于教师评价改进的看法与建议,尤其是在课堂教学评价方面,要发挥自己的专业优势和特长。主动参与和内省是教师提升自身教学的关键。善于反思的教师通过积极参与关于自己和他人的信息加工,能够知觉到自己的内心状态,观察自己的公开行为及其发生环境,据此作出自我判断。②

(二) 自我评价机制建设

从教师的立场来讲,为提升自身在评价中的行动表现,不仅需要自己主动参与评价活动,还应增强自我评价的能力。教师自评是一个连续不断的自我反思、自我教育、激发内在动因的过程。③ 因此,教师应了解提高自评效果的条件和实施自评的具体方法,以提高自评的实效性。

1. 教师自评的前提

首先,须为教师自评营造一个良好的外部环境,即充满信任和关怀、实现平等协商与合作的评价机制和环境。教师只有在自己的切身利益得到保障的前提下,在受到同样的尊重和赏识之时,才会坦诚、客观地剖析自己的教学表现。

其次,为提升自我评价的效果,教师有必要接受相关的训练。这主要从教师教学和育人两个维度来讲:一是教师应关注自身教学的专业性,在教学目标与内容的把握、教态得体度、言语表达的精准性、教学工具操作的熟练程度等方面接受自评训练;二是教师应接受有关

---

① 埃贡·G. 古贝、伊冯娜·S. 林肯:《第四代评估》,秦霖、蒋燕玲等译,中国人民大学出版社 2008 年版,第 29 页。
② 同上书,第 361 页。
③ 王斌华:《发展性教师评价制度》,华东师范大学出版社 1998 年版,第 18 页。

课堂组织与管理、与学生沟通等方面的训练。只有在接受专业训练的前提下,教师才会对自己的教学表现做出深入的分析。

最后,教师应进行自我反思与自我监测。对于教师的个人成长而言,有效的自我反思起着至关重要的作用,它能使教师个体的生命力得到焕发。教师的自我反思既包括对自己的教育观、职业观、生活观等方面的省察,还指对自己教学活动的反思。反思型教学模式的好处在于将评价、经验、训练和反思合并起来,有利于提升教师的教学水平(见图6-2)。

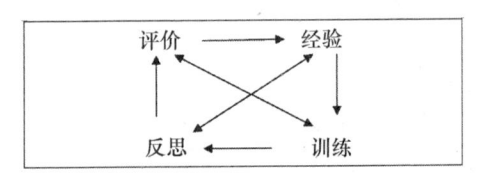

图6-2 反思型教学模式

资料来源:[美]麦金太尔(McIntyre, D. J.)、奥黑尔(O'Hair, M. J.)《教师角色》,丁怡等译,中国轻工业出版社2002年版,第17页。

自我监测是教师实现自评的保证。在自我监测的过程中,教师可以收获更多关于学习测量与评价的知识。教师每天需要促使自我监测取得成功,这有助于增加自身更多的思考技能。[①] 教师自我监测的重点是对教学的有效性进行反思和监测。课堂教学是复杂、生动的,它与学生和科目相关,教师需要提升自己的教学技能和技巧,使其适合具体的教学情境。[②]

2. 教师自评的具体方法

英、美等国家非常重视教师的自评,并开发出多种用于教师自评的方法,包括等级评价法、书面评价法、首要问题评价法以及档案袋评价法等。这里主要介绍首要问题评价法与档案袋评价法。

---

① Anchalee Suknaisith, et al. (2014), "Development of Teacher Performance in Educational Measurements and Evaluation through Self–monitoring Strategies," *Procedia-Social and Behavioral Sciences*, 116, 1683, 1687.

② Shinkfield, Anthony J., Daniel L. Stufflebeam (1995), *Teacher Evaluation: Guide to Effective Practice*, Boston: Kluwer Academic Publishers, p. 68.

首要问题评价法也称 50 个首要问题评价法。通常由评价者提出涉及教师工作具体方面的 50 个重要问题，并将其作为随后举行的教师评价面谈的提示性材料。然后，受评教师对这些题目作答，并附上相应的书面材料，以证明自己的回答属实。①

档案袋评价法是一种通常用于教师自评的工具，它包括教学计划和教学材料，学生作业样本及其评论，自我报告问卷和反思表格。档案袋评价的内容可以根据评价目的挑选和组合。例如，用于教师发展的档案袋可以强化教师专业成绩。教师评价体制应该鼓励教师设计自己的档案袋，这样可以反映教师工作的自然收获。例如，在备课教案中描述教师将要讲授的一个单元或一节课，视频和相应的评论可以占据一节课时。②

首要问题评价法和档案袋评价法侧重于对教师教学的质性评价，既能突出评价关注的重点，又能给予教师本人自我陈述、自我创造的机会。如果这些方法能够得到合理的运用，那么既有利于加强评价双方的交流与合作，又能对教师的自我反思与提升起到极大的促进作用。

（三）通过评价提升教师教学与科研能力

教师的教学表现是教师评价的主要内容之一，这里的"教学"是从广义上讲的，包括教师学习效果、教师的授课质量以及教师的教学反思。教师的教学反思又通过科研形式得以体现，因此教师教学是一个"教—学—研"三方面相互影响、互为条件、互相促进的循环过程。有研究指出，在"教—学—研同期互动"的过程中隐藏着教师自主发展的发生原理。③ 显然，自主发展是教师教—学—研同期互动的生存方式（载体）。

这里强调的主要是教师学习在促进教师教学反思与科研方面的重

---

① 王斌华：《发展性教师评价制度》，华东师范大学出版社 1998 年版，第 296—297 页。

② OECD（2013），Teachers for the 21st Century: Using Evaluation to Improve Teaching, OECD publishing, p. 34.

③ 金美福：《教师自主发展论：教学研同期互动的教职生涯研究》，教育科学出版社 2005 年版，第 4 页。

要性，并不就教师学习的具体内容展开论述。教师学习是促进教师专业发展的根本途径，而且，教师的学习自始至终贯穿着教师的整个生涯规划。教师的教学过程也是一种学习的表现形式。教师的学习主要体现在对教学实践包括对教学目标、教学内容等具体环节的反思上。教师的教学反思应建立在关怀理论的基础之上，例如，如何满足每一位学生的需要？如何帮助学生更好地关心自己和他人？……①

同时，教师需要在对教学反思的基础上尝试形成自己的实践理论，使其对教学过程起到有效的指导作用，以提升后续教学的质量。怀特海（Whitehead, J.）曾说："教师要重视教学实践，并努力从实践中发展自己的教学理论。因为理论建构的过程，包括形成和改造理论，正是有效实践的有机组成部分。"② 在一定程度上，教师通过教学反思所形成的教学实践理论正是教师进行教育研究的结果。通常，教师的研究主要是结合自己的实践工作与对象开展的。教师研究能力通过对新的教育问题、思想、方法等方面的探索和创造而得到提升。③可以发现，教师学习、教学与科研是一个相互影响、同期互动的过程。教学与研究是教师职业的两个核心部分，是教师职业生活方式的具体体现。

综上所述，从教师的视角建立协商与合作型的教师评价体系需要国家宏观政策的支持与指引，需要在学校层面营造良好的评价实施环境和文化氛围，更需要激发教师参与评价活动的自觉性。可见，外部环境的支持和教师的自主发展是保证教师评价体系能够良性运转的两个关键要素，为教师评价的顺利实施和效果生成提供了制度保障和动力支持。显然，在基于协商与合作的教师评价体系中，教师评价与利益相关者始终处于一个动态、循环的持续发展过程里（见图6-3）。

---

① [美] 诺丁斯：《学会关心：教育的另一种模式》，于天龙译，教育科学出版社2011年版，第184页。

② McNiff, J. (1995), *Teaching as Learning: An Action Research Approach*, Routledge, p. 39.

③ 叶澜、白益民、王枬、陶志琼：《教师角色与教师发展新探》，教育科学出版社2001年版，第26页。

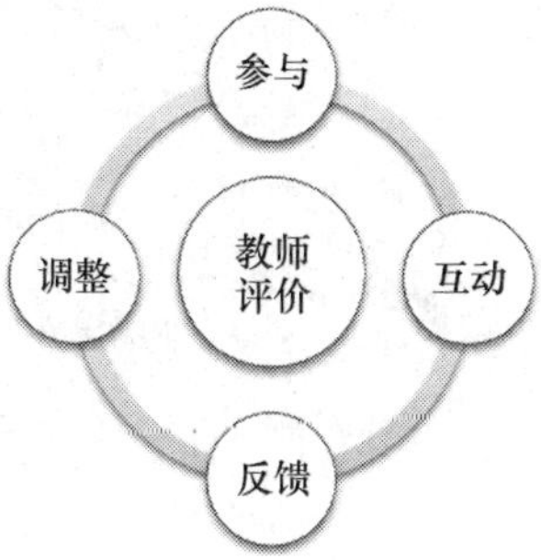

图 6-3　教师评价体系循环发展路线

结　　语

一　研究总结

随着学校教育质量引发社会各界的广泛关注，教师评价也愈发成为各国教育改革研究的热点问题。目前，国内外有关教师评价的研究很多，主要是从外部视角探究教师评价如何提升教师质量与学生成绩的功能，更多地聚焦于评价方法的选择、评价标准的制定等具体内容上。相比之下，从利益相关者的视角探究教师评价如何促进教师发展的研究较少，尤其是一线教师对教师评价的认知尚未引起足够的重视，有关这一方面的研究较为匮乏。

教师在评价中扮演着非常关键的角色。作为教师评价的最直接利益相关者，一线教师对评价的认知以及教师的参与，不能被忽视。国内外相关学者均提出，教师的认知与参与是建立"合理的教师评价"的前提条件。例如，美国评估培训学院创始人瑞克·斯蒂金斯（Rick Stiggins）提出："评价过程中，允许教师提出自己的看法与意见，这些不可控因素会影响到评价结果。"① 彼得森认为："好的教师评价应该是公平、公正的，能够满足'客户'的需求……"② 我国学者吉文昌也提出教育满意度评价指标应遵循的原则，即（1）以人民群众对教育的所思、所想、所盼为确定教育满意度测评内容的出发点；（2）以自下而上的方式为确定教育满意度测评内容的基本方式。③

---

① [美]瑞克·斯蒂金斯：《合理有据的教师评价：课堂评估衡量学生进步》，刘聪伦译，中国青年出版社2015年版，第23页。
② Peterson, Kenneth D. (2000), *Teacher Evaluation: A Comprehensive Guide to New Directions and Practices* (2nd ed.), Thousand Oaks: Corwin Press, p. 57.
③ 吉文昌：《教育满意度测评方法与原则》，《教育研究》2015年第2期。

基于此，本书提出，虽然获得教师满意度高的教师评价的客观性值得商榷，但合理的教师评价应该是基于多方利益相关者的博弈，应该听取利益相关者的不同"声音"，如此才能保证教师评价的客观性。因此，获知一线教师对评价的态度与观点对于改善教师评价而言具有一定的合理性。

鉴于当下我国中小学教师对教师评价的认知和研究是一个被忽略的领域，本书主要遵循"自下而上"的研究路径，采用问卷与访谈调查的方法，深入探究一线教师对当下教师评价现状的态度与看法。本书主要围绕"中小学教师眼中的教师评价"这一主题，遵循"历史回顾与总结—实践调查与分析—理论框架构建—政策建议提出"的研究路径，从以下几个方面展开论述：首先，回顾国内外教师评价实践的发展，介绍教师评价的主要研究理论与评价模式，并对各自的特点加以评述；其次，对中小学教师评价现状进行实证考察，并对评价潜在问题的背后原因进行学理分析；再次，根据实证调查结果和第四代评估等理论，构建"基于教师自身视角的中小学教师评价理论分析框架"；最后，从国家政策、学校实施和教师自主发展三个层面对我国中小学教师评价政策提出改进要求和策略。

本书的研究结论主要包括：

第一，本书基于对实证调查材料的提炼与综合，获知一线教师对当下中小学教师评价现状的认识。调查发现，有极少部分教师对其所在学校的教师评价表示满意，相比之下，大部分教师反映的主要是教师评价潜在的问题，包括（1）教师在评价中缺乏基本权利，例如教师的知情权和话语权等。部分教师虽享有参与权，但更多的是流于形式。（2）教师对评价的认知不受重视，主要指教师对评价的反馈意见等方面。（3）教师评价难以满足教师的合理需求，包括基本的物质需求、被尊重与关爱的需求。（4）教师评价抑制教师的专业发展。（5）教师评价难以激发教师自我提升的主动性等。调查还发现，影响中小学教师评价的因素包括学校所在地、学校文化、校长以及教师自身等。其中，学校文化与校长是影响学校教师评价的两个关键因素。因此，在上述调查发现的基础上，本书得出的调查结论是：（1）中小学教师在评价中的基本权利缺乏制度保障；（2）教师评价制度本身缺乏对教师的人文关怀；（3）教师自身欠缺自我意识与寻求发展的自主性。

第二，本书依据实证调查结论，分别从理论与实践两个层面有针对性地提出改进教师评价的措施。在理论层面，本书提出"基于教师自身视角的教师评价理论分析框架"，并分别从"平等与赋权""关爱与欣赏""协商与合作""回应与反馈"四个维度加以论述，主要是指赋予教师参与评价的基本权利，满足教师的合理需求（基本需求与成长需求），在教师评价机制建设层面体现评价双方的协商与合作，并对教师的需求给予回应、将评价结果反馈给教师。同时，在评价主体与形式、评价内容与方法等方面，本书重点介绍了"评价共同体—'同心圆'评价模式"以及有关教师表现性评价的用途。

第三，在实践层面，本书依据"基于教师自身视角的教师评价理论分析框架"，提出以教师为本的教师评价改进要求与策略。研究认为，从教师的视角出发建立合理的教师评价制度，应该满足这三个方面的条件，即树立正确的评价导向、确保评价的公平性、更新教师评价观念。基于此，本书有针对性地提出了具体的政策改进建议。从宏观层面讲，要修订与完善有关中小学教师评价的国家政策，例如《教师法》、教师职称评定与绩效工资政策等。在学校这一具体实施层面，应对教师评价指标体系的制定、评价主体和评价形式的构成等方面加以改善。同时，通过采取加强学校教师评价制度建设、以校长为主的管理团队和学校共同体文化建设等措施，营造学校实施教师评价的良好环境。通过采取教师自评与行动研究等措施，教师自身也应努力提升自我意识与主动参与教师评价实践的能力。

二 本书的创新、不足与展望

本书在研究视角上具有一定的创新之处。本书主要遵循"自下而上"的研究路径，采用问卷和访谈两种调查方法，深入探究一线教师对当下中小学教师评价现状的认知。本书在对"教师眼中的教师评价"的探究过程中逐渐发现"自下而上"型研究方法的重要性，它有助于在第一时间获取最真实的调查材料和信息，并对研究者的实证调查能力和理论研究水平的提升起到了很大的促进作用。而且，本书在探究"基于教师视角的教师评价"过程中，通过与一线教师的近距离接触和逐步深入的交流，获知了一线教师的真实想法及其生存现状。在这一过程中，笔者愈发感到本书对于中小学教师群体的价值所在。

从一定程度上讲，"教师眼中的教师评价"研究能够唤起社会各界对中小学教师的关注和重视，尤其是对农村中小学教师的理解与关切。毕竟，教师是学校教育的核心要素，对每一位学生的成长、每一所学校的发展和每一个家庭的幸福都会产生很大的影响。教师自身只有在获得生命关怀和职业幸福的前提下，才会增加关爱学生的可能性。

另外，由于受个人时间、精力与能力等多种因素的限制，本书在调查问卷的设计等方面仍存在不足。调查问卷是自编问卷，虽经两次试测，但仍发现问卷题目的设计与言语表述等方面存在欠缺之处，有待进一步改善和提高。而且，这里需要说明的是，本书的调查问卷发放仅限于郑州市，因此研究结果主要适用于郑州市义务教育学校的教师评价。

不过，本书只是从教师的视角探究了我国中小学教师评价问题，因此，在未来研究中仍会有许多跟进和完善之处。一方面，笔者期望在后续研究中将调查范围扩展至河南省其他地市，以探究本书的调查结论是否适用于其他地市义务教育学校的教师评价；另一方面，笔者还期望将调查范围延至普通高中，以探究高中教师对教师评价的认知。同时，笔者拟尝试性地将"基于教师自身视角的教师评价理论分析框架"用于分析普通高中阶段的教师评价现状。

附录一　访谈提纲

一　前期访谈

1. 您所在学校教师评价实施的情况是怎样的?
2. 您能参与到学校教师评价中吗? 为什么?
3. 学校重视一线教师对评价的看法、态度吗? 为什么?
4. 您对学校教师评价(的制定、实施、结果及其用途)满意吗? 为什么?
5. 您理想中的教师评价应该是怎样的?
6. 您自己在教师评价中的表现是怎样的? (认识、行为等方面)
7. 您认为应该如何改善自己在评价中的表现? (认识、行为等方面)

二　正式访谈

(一) 教师对教师评价的认识

1. 您所在学校教师评价的主要目的是什么?
2. 您所在学校教师评价标准是否具有区分性?
3. 教师能否参与教师评价标准的制定?
4. 您所在学校教师评价的评价内容主要是什么?
5. 您所在学校教师评价的评价者主要是谁? 评价者是否接受过专业培训?
6. 您所在学校教师评价是否受校长重视程度的影响?
7. 您所在学校教师评价采用的主要评价形式是什么?
8. 您所在学校常用的教师评价方法有哪些? 您认为合理的评价方法是什么?

9. 您所在学校教师评价的结果是否反馈给教师本人？反馈的方式有哪些？

10. 您认为教师评价存在的主要问题是什么？应如何改进？

11. 您如何看待教师评价与绩效考核、职称评定的关系？

12. 您如何看待教师在评价中的"无权"问题？

（二）教师在评价中的表现

13. 您有参与教师评价的意识吗？为什么？

14. 您是否具有自我反思的意识？自我反思的方法是什么？

15. 您是如何进行自我评价的？

16. 您通过教师评价提升自我的措施是什么？

17. 您能主动获取评价反馈吗？为什么？

18. 您会提出对教师评价的看法吗？

19. 您对教师评价的看法能否得到学校的认可？您是否关注这一问题？

附录二 "教师眼中的教师评价"调查问卷

亲爱的老师:

您好!非常感谢您在百忙之中参加此次问卷调查。本问卷匿名填写,请按您的真实情况和想法回答。本调查仅用于课题研究,我们将会对您的回答严格保密。再次感谢您的支持!

华东师范大学课题研究组

I. 个人信息

以下为单选题,请在相应选项上画"○"。

1.1 性别

A. 男 B. 女

1.2 年龄

A. 30 岁以下 B. 31—40 岁 C. 41—50 岁 D. 50 岁以上

1.3 教龄

A. 5 年以下 B. 6—15 年 C. 16—25 年 D. 26 年以上

1.4 学历

A. 中师/中专(含高中) B. 大专 C. 本科

D. 硕士研究生及以上

1.5 职称

A. 小学三级 B. 小学二级 C. 小学一级 D. 小学高级

E. 小学特级 F. 中学二级 G. 中学一级 H. 中学高级

I. 其他

1.6 任教的主要科目

A. 语文 B. 数学 C. 外语 D. 品德、历史 E. 物理、化学

F. 地理、生物　G. 音体美　H. 其他

1.7　所在学校类别

A. 小学　B. 初中　C. 九年一贯制学校

1.8　学校所在地

A. 农村　B. 乡镇　C. 县城　D. 城市

II. 贵校开展教师评价的实际情况

以下为单选题，请在相应选项上划"○"。

2.1　您所在学校教师评价方案的制定者主要是以下哪一项？

A. 教育行政部门　B. 学校领导　C. 校外评价专家

D. 教师代表大会　E. 教师　　F. 不知道

2.2　您在本校教师评价中发挥的作用主要是以下哪一项？

A. 提供有关信息　B. 参与有关活动　C. 不需要我参与

D. 其他（请注明）

2.3　您在本校教师评价中行使的权利主要是以下哪一项？

A. 决策权　B. 知情权　C. 参与权　D. 话语权　E. 没有权利

2.4　通常您获知评价结果的途径主要是以下哪一种？

A. 学校张榜公开　B. 校园网上公示　C. 书面（电子邮件）告知

D. 有关人员口头告诉　E. 自己主动查询　F. 其他（请注明）

2.5　您通常主要采取以下哪一种方法发表对本校教师评价结果的看法？

A. 书面反馈　　B. 向领导口头反映　C. 私下议论

D. 不发表意见　E. 没有看法

2.6　若您对评价的认识未能得到关注，您的做法通常是以下哪一种？

A. 发发牢骚　　B. 不太在意　　　C. 仍会表达自己的看法

D. 争取被认可

2.7　您进行自我评价的主要方法是以下哪一种？

A. 考虑他人对自己的看法　B. 与他人作比较　C. 进行自我分析

D. 其他（请注明）

2.8　学校通常处理您对教师评价意见的做法主要是以下哪一项？

A. 不在意　B. 有沟通对话　C. 有适当调整　D. 其他（请注明）

以下为多选题，请在相应选项上划"○"。

2.9　您所在学校对教师评价的目的是什么？（可多选）

A. 教师管理与考核　　B. 促进教师发展　　C. 提高学生成绩

D. 促进学校发展　　E. 其他（请注明）

2.10　您所在学校对教师评价的内容包括什么？（可多选）

A. 师德修养　　　　B. 教育教学表现　　C. 工作态度与品质

D. 教学成绩　　　　E. 其他（请注明）

2.11　您所在学校对教师评价的评价者包括哪些人？（可多选）

A. 校外专家　B. 学校各级领导　C. 普通教师　D. 教师本人

E. 学生　　　F. 家长

2.12　您所在学校对教师评价的形式主要是什么？（可多选）

A. 领导评价　B. 同事互评　　C. 学生参评　D. 教师自评

E. 家长评价

2.13　您所在学校对教师评价采用的方法主要是什么？（可多选）

A. 绩效考评　　　B. 末位淘汰　　　C. 教学档案袋评价

D. 课堂听课评价　E. 其他（请注明）

2.14　您所在学校教师评价产生的实际效果是什么？（可多选）

A. 激发教师工作热情　B. 加强对教师的管理　C. 促进教师合作

D. 营造良好的学校文化氛围　E. 增加教师工资

F. 其他（请注明）

2.15　您所在学校对教师评价结果的用途是什么？（可多选）

A. 评优　　　　B. 绩效工资分配　　　C. 人事调整

D. 职务评定　　E. 师资培训

III. 您的主观感受与改进建议

	题目	完全不同意	较少同意	基本同意	较多同意	完全同意
您的主观感受	3.1　贵校教师评价受校长重视程度的影响					
	3.2　贵校教师评价标准制定得不清晰					
	3.3　贵校重视您对教师评价的意见					
	3.4　您能认识到参与学校教师评价的重要性					
	3.5　学校教师评价有助于您改进工作					
	3.6　您能通过教师评价反思自身教学					

续表

	题目	完全不同意	较少同意	基本同意	较多同意	完全同意
您对教师评价的改进建议	3.7 教师评价应以促进教师发展为主要目的					
	3.8 教师应参与学校教师评价标准的制定					
	3.9 学校应重视对师德的评价					
	3.10 学校应重视对教师实际教学表现的评价					
	3.11 学校教师评价应定期进行					
	3.12 评价者应由多方人员组成					
	3.13 教师评价的方法应多样化、可操作					
	3.14 学校应将评价结果与奖惩评比分开					
	3.15 学校应适时公开教师评价的结果					
	3.16 教师评价政策应经常性的完善与改进					
	3.17 教师应通过评价增强自我提升的意识					
	3.18 教师应重视自我评价					
	3.19 学校应重视教师对评价的看法					

Ⅳ. 请问您对学校的教师评价还有什么想法？简要回答。

再次感谢您的配合，祝您生活愉快，工作顺利！

附录三 SPSS 统计输出表汇总

一 教师评价现状与人口统计变量差异性检验结果

指标	题项	性别	年龄	教龄	学历	职称	任教科目	学校类别	学校所在地
1. 教师评价方案的制定	2.1	20.493**	36.830**	29.132*	53.613***	87.847***	40.475	29.725**	11.195
	2.9	1.591	10.822	12.952	14.488	37.122	13.678	13.209	5.738
	2.10	1.572	3.628	6.130	4.781	11.164	7.942	5.213	15.998
2. 教师评价的实施	2.11	6.219	14.000	9.225	13.803	44.265	26.429	11.877	40.057***
	2.12	6.439	10.935	9.521	7.292	53.123*	23.566	35.017***	26.980**
	2.13	4.816	7.368	10.448	5.906	31.396	28.306	22.029**	16.173
3. 教师评价结果的用途	2.4	2.909	22.295	18.538	9.037	54.277	37.546	25.934**	16.896
	2.14	2.691	19.124	22.468	13.911	44.419	47.429*	31.519***	15.832
	2.15	4.702	8.010	18.862	7.846	46.911*	28.451	42.726***	36.220***
4. 教师的感知	2.2	1.287	7.048	5.921	12.805	34.712	40.006**	.201	8.405
	2.3	11.328[a]	24.000*	20.355	12.681	66.657***	41.008	31.480***	18.713
5. 教师的行动	2.5	28.208***	11.493	18.042	35.180**	68.817***	58.071*	31.700***	26.164*
	2.7	4.383	22.169**	19.241*	2.559	30.892	29.255	11.868	13.608
6. 教师表现的被认可度	2.6	3.794	9.807	14.102	20.598	56.909**	36.038	31.082***	19.115
	2.8	4.502	13.972	10.305	7.390	43.380	28.999	37.248***	9.710

说明：*P<0.05，**P<0.01，***P<0.001。

二 教师评价在性别上的差异性检验（独立样本检验）

		方差方程的 Levene 检验		均值方程的 t 检验						
		F	Sig.	t	df	Sig.（双侧）	均值差值	标准误差值	差分的 95% 置信区间	
									下限	上限
教师评价方案的制定	假设方差相等	.188	.665	1.591	537	.112	.09602	.06035	-.02254	.21457
	假设方差不相等			1.562	311.677	.119	.09602	.06146	-.02492	.21695
教师评价的实施	假设方差相等	.006	.938	.843	537	.400	.04805	.05702	-.06397	.16007
	假设方差不相等			.826	310.114	.410	.04805	.05820	-.06646	.16256
教师评价结果的用途	假设方差相等	.829	.363	-1.149	537	.251	-.06897	.06003	-.18689	.04896
	假设方差不相等			-1.155	329.930	.249	-.06897	.05971	-.18642	.04849
教师的感知	假设方差相等	.034	.853	.088	537	.930	.00657	.07444	-.13966	.15281
	假设方差不相等			.088	321.782	.930	.00657	.07480	-.14060	.15374
教师的行动	假设方差相等	.000	.988	-.518	537	.605	-.03557	.06863	-.17039	.09925
	假设方差不相等			-.512	316.841	.609	-.03557	.06941	-.17214	.10100
教师表现的被认可度	假设方差相等	1.141	.286	1.307	537	.192	.14553	.11134	-.07318	.36424
	假设方差不相等			1.307	325.242	.192	.14553	.11139	-.07360	.36466

三 方差齐性检验

（一）年龄方差齐性检验

	Levene 统计量	df1	df2	显著性
教师评价方案的制定	1.872	3	535	.133
教师评价的实施	1.499	3	535	.214
教师评价结果的用途	.178	3	535	.911
教师的感知	2.212	3	535	.086
教师的行动	.519	3	535	.669
教师表现的被认可度	3.062	3	535	.028

（二）教龄方差齐性检验

	Levene 统计量	df1	df2	显著性
教师评价方案的制定	.045	3	535	.987
教师评价的实施	.579	3	535	.629
教师评价结果的用途	1.157	3	535	.326
教师的感知	.777	3	535	.507
教师的行动	.715	3	535	.544
教师表现的被认可度	3.656	3	535	.012

（三）学历方差齐性检验

	Levene 统计量	df1	df2	显著性
教师评价方案的制定	2.206	3	535	.086
教师评价的实施	3.128	3	535	.025
教师评价结果的用途	1.928	3	535	.124
教师的感知	1.210	3	535	.305
教师的行动	.479	3	535	.697
教师表现的被认可度	1.907	3	535	.127

(四) 职称方差齐性检验

	Levene 统计量	df1	df2	显著性
教师评价方案的制定	2.389	8	530	.016
教师评价的实施	.992	8	530	.441
教师评价结果的用途	1.124	8	530	.345
教师的感知	3.469	8	530	.001
教师的行动	1.580	8	530	.128
教师表现的被认可度	2.189	8	530	.027

(五) 任教科目方差齐性检验

	Levene 统计量	df1	df2	显著性
教师评价方案的制定	1.113	7	531	.353
教师评价的实施	1.788	7	531	.087
教师评价结果的用途	1.115	7	531	.352
教师的感知	.820	7	531	.571
教师的行动	1.965	7	531	.058
教师表现的被认可度	2.574	7	531	.013

(六) 学校类别方差齐性检验

	Levene 统计量	df1	df2	显著性
教师评价方案的制定	6.007	2	536	.003
教师评价的实施	1.384	2	536	.252
教师评价结果的用途	.014	2	536	.986
教师的感知	7.214	2	536	.001
教师的行动	.667	2	536	.514
教师表现的被认可度	.875	2	536	.418

(七) 学校所在地方差齐性检验

	Levene 统计量	df1	df2	显著性
教师评价方案的制定	1.274	3	535	.282
教师评价的实施	3.455	3	535	.016
教师评价结果的用途	4.735	3	535	.003
教师的感知	.746	3	535	.525
教师的行动	1.453	3	535	.226
教师表现的被认可度	2.253	3	535	.081

参考文献

《心理学百科全书》第2卷，浙江教育出版社1995年版。

蔡敏：《美国中小学教师评价及典型案例》，北京大学出版社2009年版。

车文博：《人本主义心理学论评》，首都师范大学出版社2010年版。

陈向明：《质的研究方法和社会科学研究》，教育科学出版社2000年版。

陈新汉：《评价论导论——认识论的一个新领域》，上海社会科学院出版社1995年版。

陈永明：《教师教育研究》，华东师范大学出版社2002年版。

陈玉琨：《教育评价学》，人民教育出版社1999年版。

陈玉琨、赵永年选编，瞿葆奎主编：《教育评价》，人民教育出版社1989年版。

陈振明：《公共政策学：政策分析的理论、方法和技术》，中国人民大学出版社2004年版。

程方平、冯克诚：《教师手册》，中国民主法制出版社1997年版。

《辞海缩印本》，上海辞书出版社1990年版。

范良火：《教师教学知识发展研究》，华东师范大学出版社2013年版。

方忠雄、刘维良：《教师职业生涯发展与心理健康》，首都师范大学出版社2006年版。

费孝通：《文化的生与死》，上海人民出版社2009年版。

冯骥才：《中国人丑陋吗？》，柏杨：《丑陋的中国人》，人民文学出版社2008年版。

冯平：《评价论》，东方出版社1995年版。

冯友兰:《中国哲学简史》,涂又光译,北京大学出版社1996年版。
傅道春:《教师的成长与发展》,教育科学出版社2001年版。
顾明远:《教育大辞典》(上),上海教育出版社2002年版。
郭朝红:《影响教师政策的中介组织》,天津教育出版社2006年版。
《汉语大词典》第11卷,汉语大词典出版社1990年版。
郝宁:《积极心理学:阳光人生指南》,北京大学出版社2009年版。
何萍:《生存与评价》,东方出版社1998年版。
胡中锋:《教育评价学》,中国人民大学出版社2008年版。
金美福:《教师自主发展论:教学研同期互动的教职生涯研究》,教育科学出版社2005年版。
荆其诚:《简明心理学百科全书》,湖南教育出版社1991年版。
李连科:《世界的意义——价值论》,人民出版社1985年版。
梁红京:《区分性教师评价》,华东师范大学出版社2006年版。
林崇德等:《心理学大辞典》(上),上海教育出版社2003年版。
刘铁芳:《现代教育的生命关怀》,华东师范大学出版社2007年版。
刘云杉:《从启蒙者到专业人》,北京师范大学出版社2006年版。
柳鸣九:《见证生活勇气的传世作品》,[法]加缪:《西西弗的神话:加缪荒谬与反抗论集》,杜小真译,陕西师范大学出版社2003年版。
芦咏莉、申继亮:《教师评价》,北京师范大学出版社2012年版。
马俊峰:《评价活动论》,中国人民大学出版社1994年版。
潘慧玲:《教师评价理论与实务》,台湾师范大学教育评价与发展研究中心,2008年。
瞿葆奎主编,陈桂生等选编:《教育学文集·教育与社会发展》第3卷,人民教育出版社1989年版。
瞿葆奎主编,雷尧珠、王佩雄选编:《教育学文集·教育与人的发展》第2卷,人民教育出版社1989年版。
瞿葆奎主编,李涵生、马立平选编:《教育学文集·教师》第12卷,人民教育出版社1991年版。
孙河川:《教师评价指标体系的国际比较研究》,商务印书馆2011年版。

汪霞：《课程研究：现代与后现代》，上海科技教育出版社2003年版。
王斌华：《发展性教师评价制度》，华东师范大学出版社1998年版。
王斌华：《教师评价：绩效管理与专业发展》，上海教育出版社2005年版。
王汉澜：《教育评价学》，河南大学出版社1995年版。
王焕勋：《实用教育大词典》，北京师范大学出版社1995年版。
谢翌等：《教师文化论》，中国社会科学出版社2012年版。
徐红：《旋转180度做教师：从"任务驱动"到"文化自觉"》，华东师范大学出版社2013年版。
许苏民：《文化哲学》，上海人民出版社1990年版。
杨明、桑信祥：《价值与选择：区域教育综合评价研究》，山东教育出版社2010年版。
叶澜、白益民、王枬、陶志琼：《教师角色与教师发展新探》，教育科学出版社2001年版。
叶澜：《"新基础教育论"——关于当代中国学校变革的探究与认识》，教育科学出版社2006年版。
叶澜：《教师的魅力在创造》，于漪主编：《教育魅力：青年教师成长钥匙》，华东师范大学出版社2013年版。
叶澜：《教育研究方法论初探》，上海教育出版社1999年版。
余英时：《士与中国文化》，上海人民出版社2013年版。
袁方：《社会研究方法教程》，北京大学出版社1997年版。
袁贵仁：《价值学引论》，北京师范大学出版社1991年版。
张红兵、贾来喜、李潞：《SPSS宝典》，电子工业出版社2007年版。
张立文：《和合哲学论》，人民出版社2004年版。
张念宏：《教育学词典》，北京出版社1987年版。
《中国大百科全书》，中国大百科全书出版社1985年版。
朱晓蔓：《情感教育论纲》，人民出版社2007年版。
朱益明：《校本教师发展论》，天津教育出版社2006年版。
朱永新：《困境与超越——教育问题分析》，《朱永新教育文集》卷五，人民教育出版社2004年版。
［波］弗·兹纳涅茨基：《知识人的社会角色》，郏斌祥译，译林出版

社 2000 年版。

［德］伽达默尔：《真理与方法——哲学诠释学的基本特征》下卷，洪汉鼎译，上海译文出版社 2004 年版。

［德］海德格尔：《时间与存在》，陈嘉映、王节庆译，生活·读书·新知三联书店 1999 年版。

［法］狄德罗：《不列颠百科全书·国际中文版》第 16 卷，中国大百科全书出版社 1999 年版。

［法］孔特·斯蓬维尔：《小爱大德》，吴岳添译，中央编译出版社 1998 年版。

［加］莱文：《教育改革：从启动到成果》，项贤明、洪成文译，教育科学出版社 2004 年版。

［加］梁鹤年：《政策规划与评估方法》，丁进峰译，中国人民大学出版社 2003 年版。

［加］威尔·金里卡：《当代政治哲学》，刘莘译，上海三联书店 2001 年版。

［美］R. M. 克朗：《系统分析和政策科学》，陈东威译，商务印书馆 1985 年版。

［美］埃贡·G. 古贝、伊冯娜·S. 林肯：《第四代评估》，秦霖、蒋燕玲等译，中国人民大学出版社 2008 年版。

［美］伯特·G. 欧文斯：《教育组织行为学》，窦卫霖、温建平、王越译，华东师范大学出版社 2001 年版。

［美］查尔斯·E. 林德布洛姆：《决策过程》，竺乾威、胡君芳译，上海译文出版社 1988 年版。

［美］丹尼尔森、麦格里等：《教师评价：提高教师专业实践能力》，陆如萍等译，中国轻工业出版社 2005 年版。

［美］弗吉尼亚·赫尔德：《关怀伦理学》，苑莉均译，商务印书馆 2014 年版。

［美］古斯基：《教师专业发展评价》，方乐等译，中国轻工业出版社 2005 年版。

［美］霍伊、［美］米斯克尔：《教育管理学：理论·研究·实践》，范国睿主译，教育科学出版社 2007 年版。

[美]吉尔伯特·萨克斯、詹姆斯·W.牛顿：《教育和心理的测量与评价原理》，王海昌等译，江苏教育出版社2002年版。

[美]简·卢文格：《自我的发展》，韦子木译，浙江教育出版社1998年版。

[美]卡尔：《积极心理学：关于人类幸福和力量的科学》，郑雪等译校，中国轻工业出版社2008年版。

[美]克拉克：《学习型学校与学习型系统》，中国轻工业出版社2004年版。

[美]克雷斯威尔：《研究设计与写作指导：定性、定量与混合研究的路径》，崔延强译，重庆大学出版社2007年版。

[美]克里斯托弗·彼得森：《积极心理学》，徐红译，群言出版社2010年版。

[美]伦恩伯格、奥斯坦：《教育管理学：理论与实践》，孙志军等译，中国轻工业出版社2003年版。

[美]麦金太尔、奥黑尔：《教师角色》，丁怡等译，中国轻工业出版社2002年版。

[美]尼古拉斯·M.米凯利、戴维·李·凯泽：《为了民主和社会公正的教师教育》，任友群等译，华东师范大学出版社2009年版。

[美]诺丁斯：《学会关心：教育的另一种模式》，于天龙译，教育科学出版社2011年版。

[美]诺兰、胡佛：《教师督导与评价：理论与实践的结合》，兰英主译，中国轻工业出版社2007年版。

[美]珀文：《人格科学》，周榕等译，华东师范大学出版社2001年版。

[美]乔尔·M.卡伦、李·加思·维吉伦特：《社会学的意蕴》，张惠强译，中国人民大学出版社2011年版。

[美]瑞克·斯蒂金斯：《合理有据的教师评价：课堂评估衡量学生进步》，刘聪伦译，中国青年出版社2015年版。

[美]泰勒：《课程与教学的基本原理》，施良方译，人民教育出版社1994年版。

[美]托马斯·J.萨乔万尼：《校长学：一种反思性实践观》，张虹译，上海教育出版社2004年版。

［美］威廉·N. 邓恩：《公共政策分析导论》，谢明等译，中国人民大学出版社 2002 年版。

［美］叶维尼·凯：《金钱哲学》，朱乃长译，天津人民出版社 1997 年版。

［美］约翰·S. 布鲁柏克：《教育问题史》，吴元训主译，安徽教育出版社 1991 年版。

［美］约翰·罗尔斯：《正义论》，何怀宏、何包钢、廖申白译，中国社会科学出版社 1988 年版。

［美］珍妮·H. 巴兰坦：《教育社会学：一种系统分析法》，朱志勇等译，江苏教育出版社 2005 年版。

［日］大河内一男：《教育学的理论问题》，教育科学出版社 1984 年版。

［日］上寺久雄：《教师的心灵与风貌》，赵一奇等译，春秋出版社 1989 年版。

［日］佐藤学：《教师的挑战：宁静的课堂革命》，钟启泉译，华东师范大学出版社 2012 年版。

［瑞典］胡森等：《教育大百科全书》第 1 卷，张彬贤等译，西南大学出版社 2006 年版。

［苏］瓦·阿·苏霍姆林斯基：《给教师的建议》，杜殿坤编译，教育科学出版社 1984 年版。

［苏］伊·谢·科恩：《自我论：个人与个人自我意识》，佟景韩、范国恩、许宏治译，生活·读书·新知三联书店 1986 年版。

［英］弗雷德·英格利斯：《文化》，韩启群、张鲁宁、樊淑英译，南京大学出版社 2008 年版。

［英］霍姆斯：《教师的幸福感：关注教师的身心健康及职业发展》，闫慧敏译，中国轻工业出版社 2006 年版。

戴维·伯姆、李·尼科：《论对话》，教育科学出版社 2004 年版。

吉尔特·霍夫斯泰德、格特·扬·霍夫斯泰德：《文化与组织：心理软件的力量》，李原、孙健敏译，中国人民大学出版社 2010 年版。

克龙巴赫：《通过评价改进教程》，陈玉琨、赵中建译，《教育学文集：教育评价》，人民教育出版社 1988 年版。

联合国教科文组织总部中文科译：《教育——财富蕴藏其中》，教育科学出版社 1996 年版。

[美] 大卫·艾伦罗伯特·布兰托：《用"2+2"方法评讲课教师》，万叔武译，《湖北教育学院学报》1996 年第 1 期。

蔡敏、李艳：《美国中小学教师评价的主要模式及特点》，《外国中小学教育》2006 年第 4 期。

蔡敏：《美国"基于表现的教师评价"探析——以密苏里州为例》，《教育科学》2008 年第 2 期。

蔡敏：《美国中小学教师评价改革的有益经验分析》，《中国教育学刊》2007 年第 7 期。

蔡永红：《对教师绩效评估研究的回顾与反思》，《高等师范教育研究》2001 年第 3 期。

蔡永红、黄天元：《教师评价研究的缘起、问题及发展趋势》，《北京师范大学学报》（社会科学版）2003 年第 1 期。

蔡永红：《新教学观与教师评价》，《北京师范大学学报》（社会科学版）2007 年第 1 期。

常波：《西方反思型教师教育思潮兴起背景综述》，《外国教育研究》2000 年第 4 期。

陈凡、罗其娟：《教师入职表现性评价体系的特点》，《大学》（研究与评价）2008 年第 11 期。

陈树生、徐楠、刘莹：《论高中评价共同体的建立与教师角色定位》，《西华师范大学学报》（哲学社会科学版）2011 年第 2 期。

费孝通：《"美美与共"和人类文明》（上），《群言》2005 年第 1 期。

冯洁：《论"集体主义"概念在近代中国发展的历史脉络和内在逻辑》，《理论月刊》2012 年第 9 期。

《顾明远 VS 彼得·圣吉：一场东西方智慧的跨界对话》，《中国教师报》2015 年 11 月第 9 日第 1 版。

韩玉梅：《美国中小学教师评价政策研究》，西南大学博士学位论文，2014 年。

洪秀敏、马群：《学前教育三年行动计划实施效果调查——基于内部利益相关者评价的视角》，《教育学报》2015 年第 2 期。

侯定凯、万金雷：《中小学教师评价现状的个案调查——从促进教师专业发展的角度》,《教育研究》2005年第9期。

胡林林、蔡敏:《加拿大安大略省新入职教师的表现性评价及启示》,《世界教育信息》2010年第7期。

黄晓婷、宋映泉:《学前教育的质量与表现性评价——以幼儿园过程性质量评价为例》,《北京大学教育评论》2013年第1期。

吉文昌:《教育满意度测评方法与原则》,《教育研究》2015年第2期。

蒋逸民:《作为"第三次方法论运动"的混合方法研究》,《浙江社会科学》2009年第10期。

金美福:《教师自主发展论》,东北师范大学博士学位论文,2003年。

李双飞、蔡敏:《美国熟练教师表现性评价及其启示——以加利福尼亚州为例》,《外国教育研究》2008年第11期。

李文静、王鹏:《教师表现性评价与教师职业发展》,《当代教育科学》2010年第10期。

梁红京:《区分性教师评价制度研究》,华东师范大学,博士学位论文,2004年。

刘康宁:《"第四代"评估对我国高等教育外部质量保障的启示》,《国家教育行政学院学报》2010年第9期。

吕萍:《教师网上研修表现性评价的开发与应用》,《中小学教师培训》2010年第9期。

罗本琦、方国根:《中国传统文化的和谐精神》,《探索与争鸣》2009年第7期。

罗朝猛:《美国教师评价新政遭遇"肠梗阻"》,《中国教育报》2014年9月17日第9版。

毛利丹:《教师眼中的教师评价:一个被忽略的研究领域》,《全球教育展望》2015年第7期。

毛利丹:《校长对中小学教师评价的影响:基于教师的视角》,《河南教育学院学报》(哲学社会科学版)2015年第6期。

穆丽媛、赵娜:《美国教师表现性评价的最新进展及其启示》,《世界教育信息》2013年第3期。

宁本涛:《提升学校教育督导效能的校长满意度研究》,《教育研究》

2015年第2期。

申继亮、孙炳海：《教师评价内容体系之重建》，《华东师范大学学报》（教育科学版）2008年第6期。

孙翠香、范国睿：《教师评价政策：美国的经验和启示——以美国中西部地区教师评价政策为例》，《全球教育展望》2013年第3期。

檀传宝：《美学是未来的教育学》，《中国德育》2014年第2期。

王维臣：《绩效制背景下美国教师评价的改革及其启示》，《外国中小学教育》2011年第10期。

王文丽：《日本的教师评价及不称职教师处理——以东京都为例》，《外国中小学教育》2011年第11期。

王小飞：《英国教师评价制度的新进展》，《比较教育研究》2002年第3期。

吴琼、姚伟：《"理解"的失落与彰显：哲学解释学视角下教师评价的反思》，《教育科学》2010年第6期。

谢倩、王斌华：《教师评价实践：美国的经验和启示》，《黑龙江高教研究》2009年第8期。

赵德成：《美国加州教师表现性评价方案及其启示》，《外国教育研究》2010年第5期。

高鹏：《美、加等国表现性评价制度对我国中小学教师评价的启示》，《上海教育评估研究》2012年第9期。

叶浩生：《文化模式及其对心理和行为的影响》，《心理学》2004年总第275期。

喻冰洁：《中小学教师评价的伦理问题研究》，东北师范大学，博士学位论文，2014年。

张娜、申继亮：《教师评价发展趋势新探》，《河北师范大学学报》（教育科学版）2012年总第148期。

张新平、李国伟：《欣赏型探究及其对中小学教学改革的启示》，《教育科学研究》2014年第3期。

张新平：《校长：问题解决者与欣赏型领导者》，《教育研究》2014年第5期。

周文叶：《开展基于表现性评价的教师研修》，《全球教育展望》2014

年第 1 期。

朱益明:《教师培训的教育学研究》,华东师范大学,博士学位论文,2004 年。

卓锋:《美国加州教师表现性评价系统(PACT)探析》,《教育测量与评价》2013 年第 12 期。

刘继萍:《修订教师法涉及的突出问题》,法制网—法制日报,http://news.sina.com.cn/o/2015-07-15/063932109163.shtml/2015-07-15/2015-9-02。

Anna Craft (2002). Continuing Professional Development: A Practical Guide for Teachers and Schools (2nd edition). New York: Taylor & Francis Group.

Anthony J. Shinkfield & Daniel Stuffleeam (1995). Teacher Evaluation: Guide to Effective Practice. US: Kluwer Academic Publisher.

Ashton, P. T. & Webb, R. B. (1986). Making a Difference: Teachers'Sense of Efficacy and Student Achievement. Longman New York.

Bandura, A. (1986). Social Foundations of Thought and Action: A Social Cognitive Theory. Englewood Cliffs. NJ: Prentice-Hall.

Berman, P. & McLaughlin, M. W. (1977). Federal Programs Supporting Educational Change, Vol. VIII: Implementing and Sustaining Innovations. Santa Monica, CA: Rand Corporation.

Bernadin, H. J. & Beaty, R. W. (1984). Performance Appraisal: Assessing Human Behavior at Work. Boston, MA: Kent.

Bernard, H. R. (1988). Unstructured and Semistructured Interviewing. Research Methods in Cultural Anthropology. Newbury Park: Sage.

Bill and Melinda Gates Foundation (2010). Learning about Teaching: Initial Finding from the Measurement of Effective Teaching Project. Seattle, WA.

Bloom, Allan (1987). The Closing of the American Mind. New York: Simon & Schuster.

Bolton, D. L. (1972). Selection and Evaluation of Teachers. Berkley: McCutchen.

Brandt, C., Mathers, C., Oliva, M., Brown-Sims, M. & Hess, J.

(2007). *Examining District Guidance to Schools on Teacher Evaluation Policies in the Midwest Region* (Issues and Answers Report, REL 2007-No. 030). Washington, DC: U. S. Department of Education, Regional Educational Laboratory Midwest.

Brophy, J. & Good, T. (1986). *Teacher Behavior and Student Achievement* (Occasional Paper No. 73). East Lansing, Michigan: The Institute for Research on Teaching.

Charles Taylor Kerchner et al. (1998). *Taking Charge of Quality: How Teachers and Unions can Revitalize Schools: An Introduction and Companion to United Mind Workers.* San Francisco: Jossey-Bass Inc.

Cogan, M. (1973). *Clinical Supervision.* Boston, MA: Houghton Mifflin.

David Middlewood, Carol Cardno (2001). *Managing Teacher Appraisal and Performance: A Comparative Approach.* London; New York: Routledge Falmer.

Edward Crowe, Rena F. Subotnik (2012). *Impacts of Teacher Evaluation and Professional Development on Student Outcomes.* Charlotte, NC: Information Age Pub.

Egon G. Guba & Yvonna S. Lincoln (1989). *Fourth Generation Evaluation.* Sage Publication, Inc.

Eugene F. Provenzo (2011). *The Teacher in American Society.* Thousand Oaks, Calif: Sage Publications.

Fontana, A. & Frey, J. H. (1994). Interviewing: The Art of Science. In N. K. Denzin & Y. S. Lincoln (eds.). *Handbook of Qualitative Research.* Thousand Oaks: Sage.

Fred C. Lunenburg, Allan C. Ornstein (2004). *Educational Administration: Concepts and Practices* (6th edition). (sl) Wadsworth Cengage Learning.

Hanushek, E. A. (2002). *Teacher Quality.* edited by L. T. Izumi and W. M. Evers. Stanford, CA: Hoover Institution Press.

Hanushek, E. A. and Rivken, S. G. (2003). *How to Improve the Supply of High Quality Teachers.* Washington, D. C.: Paper prepared for the

Brookings Papers on Education Policy.

Harry Torrance (2013). *Educational Assessment and Evaluation: Major Themes in Education* (I - IV). Abingdon, Oxon; New York: Routledge.

House, E. R. (ed.). (1973). *School Evaluation: The Politics and Process*. Berkeley, CA: McCutchan, cover overleaf.

Huberman, A. M. et al. (1993). *The Lives of Teachers*. New York: Teachers College Press.

Jaap Dronkers (2010). *Quality and Inequality of Education: Cross-National Perspectives*. Dordrecht: Springer.

John Dewey (2001). *Democracy and Education: An Introduction to the Philosophy of Education*. Philadelphia: A Penn State Electronic Classics Series Publication.

Joyce, B. & Showers, B. (1988). *Student Achievement through Staff Development*. White Plains, NY: Longman.

Katherine E. Ryan, J. Bradley Cousins (2009). *The SAGE International Handbook of Educational Evaluation*. Los Angeles, London, et al.: Sage Pub.

Katzenmeyer, M. & Moller, G. (2009). *Awakening the Sleeping Giant: Helping Teachers Develop as Leaders* (3rd ed.). Thousand Oaks, CA: Corwin Press.

Kenneth D. Peterson, Catherine A. Peterson (2006). *Effective Teacher Evaluation: A Guide for Principals*. Thousand Oaks: Corwin Press.

Kerchner, Charles T. et. al. (1998). *Taking Charge of Quality: How Teachers and Unions Can Revitalize Schools: An Introduction and Companion to United Mind Workers*. San Francisco: Jossey-Bass.

Liston, Daniel Patrick (1991). *Teacher Education and the Social Conditions of Schooling*. New York: Routledge.

McNiff, J. (1995). *Teaching as Learning: An Action Research Approach*. Routledge.

McQuarrie, F. & Wood, F. (1991). "Supervision, Staff Development, and Evaluation Connections." *Theory Into Practice*, 30 (2), 91 – 96.

Michael W. Apple et al. (2005). *Globalizing Education: Politics, Pedagogies & Politics*. New York: Peter Lang Publishing, Inc.

Murphy, K. J. & Cleveland, J. N. (1991). *Performance Appraisal: An Organizational Perspective*. Boston: Allyn & Bacon.

Neufeld, Jonathan (2009). *Redefining Teacher Development*. Abingdon, Oxon; New York: Routledge.

OECD (2013). Teachers for the 21st Century: Using Evaluation to Improve Teaching, OECD Publishing.

Pamela D. Tucker and James H. Stronge (2005). Linking Teacher Evaluation and Student Learning. Association for Supervision and Curriculum Development Alexandria, Virginia USA.

Pedro Reyes (1990). Teachers and Their Workplace: Commitment, Performance, and Productivity. Newbury Park, CA: Sage Publications.

Penelope Peterson et al. (2010). *International Encyclopedia of Education* (3rd. edition). Amsterdam: Academic Press.

Peterson, Kenneth D. (2000). *Teacher Evaluation: A Comprehensive Guide to New Directions and Practices* (2nd ed.). Thousand Oaks: Corwin Press.

Peterson, Kenneth D. (2006). *Effective Teacher Evaluation: A Guide for Principals*. Thousand Oaks, Calif: Corwin Press.

Philip D. Vairo, Sheldon Marcus, Max Weiner (2007). *Hot-button Issues for Teachers: What Every Educator Needs to Know about Leadership, Testing, Textbooks, Vouches, and More*. Lanham: Rowman & Littlefield Publishers, Inc.

R. Deborah Davis, Arcenia Lodon, Barbara Beyerbach (2009). "How Do We Know They Know?" *A Conversation about Pre-service Teachers Learning about Culture & Social Justice*. New York: Peter Lang.

Rawls, J. (1971). *A Theory of Justice*. Cambridge, MA: Harvard University Press.

Rechard Edwards, Robin Usher (2008). *Globalisation and Pedagogy:*

Space, *Place and Identity* (second edition). New York: Routlege.

Rivers, J. C. and Sanders, W. L. (2002). "Teacher Quality and Equity in Educational Opportunity: Findings and Policy Implications." *Teacher Quality*, edited by L. T. Izumi and W. M. Evers. Stanford, CA: Hoover Institution Press.

Sherri Quinones, Rita Kirshstein (1998). An Educator's Guide to Evaluating the Use of Technology in Schools and Classrooms.

Shulman, L. (1986). "Paradigms and Research Programs in the Study of Teaching: A Contemporary Perspective." In M. C. Wittrock (ed.). *Handbook of Research on Teaching*. New York, NY: Macmillan, 3 – 36.

Singh, Pritam (2011). *School Based Assessment: Theory into Practice*. New Delhi: Shipra.

Strike, K. & Bull, B. (1981). Fairness and the Legal Context of Teacher Evaluation. In J. Millman (ed.). *Handbook of Teacher Evaluation*. Beverly Hills, CA: Sage, 301 – 343.

Stronge, J. H. (2007). *Qualities of Effective Teachers* (2nd ed.). Alexandria, VA: ASCD.

Tanner, D. & Tanner, L. (1987). *Supervision in Education: Problems and Practices*. New York, NY: Macmillan.

Tucker, P. & Stronge, J. (2005). *Linking Teacher Evaluation and Student Learning*. Alexandria, VA: ASCD.

Wenglinsky, H. (2000). *How Teaching Matters: Bringing the Classroom Back into Discussions of Teacher Quality*. Princeton, NJ. The Milken Family Foundation and Educational Testing Service.

William B. Ribas (2005). *Teacher Evaluation That Works: The Dducational, Legal, Public Relations (Political) & Social-Emotional (E. L. P. S.) Standards & Processes of Effective Supervision & Evaluation*. Westwood, MA: Ribas Publications.

William T. Pink, George W. Nobilt (2005). *Cultural Matters: Lessons Learned from Field Studies of Several Leading School Reform Strategies*. Creskill, NJ: Hampton Press.

Allan Walker, Clive Dimmock (2000). "One Size Fits All? Teacher Appraisal in a Chinese Culture." *Journal of Personnel Evaluation in Education*, 14 (2), 155 – 178.

Anchalee Suknaisith et al. (2014). "Development of Teacher Performance in Educational Measurements and Evaluation through Self – monitoring Strategies." *Procedia-Social and Behavioral Sciences*, 116: 1683 – 1688.

Andrea Davis Washington (2011). *Formal Evaluation of Teachers: An Examination of the Relationship between Teacher Performance and Student Achievement*. Washington: University of South Carolina.

Bandura, A. (1977). "Self-efficacy: Toward a Unifying Theory of Behavioral Change." *Psychological Review*, 84 (2), 191 – 215.

Barbara B. Howard, Wendy H. McColskey (2001). "Evaluating Experienced Teachers." *Educational Leadership*, 58: 48 – 51.

Benjamin Master (2014). "Staffing for Success: Linking Teacher Evaluation and School Personnel Management in Practice." *Educational Evaluation and Policy Analysis*, 36 (2), 207 – 227.

Bernardita Tornero, Sandy Taut (2010). "A Mandatory, High-stakes National Teacher Evaluation System: Perceptions and Attributions of Teachers Who Actively Refuse to Participate." *Studies in Educational Evaluation*, 36, 132 – 142.

Black, S. (1993). "How Teachers Are Reshaping Evaluation Procedures." *Educational Leadership*, 50 (6), 38 – 42.

Brouwers, A. & Tomic, W. (2000). A Longitudinal Study of Teacher Burnout and Perceived Self-efficacy in Classroom Management. *Teaching and Teacher Education*, 16 (2), 239 – 253.

Cai, Y. H. & Huang, T. Y. (2003). "Origin, Problems and Evolution of Teacher Evaluation Research." *Journal of Beijing Normal University*, 1, 130 – 136.

Carey, K. (2004). "The Real Value of Teachers." *Thinking K – 16*, 8 (1), 8 – 9.

Changjun Zhou (2011). Evaluation and Professional Development for Young Teachers at Four Chinese Universities. Montreal: McGill University.

Charalambos Y. Charalambous et al. (2014). "Using Generic and content-specific Teaching Practices in Teacher Evaluation: An Exploratory Study of Teachers' Perceptions." *Teaching and Teacher Education*, 41: 22–33.

Charlotte Danielson (2001). "New Trend in Teacher Evaluation." *Educational Leadership*, 58: 12–15.

Cheng, Y. C. (2009). "Teacher Management and Educational Reforms: Paradigm Shifts." *UNESCO Prospects-Quarterly Review of Comparative Education.* 39 (1), 69–89.

Childs-Bowen, D. & Moller, G., Scrivner, J. Principals (2000). "Leaders of Leaders." *NASSP Bulletin*, 84 (616), 27–34.

Chow, I. (1995). An Opinion Survey of Performance Appraisal Practices in Hong Kong and the People's Republic of China. Asia Pacific *Journal of Human Resources*, 32 (3), 67–79.

Clayson, D. E. & Sheffet, M. J. (2006). "Personality and the student evaluation of teaching." *Journal of Marketing Education*, 28 (2), 149–160.

Davis, D., Ellett, C. & Annunziata, J. (2002). "Teacher Evaluation, Leadership and Learning Organizations." *Journal of Personnel Evaluation in Education*, 16 (4), 287–301.

Dembo, M. & Gibson, S. (1985). "Teachers' Sense of Efficacy: An Important Factor in School Improvement." *The Elementary School Journal*, 86 (2), 173–184;

Dennis C. Stacey, David Holdzkom, Barbara Kuligowski (1989). Effectivenss of the North Carolina Teacher Performance Appraisal System." *Journal of Personnel Evaluation in Education*, 3, 79–106.

Donna Bullock (2013). Assessing Teachers: A Mixed-Method Case Study of Comprehensive Teacher Evaluation. Tempe: Arizona State University.

Douglas N. Harris & Tim R. Sass (2014). "Skills, Productivity and the Evaluation of Teacher Performance." *Economics of Education Review*, (40), 183–204.

Ellett, C. & Teddlie, C. (2003). Teacher Evaluation, Teacher Effectiveness and School Effectiveness: Perspectives from the USA. *Journal of Personnel Evaluation in Education*, 17 (1), 101 – 128.

Eva Delvaux et al. (2013). How May Teacher Evaluation Have An Impact on Professional Development? A Multilevel Analysis. *Teaching and Teacher Education*, 36, 1 – 11.

Eva Susann Becker et al. (2014). "The Importance of Teachers' Emotions and Instructional Behavior for Their Students' Emotions—An Experience Sampling Analysis." *Teaching and Teacher Education*, 43, 15 – 26.

Eva Vekeman & Geert Devos & Melissa Tuytens (2015). "The Influence of Teachers' Expectations on Principals' Implementation of A New Teacher Evaluation Policy in Flemish Secondary Education." *Educ. Asse. Eval. Acc.* 27, 129 – 151.

Glanz, J. (2000). "Supervision for the Millennium: A Retrospective and Prospective." *Focus on Education*, 44, 9 – 16.

Gordon, B. G. (1995). "School Principals' Perceptions: The Use of Formal Observation of Classroom Teaching to Improve Instruction." *Education*, 116 (1), 9 – 16.

Haycock, K. (1998). "Good Teaching Matters⋯a Lot." *Thinking K – 16*, 3 (2), 4 – 5.

Hechuan Sun et al. (2013). A Research on the Indicators for Evaluating Teachers in Hong Kong. *Procedia-Social and Behavioral Sciences*, 116: 1459 – 1463.

Helen M. Hazi (2014). "Legal Challenges to Teacher Evaluation: Pitfalls and Possibilities in the States." *The Clearing House*, 87, 134 – 139.

J. Bradley Cousins (1995). "Using Collaborative Performance Appraisal to Enhance Teacher's Professional Growth: A Review and Test of What We Know." *Journal of Personnel Evaluation in Education*, 9, 199 – 222.

James P. McCall (2011). Teachers' Perceptions of Evaluation and Teachers' Sense of Self-Efficacy in High-Performing High Schools. West Lafayette: Purdue University.

Jeb-Stuart Bennett Arp (2012). *Case Studies of Teachers Satisfaction with Three Plans of Evaluation and Supervision.* Tuscaloosa: The University of Alabama.

Jennie Y. Jiang & Susan E. Sporte & Stuart Luppescu (2015). "Teacher Perspectives on Evaluation Reform: Chicago's Reach Students." *Educational Researcher*, 44 (2): 105–116.

Karin Hellrung, Johannes Hartig (2013). Understanding and Using Feedback-A Review of Empirical Studies Concerning Feedback from External Evaluations to Teachers. *Educational Research Review*, 9, 174–190.

Kenneth D. Peterson, Catherine A. Peterson (2006). *Effective Teacher Evaluation: A Guide for Principals.* Thousand Oaks: Corwin Press, 67–69.

Linda Darling-Hammond (2010). Evaluating Teacher Effectiveness: How Teacher Performance Assessments Can Measure and Improve Teaching. Center for American Progress.

Linda Darling-Hammond (2012). Creating A Comprehensive System for Evaluating and Supporting Effective Teaching. Stanford, CA. Stanford Center for Opportunity Policy in Education.

Liu, S. & Teddlie, C. (2005). "The Ongoing Development of Teacher Evaluation and Curriculum Reform in the People's Republic of China." *Journal of Personnel Evaluation in Education*, 17, 243–261.

Long, C. & Stansbury, K. (1994). "Performance Assessments for Beginning Teachers: Options and Lessons." *Phi Delta Kappan*, 76 (4), 318–322.

Maria Assuncal Flores (2012). The Implementation of a New Policy on Teacher Appraisal in Portugal: How Do Teachers Experience It at School? *Educ. Asse. Eval. Acc.*, 24, 351–368.

Maria de Fátima Chorão Sanches et al. (2014). "Teacher Evaluation Policies: Logics of Action and Complex Adaptation to School Contexts." *Procedia-Social and Behavioral Sciences*, 116, 1201–1210.

Maria Luskova, Maria Hudakova (2013). "Approaches to Teachers' Performance Assessment for Enhancing Quality of Education at Universities. " *Procedia-Social and Behavioral Sciences*, 106, 476–484.

Marsh, H. & Dunkin, M. (1992). "Students' Evaluations of University Teaching: A Multidimensional Perspective. " In J. C. Smart (ed.). *Higher Education: A Handbook of Theory and Research*. New York: Agathon Press, (8), 143–233.

Melissa Tuytens & Gcert Devos (2009). "Teachers' Perception of the New Teacher Evaluation Policy: A Validity Study of the Policy Characteristics Scale. " *Teaching and Teacher Education*, 25, 924–930.

Melissa Tuytens & Geert Devos (2011). "Stimulating Professional Learning through Teacher Evaluation: An Impossible Task for the School Leader?" *Teaching and Teacher Education*, 27, 891–899.

Melissa Tuytens & Geert Devos (2014). "How to Activate Teachers through Teacher Evaluation?" *School Effectiveness and School Improvement*, 25: 4, 509–530.

Milanowski, A. T. & Heneman, H. G., III. (2001). "Assessment of Teacher Reactions to a Standards-Based Teacher Evaluation System: A Pilot Study. " *Journal of Personnel Evaluation in Education*, 15 (3), 193–212.

Monika Finsterwald et al. (2013). "Fostering Lifelong Learning – Evaluation of a Teacher Education Program for Professional Teachers. " *Teaching and Teacher Education*, 29, 144–155.

Morelock, M. L. (2008). Investigating Promising Practice of Teacher Evaluation in Two California Charter Schools (ed. D. dissertation, University of Southern California, United States-California). Retrieved from Dissertations and Theses: Full Text (Publication No. AAT 3324990).

Morgan, D. (1998). "Practical Strategies for Combining Qualitative and Quantitative Methods: Applications to Health Research. " *Qualitative Health Research*, 8 (3), 362–376.

Nasser Salim Al-ghanabousi, Abdul Rahman Idris (2010). "Principal's Practices in the Performance Appraisal for Teachers in Al-Sharqiah South

Zone's Schools in Oman." *Procedia Social and Behavioral Sciences*, (2), 3839 – 3843.

Neil Russell, John Willinsky (1997). "Fourth Generation Educational Evaluation: The Impact of a Post-modern Paradigm on School Based Evaluation." *Studies in Educational Evaluation*, 23, 188 – 199.

Onwuegbuzie, A. J., Witcher, A. E., Collins, K. M. T., Filer, J. D., Wiedmaier, C. D. & Moore, C. W. (2007). "Students' Perceptions of Characteristics of Effective College Teachers: A Validity Study of a Teaching Evaluation Form Using a Mixed-Methods Analysis." *American Educational Research Journal*, 44 (1), 113 – 160.

Otilia Clipa (2011). "Teacher Perceptions on Teacher Evaluation: the Purpose and the Assessors within the Assessment Process." *Procedia-Social and Behavioral Science*, 29: 158 – 163.

Ovando, M. N. (2001). Teachers' Perceptions of a Learner-Centered Teacher Evaluation System. *Journal of Personnel Evaluation in Education*, 15 (3), 213 – 231.

Patrick McGuinn (2012). The State of Teacher Evaluation Reform: State Education Agency Capacity and the Implementation of New Teacher-Evaluation Systems. The Center for American Progress.

Pecheone, R. L. & Chung R. R. (2006). "Evidence in Teacher Education: The Performance Assessment for California Teachers (PACT)." *Journal of Teacher Education*, 57 (1), 22 – 36.

Philips, S. P. (2005). *An Analysis of Perceptions and Implementation of California's Teacher Evaluation Process in a K-5 Public School and Its Impact on Teacher Practice*. Los Angeles: University of Southern California.

Popham, W. J. (1988). "The Dysfunctional Marriage of Formative and Summative Teacher Evaluation." *Journal of Personnel Evaluation in Education*, (1), 269 – 273.

Qiaoyan He, Martin Valcke, Antonia Aelterman (2012). "A Qualitative Study of In-service Teachers' Evaluation Beliefs." *Procedia-Social and Behavioral Sciences*, 69, 1076 – 1085.

Recep Kocak (2006). "The Validity and Reliability of the Teacher's Performance Evaluation Scale." *Educational Sciences: Theory & Practice*, 6 (3): 799 – 808.

Retting, P. R. (1999). Differentiated Supervision: A New Approach. Principal, Vol. 8, No. 3, 36 – 39, http: //eric. uoregon. edu/trends – issues/instpers/selected – abstracts/teacher – supervision. html.

Rooney, J. (1993). "Teacher Evaluation: No More 'Super' Vision." *Educational Leadership*, 51 (2), 43 – 44.

S. Casey O'Pry, Gary Schumacher (2012). New Teachers' Perceptions of a Standards-based Performance Appraisal System. *Educ. Asse. Eval. Acc.*, 24, 325 – 350.

Sandy Taut et al. (2013). "Theory Underlying a National Teacher Evaluation Program." *Evaluation and Program Planning*, 33, 477 – 486.

Seda Saracaloglu, et al. (2010). "Elementary Teachers' Views about Their Roles in Curriculum Development and Evaluation Process: The Case of Denizli." *Procedia Social and Behavioral Sciences*, 2, 2427 – 2434.

Seda Usta, et al. (2010). "The Alternative Evaluation Tools Choosen by Social and Science Teacher Candidates." *Procedia Social and Behavioral Sciences*, 2, 3457 – 3462.

Siggins, R. (1996). "Teacher Evaluation: Accountability and Growth Systems-Different Purposes." *NASSP Bulletin* 70, (490), 51 – 58.

Singelis, T. M., Triandis, H. C., Bhawuk, D. P., et at. (1995). Horizontal and Vertical Dimensions of Individualism and Collectivism: A Theoretical and Measurement Refinement. J. Cross Cultural Research, 29 (3), 240 – 275.

Stephen Kemmis, et al. (2014). "Mentoring of New Teachers as a Contested Practice: Supervision, Support and Collaborative Self-development." *Teaching and Teacher Education*, 43, 154 – 164.

Sullivan, S. & Glanz, J. (2000). "Alternative Approaches to Supervision: Cases from the Field." *Journal of Curriculum and Supervision*, 15 (3), 212 – 235.

Sylvia M. Ramaligela (2014). "Assessing Fourth Year Student-Teachers' Understanding of Self-Evaluation Report Writing." *Procedia-Social and Behavioral Sciences*, 116, 3838–3842.

Tammy L. Sroczynski (2012). The Relationship between Student Achievement and the Predictors of Principals' Evaluation of Teachers and Teachers' Self-Evaluation. Schaumburg: Roosevelt University.

Tanya Fitzerald. (2001). Potential Paradoxes in Performance Appraisal: Emerging Issues for New Zealand Schools. In David Middlewood, Carol Cardno (eds.). *Managing Teacher Appraisal and Performance: A Comparative Approach.* New York: RoutledgeFalmer, 112–124.

Tom O'Neill. (1995). "Implementation Frailties of Guba and Lincoln's Fourth Generation Evaluation Theory." *Studies in Educational Evaluation*, 21, 5–21.

Valli. L. (1997). Listening to Other Voices' A Description of Teacher Reflection in the United States', *Peabody Journal of Eeducatioo*, 72 (1), 67–88.

Walker, A. & Dimmock, C. (1998). "Hong Kong's Return to Mainland China: Education Policy in Times of Uncertainty." *Journal of Education Policy*, 13 (1), 1–21.

Weiping Wang (2007). "Evaluation of 2 + 2 Alternative Teacher Performance Appraisal Program in Shanxi, People's Republic of China." *Teaching and Teacher Education*, 23, 1012–1013.

Xiao Feng Zhang, Ho Ming Ng (2011). "A Case Study of Teacher Appraisal in Shanghai, China: in Relation to Teacher Professional Development." *Asia Pacific Educ*, 12, 569–580.

Young, J. M. & Heichberger, R. L. (1975). Teachers' Perceptions of An Effective School Supervision and Evaluation Program. *Education*, 96, 10–19.

Stanford Center for Assessment, Learning and Equity. edTPA. http://scale.stanford.edu/teach-ing/edtpa, 2013-05-06.

Professional Educator Standards Board Assessment. http://assessment.

pesb. wa. gov/faq/tpa communications/edtpa2013 - 05 - 12.

James Canpbell. A Way to Evaluate Teachersby Teachers. http: //soetalk. com/2012/08/16/a - way - to - evaluate - teachers - by - teachers/ 2013 - 10 - 15.

Rogers, D. (1995). Tomorrow's teachers (1986): A report of the Holmes Group. (Abstract). http: //www. Baylor. edu/SOE/SCHOLMES lIT. HTML/2015 - 11 - 23.

后　　记

　　人生如圆，带着一个问号出发，绕着圆心画弧线，最终仍会回到当初的起点。终点与起点的重合虽然简单，但其中历经的路程却会发生质的改变，令人刻骨铭心，终生难忘。我的博士生涯如此，我的论文写作更是如此。在曾经短暂的教学生涯中所经历的心理磨难引发我对"教师评价"这一概念的探索欲望，对"如何优化教师评价制度"这一问题的苦思，这也成为我走上考博道路的真正动力。我始终坚信自己是一个幸运儿，因我如愿走入华东师范大学，开启四年的求知之旅。更有幸遇到恩师，圆我心中之梦，解我脑中疑惑，助我顺利"出关"。

　　因此，首先要感谢的就是我敬爱的导师朱益明老师。感谢导师的知遇之恩，给我提供在华东师范大学美丽的丽娃河畔生活、学习的宝贵机会，提升了我的生活品质和学术素养；感谢导师在学术上给我的引领与指教。在学习方面，导师采用欣赏型教育方式，总是发掘、激发学生的优点，鼓励学生发挥自己的优势。由于自己的学术功底较弱、视野较窄，无论是在期刊论文还是在博士论文的写作上，导师都悉心修改和指导。尤其是在博士论文的选题、开题与写作阶段，如果没有导师高屋建瓴的点拨，如果没有导师及时的纠偏，如果没有导师数次的讨论与修正，我的博士论文是难以成形的。

　　在生活方面，导师犹如家长，总是给学生提供更多的关照与关怀；尤其是在心理方面，非常感谢导师对我优点的欣赏与激发，使我变得更加自信。导师又能及时、坦率地指出我的不足，让我能够了解更真实的自己，让自己得到成长，变得更加成熟。

　　感谢在华东师大求学期间给予我丰富的学术养料和人文关怀的诸

位老师们，他们既具有华东师大严谨、求真与朴实的学术风范，又彰显出睿智、风趣、博爱、仁厚的个人风采与情怀，他们分别是熊川武老师、范国睿老师、王保星老师、霍益萍老师、程亮老师、王占魁老师，等等。同时，非常感谢上海师大的陈永明老师以及上海教科院的唐晓杰老师、汤林春老师。以上诸位老师对我博士论文的写作与修改提出了诸多的宝贵意见和建议。还要感谢在平时学习和生活上为我提供指导和帮助的系部其他老师们。

感谢我在华东师大有幸相遇、相识、相知的同班好友们。博士阶段的学习通常被认为是乏味的，然而，在我们这个大家庭中，却丝毫感觉不到生活的沉闷与学习的枯燥，乐学与乐活是对我们四年同窗生活的最好诠释。在学习上，我们互相鼓励、相互帮忙，难以忘记与你们跨越海洋的学术探讨和对我期刊论文修改的指导，难以忘记与你们关于实证调研计划、博士论文修改的彻夜长谈，难以忘记你们在调研关键时期和技术指导上的雪中送炭和贴心关照；难以忘记你们虽工作繁忙但在陪伴孩子的空档还如约接受访谈并无私提供观点和建议……

在生活和情感上，四年来，那暖心的一幕幕、一个个身影不时回荡在脑中：在情急之下一把将我抱起送去急诊的"女汉子"，为我"安危"而着急直跺脚的"柔情妈妈"，为我开解心结和忧愁的"暖男们"，悲伤时给我安慰、借一肩膀让我哭泣的"邻家小妹们"，还有在第一时间为我"保驾护航"、情同手足的"树木成航"……不必多言，你们从中自会找到自己的身影。同时，还要感谢华东师大的博士同学—玲和博士后李敏在论文数据分析方面所给予的指导和帮助。

感谢我的各位同门姐妹兄弟。尤其要感谢师妹文洁在数据分析与指导等方面的鼎力相助。感谢罗瑜在访谈资料收集中多次提供的帮助，感谢艳萍、紫屏、江波与欣妍分别在论文内容的校对与检测等方面的真诚相助，以及翠英、杭禹、佩文、坚坚在精神方面给予的鼓励与支持。

我在博士论文写作的关键时期，河大振存师兄不顾自己的劳碌与繁忙，从海外传来宝贵的英文材料，无疑是雪中送炭、锦上添花。回国后，师兄又分别在问卷发放中伸出援助之手，在求职期间积极、热心引荐。同时，有缘共度硕博生涯的娄元元同学在学习上与我相互鼓励与帮助,在生活上相互倾诉与宽慰。我的硕士同学淑慧不时来电询问论文写作的进展情况,并热情提供帮助。在此,对他们表示诚挚的谢意!

感谢郑州师院热情的胡老师、曲老师、李老师等多位老师,郑州东区窦老师,二七区连红师妹,金水区郭老师,他们分别在实证调研过程中给予诸多便利和真诚相助;感谢郑大郑磊老师及其爱人小琼老师分别在论文的修改和访谈中提供的宝贵建议和热情帮助;感谢我曾经的学生,如今已为人师的志平、津艺等对问卷题项的设置所提出的诚恳意见和建议。感谢参与访谈和问卷调查的所有一线老师们。

在我的背后,还有一个阵容强大的亲友团,是他们无私的付出和关爱为我完成毕业论文的写作和其他科研任务提供了时间和动力的保证。最先要感谢的就是给我生命、养我长大、供我读书的父母。尤其是我的父亲,在我儿时不喜读书、成绩不佳的情况下,依然抛弃"女子无才便是德"的成见,不惜精力和财力,为我提供一切求学的机会,尊重我的兴趣与爱好,让我在懵懂中沿着求学的正轨缓慢前行。随着自己年龄的增长、心智的成熟以及求学过程中的开悟,越发感激父亲当初的远见和志向:"经世泽莫如为善,振家严还是读书。"

对父亲心存感激的还有,在我初为人母但又因继续完成博士阶段学习而不得不撂下孩子之时,父亲联系并拜托我最心仪的表嫂替我抚养孩子。父亲最懂女儿的心,父亲的帮助解我心头之忧,让我放心地远离孩子、安心地完成学业。

母亲由于曾经过度操劳而落下一身伤病,在我离开孩子的期间,母亲时刻操心孩子的冷暖,尤其是在冬天,总会提早为孩子缝制棉衣、购买生活用品,然后跟父亲一起提前给孩子送去。虽然母亲身体欠佳,但却替我打理着日常琐事。

需要感恩的还有富有爱心、知恩图报、宽厚朴实的表哥与表嫂及其一家,感谢他们对孩子的精心养育,感谢他们为孩子提供了一个充满关爱与温暖的大家庭,让孩子健康、快乐地成长,感谢他们给孩子留下一段美好的童年回忆。当他们与孩子短暂分离之时,看到表嫂的泪水、听到孩子的哭声那一刻,感到自己是多么的"残忍"。

我要感谢哥哥、嫂子和可爱的小侄子,还有我的姐姐,无论是物质还是精神层面都给予我莫大的帮助和支持。在我读博期间，哥哥、嫂子和姐姐总是在生活上为我提供诸多便利。为了照顾我渴望见到女儿的迫切心情，为了缩短与女儿相见的时间与距离，他们总是甘当我的司机。尤其是姐姐，总是帮助、鼓励我走出儿时遗留的心理阴影，更是从女性的视角在如何提升自我、如何更好地经营婚姻等方面为我提供更广的视野和诚恳的建议。

我要感谢我的先生与女儿。我的先生一人默默承担着养家糊口的经济压力，不仅对我的学业给予最大的理解与支持，还替我弥补对孩子的关照与疼爱。特别是在论文的调研阶段，他为我做了较多的琐碎工作，任劳任怨。尤其要感谢我乖巧、懂事的女儿，也许是她心疼妈妈，从一出生就很少哭闹，尤其是她在襁褓中时那知足的神情和甜甜的微笑，成为激励我走出人生困境的动力；也许是她理解妈妈，在多次分离之时，总是乖乖地给妈妈送行。女儿的乖巧让我把不忍流出的泪水化为学习的力量，初为人母的责任感也成为我按时完成博士论文写作与其他科研任务的核心动力。同时，还要感谢婆家的堂哥汉林与嫂子陈慧在精神与情感上给予我的理解与宽慰，在问卷发放过程中提供的帮助。

在这里，要特别感谢的还有我的表姑父薛山义老师，他是第一个帮助我发放试测问卷的人。姑父的热心与真诚让我感动，消除了我初次进行实证调研的紧张与忧虑。由于自己当时在老家带孩子，不能把问卷亲自送到姑父工作的学校，只能劳烦姑姑帮我捎回。当姑父拿到问卷后，又赶紧给我打电话，询问"有没有标准答案，好让老师们照着抄一下，生怕他们胡乱写"。每每想起姑父的憨厚与慈爱，总让我忍俊不禁。

然而，还未等我告诉姑父关于问卷的反馈信息，还未等我择时再去他学校进行访谈，还未等我从上海带回礼品向他表示感谢时，在他让姑姑给我转交回问卷没几日之后，传来一个天大的噩耗，慈爱的姑父突发脑溢血告别人世。得知消息的那一刻，我顿时傻了，因孩子在旁边，而将悲痛的泪水强忍下去。姑父的事情告诉我，生命是如此的短暂和脆弱，然而，生者却仍要坚强地过活。于是，在接下来的时间里，我带着对死亡的恐惧和对生命的敬畏，在带孩子的间歇，加紧了材料搜集、文献阅读的进度。如今，姑父的一年忌日将至，在此谨以此书献给姑父的亡灵，并对他道一声此生来不及说的"感谢"。

最后，我要感谢充满魔幻色彩与现代气息的上海，感谢"求实创造，为人师表"的华东师大，感谢柔美、灵动的丽娃河，给我的四年求学生涯增添了意想不到的时尚元素和人文情怀，为我的人生留下了一段再美好不过的回忆和留恋。

读博四年，是我人生发生巨大变化的阶段。期间，我孕育了一个可爱的生命，她的到来成为我生命的有力支撑，让我更坚强地面对不可预料的人生"苦难"。对小生命的亏欠与感恩又成为我克服重重困难、完成博士论文、最终顺利走出校门的力量源泉。四年短暂，却经历喜悦、悲伤、无奈、淡然等多种心路历程。人生如戏，剧中总是安排了各种出其不意的插曲，让人在挫折中反思，在磨难中成长。然而，无论怎样，感谢与感恩是人生永不消逝的旋律。同时，四年磨砺，让我更加明白一个道理：坚持不懈，天道酬勤。

感谢郑州师范学院的领导和同仁们为本书的出版给予的支持和帮助。

由于水平有限，本书难免有疏漏和错误之处，诚请各位读者和专家们批评指正。